Bewegungshits für Vorschulkids

Redaktion

Andreas Wnuck

Herausgeber

Bundesarbeitsgemeinschaft
für Haltungs- und Bewegungsförderung e. V.

Wiesbaden 2003, 2. Auflage

Originalausgabe

Bundesarbeitsgemeinschaft
für Haltungs- und Bewegungsförderung e.V.
Friedrichstraße 14 – 65185 Wiesbaden
Telefon 06 11 / 37 42 09
Telefax 06 11 / 9 10 07 06

Unterstützt durch das Bundesministerium für Familie, Senioren, Frauen und Jugend, Bonn

Druck und Bindung:
Schreib- & Druckservice Christine Braunheim, Am Ostring 8, 55291 Saulheim
Telefon (0 67 32) 91 96 20 o. 91 96 21, Telefax (0 67 32) 91 96 22

Titelseite:
Norbert Bretschneider unter Verwendung einer Zeichnung von Antje Möllmann

Zeichnungen:
Antje Möllmann

ISBN 3-934135-03-X

Inhaltsverzeichnis

Bewegungsangebote im Freien

Haltungsförderung

Der Gruppenraum als Bewegungsraum.

Vorwort

Jedes gesunde Kind hat ein natürliches Bedürfnis, sich zu bewegen. Für Kinder ist Bewegung Spaß und Spiel, aber sie erfüllt auch wichtige biologische Aufgaben. Muskeln, Knochen, Nerven, Herz und Kreislauf brauchen den Bewegungsreiz, um sich altersgemäß und leistungsfähig zu entwickeln. Der Gesundheitsaspekt von Bewegung ist heute unumstritten. Aber Bewegung ist mehr.

Das Kind erfährt sich selbst und seine Umwelt über Bewegungshandlungen. Bewegung ist für das Kind Kommunikations- und Ausdrucksmittel. Über Bewegung nimmt es die Umwelt wahr, erkundet sie, passt sich ihr an oder macht sie sich passend. Es erprobt bei selbstgewählten oder gestellten Bewegungsaufgaben seine Fähigkeiten und lernt sich richtig einzuschätzen. Das Bewusstsein, etwas zu können, stärkt das Selbstwertgefühl und das Vertrauen in die eigenen Fähigkeiten. Bei Bewegungsspielen mit anderen lernt das Kind, sich in eine Gruppe einzuordnen, seine Bedürfnisse zu äußern, Konflikte zu lösen und Spielabsprachen anzuerkennen.

Bewegung ist demnach unabdingbar für eine gesunde körperliche, emotionale und soziale Entwicklung des Kindes. Diese umfassende Bedeutung der Bewegung für die Entwicklung des Kindes wird heute im Alltag oft nicht genügend beachtet. Hinzu kommen gesellschaftliche Veränderungen, die die Bewegungsmöglichkeiten der Kinder einschränken. Insgesamt führt das bei vielen Kindern zu einem Verlust an körperlichen und sinnlichen Erfahrungen.

Das vorliegende Buch verdeutlicht die Bedeutung von Bewegung für die Entwicklung von Kindern und gibt vielfältige praktische Bewegungsanregungen zur Förderung von Kindern durch Bewegung. Es wendet sich an alle, die mit Kindern im Alter von 4 bis 8 Jahren arbeiten.

Bei den Autorinnen und Autoren bedanken wir uns herzlich für ihre Beiträge und bei Frau Antje Möllmann für die Zeichnungen.

Wiesbaden, 2001

Sigrid Dordel / Marion Welsch

Motorische Förderung im Vorschul- und Einschulungsalter

Einleitung

Die Bedeutung der Motorik für eine harmonische Entwicklung im Kindesalter wird heute nicht mehr in Frage gestellt. Die öffentliche Diskussion um eine Gefährdung der motorischen Entwicklung durch reduzierte sozioökologische, auch sozio-ökonomische Bedingungen nimmt überwiegend das Schulkindalter in den Blick; entsprechend werden große Anstrengungen unternommen, um - nicht nur in der Institution Schule - Kindern mehr Bewegung zu ermöglichen, sie aber auch zu mehr Bewegung zu ermutigen.

Im Vertrauen darauf, dass gesunde Kinder sich in ihrem natürlichen Bewegungsdrang die notwendigen Entwicklungsreize verschaffen, werden Vorschulkinder in aller Regel als in ihrer Entwicklung weniger stark gefährdet angesehen, da sie im Kindergarten noch nicht so streng wie in der Schule in einen straffen Organisationsrahmen eingebunden sind. Abgesehen davon, dass Schule - zumindest die Grundschule - heute keine Ähnlichkeit mehr hat mit der als 'Sitzschule' angeprangerten Institution früherer Tage, sollte aber auch die motorische Entwicklung im Vorschulalter verstärkt Beachtung finden. Schon in diesem Alter treten Entwicklungsauffälligkeiten - Entwicklungsverzögerungen oder -störungen - auf, die im Zusammenhang mit funktionellen Einschränkungen in dem Bereich von Wahrnehmung und Bewegung zu sehen sind. Aufgrund der hohen Entwicklungsdynamik sind diese gerade in jüngerem Lebensalter relativ leicht zu beheben oder zumindest positiv zu beeinflussen. Empfehlenswert wäre daher eine differenzierte Diagnostik und - wenn nötig - motorische Förderung schon im Vorschul- bzw. im Einschulungsalter. Dem betroffenen Kind kann dadurch insbesondere auch der Start in das Schulleben erleichtert werden.

Motorische Entwicklung im Vorschulalter

Als Vorschulalter wird der Altersbereich von etwa 3 Jahren bis zum Schuleintritt mit 5, 6 oder 7 Jahren bezeichnet. Dieser Altersbereich entspricht dem Zeitraum, in dem Kinder in der Regel den Kindergarten besuchen.

Das Vorschulalter wird durch eine hohe Entwicklungsdynamik gekennzeichnet, stellt aber keine einheitliche Phase dar. Deutlich wird dieses in der körperlichen Entwicklung: Dreijährige haben noch die für das Kleinkind typischen rundlichen Körperformen und einen verhältnismäßig großen Kopf, während sich die Körperproportionen von Sechs- / Siebenjährigen schon denen des Erwachsenen annähern mit einem verhältnismäßig kleineren Kopf, einem gestreckten Rumpf und vor allem längeren Extremitäten (vgl. *Crasselt* 1994; *Demeter* 1981; *Eiben* 1977).

Das Alter zwischen 5 und 7 Jahren wird nach *Zeller* (1964) als Zeit des ersten Gestaltwandels bezeichnet, in der sich die Körperform des Kindes vom 'Kleinkindtyp' zum 'Schulkindtyp' verändert. Zu beachten ist allerdings, dass sich die Entwicklung individuell eher kontinuierlich vollzieht; eine Einteilung in

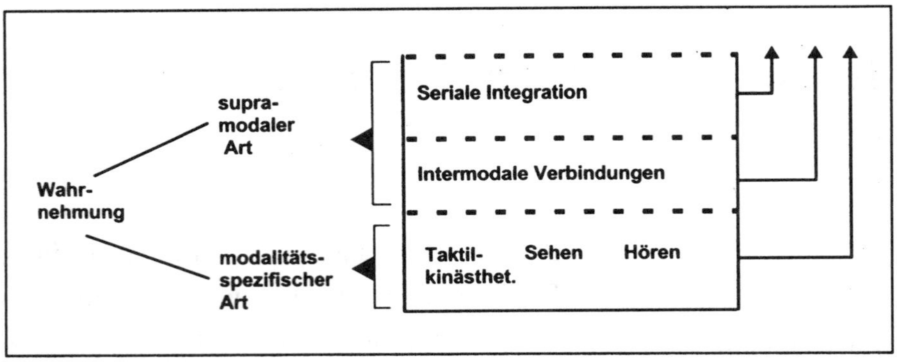

Abb. 1: Stufenmodell der Wahrnehmungsentwicklung von Affolter (1972).

Auf der Entwicklung modalitätsspezifischer Ordnungsschemata in jedem einzelnen Sinnesbereich im Verlauf der ersten Lebensmonate baut die Wahrnehmung supramodaler Art auf, die durch eine Verknüpfung der einzelnen Sinnesmodalitäten gekennzeichnet ist.

Phasen oder Schübe kann nur als grobe Orientierung dienen (vgl. *Nickel, Schmidt-Denter* 1995).

Die großen Fortschritte in der motorischen Entwicklung im Vorschulalter sind im Zusammenhang mit diesen Wachstumsprozessen und den damit verbundenen verbesserten Kraft-Last-Verhältnissen, vor allem aber mit der Reifung des Zentralnervensystems zu sehen. In der Motorik drückt sich immer auch der Zustand des Nervensystems aus - sein Entwicklungsstand, seine Integrität bzw. das Vorhandensein von Störungen.

Voraussetzung für die motorische Entwicklung ist eine Integration des visuomotorischen und des propriozeptiven Systems in die Systeme motorischer Steuerung und Regelung; die funktionelle Integration dieser Systeme erfolgt im frühen Kindesalter (*Noth* 1994).

Affolter (1972, 1975) hebt die ersten beiden Lebensjahre als den Zeitabschnitt hervor, in dem sich grundlegende Prozesse der Wahrnehmungsentwicklung vollziehen (Abb. 1), betont aber auch, dass diese Entwicklung nie zum Abschluss kommt.

Charakteristisch für die Intermodalitätsstufe ist eine Ausdifferenzierung des Lokalisationsverhaltens: das Kind dreht sich zu einer Schallquelle um, es greift nach einem Gegenstand, der in sein Blickfeld gerät, etc. Hier wird deutlich, dass die Wahrnehmung zur Bewegung anregt, die Bewegung die Wahrnehmungsprozesse erweitert und differen-ziert.

Affolter (1972) sieht auf der Stufe intermodaler Verbindungen mit der Entwicklung des Blickkontaktes auch ein wichtiges Element des Sozialverhaltens. Mit dem Erreichen der Stufe serialer Integration gelingt es dem Kind, Reize auch im zeitlichen Kontext zu verbinden; damit entsteht die Voraussetzung für Antizipationen. Wahrnehmung auf der Stufe serialer Integration kann auch als eine wesentliche Grundlage für die Entwicklung der Bewegungsplanung und Handlungsfähigkeit verstanden werden.

Ayres (1984) geht von vier Ebenen sensorischer Integration aus und differenziert diese in ihrer Bedeutung für die Entwicklung von Haltung und Bewegung, aber auch für die Entwicklung der gesamten Persönlichkeit. Sie bebetont, dass sich das Kind "während der gesamten Kindheit auf jeder Ebene seiner sensorischen Integration" betätigt (*Ayres* 1984, 86), gibt aber zur Orientierung Hinweise darauf, in welchem Lebensalter sich die einzelnen Integrationsfortschritte schwerpunktartig vollziehen (Abb. 2). Im Vorschulalter beginnt demnach die Integration aller für die Motorik bedeutsamer Wahrnehmungsbereiche.

Anlage und Umwelt bestimmen die Entwicklung des Menschen. So verläuft die Entwicklung des Nervensystems nach einem genetisch vorgegebenen Bauplan, wird jedoch ausdifferenziert in Abhängigkeit von der funktionellen Inanspruchnahme im Verlauf der Ontogenese (*Noth* 1994). Dasselbe gilt - entsprechend dem *Roux*'schen Gesetz - für alle Organe und Organsysteme.

Unter der Voraussetzung, dass keine Störungen vorliegen, sind in der Regel schon zu Beginn des Vorschulalters die Strukturen des Zentralnervensystems so weit entwickelt, dass grundlegende Bewegungsformen beherrscht werden. Wenn außerdem die sozio-ökologischen und sozio-ökonomischen Bedingungen für die Entwicklung eines Kindes günstig sind, dem Kind also vielfältige Bewegungsmöglichkeiten und -anregungen zur Verfügung stehen, kann in diesem Alter das Bewegungsrepertoire umfangreich erweitert werden. Vielfältige Bewegungsformen werden in ihrer Qualität verbessert; erste Bewegungskombinationen sind möglich.

Winter (1987, 301) weist auf eine "beträchtliche Zunahme der variablen Verfügbarkeit der Bewegungsformen, das heißt ihrer Anwendungsfähigkeit in unterschiedlichen Situationen beziehungsweise bei unterschiedlichen Aufgaben" hin. Enorme quantitative Steigerungen motorischer Leistungen werden im Vergleich Vier- und Siebenjähriger deutlich (Abb. 3).

Wie bei der körperlichen Entwicklung zeigt

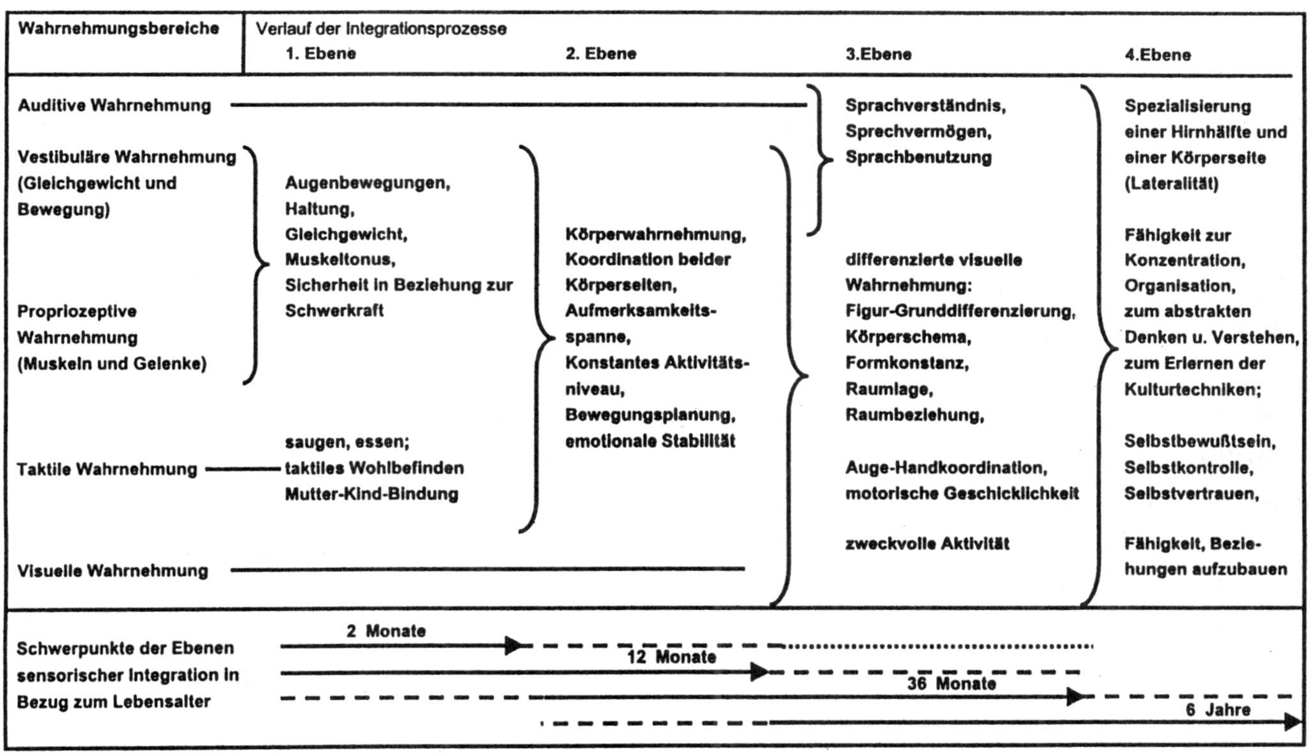

Abb. 2: Sensorische Integrationsprozesse als Voraussetzung der Entwicklung höherer psychischer Funktionen (nach Ayres 1984, Brüggebors 1992, Brandt et al. 1997, Milz 1996).

sich auch bei der Betrachtung der motorischen Entwicklung ein notwendige Differenzierung innerhalb dieser Altersstufe: während Drei- und Vierjährige ein noch eher kleinkindliches Bewegungsverhalten zeigen, werden bei Fünf- und Sechsjährigen die Bewegungen "deutlich kraftvoller, schneller und großräumiger. Auch ihre Grundstruktur, der Bewegungsrhythmus, die Bewegungskopplung und die Bewegungselastizität verbessern sich erheblich" (*Winter* 1987, 313; vgl. *Gaschler* 1998; *Krombholz* 1985a; *Scheid* 1994). Unsicherheiten zeigen sich gegen Ende des Vorschulalters noch im Bewegungsfluss und der Bewegungskonstanz.

Merkmal	4. Lebensjahr	7. Lebensjahr	Anmerkung
40 m - Lauf	16,6 sec.	9,8 sec.	Steigerung auf 165 %
Standweitsprung	47,8 cm	116,7 cm	Steigerung auf 243 %
Weitwurf	3,79 m	12,90 m	Steigerung auf 340 %

Abb. 3: Steigerung der Leistungsfähigkeit von Jungen des 4. und 7. Lebensjahres (Winter 1987).

Typisch für das Vorschulalter ist ein hohes Bewegungsbedürfnis, das - generell im Kindesalter - biologisch begründet ist durch ein Überwiegen von Erregungsprozessen im Zentralnervensystem (*Demeter* 1981). Dieses sichert ein Fortschreiten der körperlichen und motorischen Entwicklung, indem insbesondere dem Bewegungsapparat die für seine Entwicklung notwendigen Reize zukommen. Durch ihre Reafferenzen, die Rückmeldungen über die Sinnesorgane, wirkt die motorische Aktivität darüber hinaus

- aktivierend auf Stoffwechselprozesse im Gehirn,
- sie sichert die optimale Erregbarkeit in jenen Hirnzentren, die für Steuerung und Regelung der Motorik verantwortlich sind und
- hat gleichzeitig stimulierenden Einfluss auf psychische Prozesse (*Antal* 1973 in *Demeter* 1981).

Demeter (1981, 59) bezeichnet das Vorschulalter als das "goldene Alter der Kindheit", das "für die Ausformung der menschlichen Persönlichkeit ausschlaggebend ist".

Motorische Entwicklung im Zusammenhang mit emotionaler, psycho-sozialer und kognitiver Entwicklung im Vorschulalter

Besonders für Kinder dieser Altersstufe entspricht die äußere Bewegung der inneren Bewegung: Bewegung ist ein wichtiges Ausdrucksmittel. Fröhliche oder traurige Stimmungen, Freude, Angst und andere Gefühle finden ihren unmittelbaren Ausdruck in Haltung und Bewegung. Im Verlauf des Vorschulalters zeigen sich erste Tendenzen zur Selbststeuerung von Gefühlen (*Nickel* , *Schmidt-Denter* 1995); die Erfahrung sozialer Erwartungshaltungen spielt in diesem Zusammenhang eine wichtige Rolle.

Obwohl Spielkreise, Eltern-Kind-Gruppen und ähnliche Angebote für Kleinkinder inzwischen weit verbreitet sind, markiert der Eintritt in den Kindergarten für die meisten Kinder einen Meilenstein im Verlauf ihrer Entwicklung: Der Eintritt in den Kindergarten bedeutet eine Stück mehr Unabhängigkeit und Selbständigkeit und gibt damit Anlass zu größerem Selbstbewusstsein. Neue Spielpartner - Kinder und Erwachsene - außerhalb der Fami-

lie und des mit der Familie in engerem Kontakt stehenden Personenkreises werden wahrgenommen.
Kontaktaufnahme, Rücksichtnahme, Kooperation, aber auch Leistungsvergleich und Wettbewerb, Aushandeln und Einhalten von Regeln, Organisieren von Aktivitäten sind wichtige Verhaltensweisen im sozialen Kontext, die das Vorschulkind insbesondere über das Bewegungsspiel lernt.

Schon in der Gruppe der Vorschulkinder verleihen motorisches Können, Körperkraft und Geschicklichkeit oft besonderes soziales Ansehen; dieses wiederum stärkt das Selbstbewusstsein und unterstützt die Entwicklung emotionaler Stabilität.

Das ausgeprägte Bewegungsbedürfnis ermöglicht vielfältige Erfahrungen und steht in engem Zusammenhang mit der kognitiven Entwicklung: Kinder suchen sich Herausforderungen, experimentieren mit ihrer zunehmenden Bewegungsbeherrschung und ihrem Bewegungskönnen; sie gehen zielstrebig und mit wachsender Ausdauer und Konzentration an Aufgaben heran, lassen sich immer weniger von anfänglichen Misserfolgen irritieren.

Praktisches Handeln führt zu Erkenntnissen, die schon im Vorschulalter hinterfragt, abstrahiert oder verallgemeinert werden. Typisch für das Vorschulalter ist auch eine rasche Entwicklung der Sprache; Sprachverständnis und aktives Sprechen nehmen gleichermaßen zu. Vielfach verbinden Kinder ihre Bewegungshandlungen - begleitend, rhythmisierend, akzentuierend - durch Sprache, nicht selten auch experimentierend, indem phantasievolle Wortschöpfungen entstehen. Bewegungslust und Phantasie, Selbstbewusstsein und allgemeine Lebensfreude finden hier ihren Ausdruck.

Eine unbekannte Welt entdecken.

Diese hier nur skizzierten Zusammenhänge von motorischer Entwicklung bzw. motorischer Leistungsfähigkeit und der Persönlichkeitsentwicklung eines Kindes lassen die Problematik einer gestörten motorischen Entwicklung deutlich werden.

Auffälligkeiten der motorischen Entwicklung im frühen Kindesalter

Das Spektrum möglicher Ursachen einer motorischen Entwicklungsverzögerung oder -störung ist breit gefächert. Abgesehen von chronischen Krankheiten oder Behinderungen wäre eine genetisch bedingte Funktionsstörung ebenso denkbar wie eine Entwicklungsstörung des noch unreifen Nervensystems. Von entscheidender Bedeutung für die Entwicklung eines Kindes sind aber auch die Einflüsse der Umwelt, die sich fördernd oder einschränkend auswirken, so dass vorhandene Funktionsstörungen kompensiert oder verstärkt werden können. *Schlack* (1989; 1995) weist darauf hin, dass Kinder, die in sozial ungünstigen Verhältnissen leben, einem fast dreifach erhöhten Gesundheitsrisiko ausgesetzt sind. Hinzu kommt, dass ungünstige psycho-soziale Lebensbedingungen die Erfolgsaussichten einer therapeutischen Intervention deutlich erschweren. *Puls* (1997) hebt bei der Auswertung von Längsschnittstudien, die den Einfluss biologischer und psychosozialer Risiken auf die kindliche Entwicklung untersuchen, eine im Lebenslauf zunehmende Bedeutung der psycho-sozialen Lebensbedingungen für die Kompensationsfähigkeit des Organismus hervor; der Einfluß vorhandener biologischer Risiken nimmt dagegen im Verlauf der Zeit ab.

Verschiedenste Faktoren aus dem Gesamtkomplex sozio-ökonomischer und sozioökologischer Bedingungen können verantwortlich sein für eine Einschränkung von Bewegungs- und Wahrnehmungserfahrungen im frühen Kindesalter (vgl. *Dordel* 1997; *Zimmer* 1997). Hier ist insbesondere auf die Problematik einer Reduzierung grundlegender taktil-kinästhetischer und vestibulärer Wahrnehmungsprozesse hinzuweisen, deren Bedeutung für die Entwicklung der Wahrnehmung, speziell der Körperwahrnehmung, aber auch für die gesamte Persönlichkeitsentwicklung *Ayres* (1984; vgl. Abb. 2) hervorhebt. Überlegungen zur Gestaltung motorischer Interventionsmaßnahmen sollten diese Zusammenhänge berücksichtigen (vgl. *Dordel* 1995).

Einschränkungen in der Quantität und Qualität der Wahrnehmungs- und Bewegungserfahrungen können sich in motorischem Ungeschick, motorischer Unruhe, Unsicherheit und Bewegungsunlust äußern. Emotionale Labilität, geringe Frustrationstoleranz, Impulsivität, Aufmerksamkeits-, Konzentrations- und Antriebsstörungen, in deren Folge Lern- und Leistungsstörungen, aber auch Störungen des Sozialverhaltens im Sinne unangemessenen, häufig aggressiven oder regressiven Verhaltens sind schon im Vorschulalter zu beobachten. Oft treten im Zusammenhang mit motorischen Auffälligkeiten Sprech- und Sprachstörungen auf.

Symptome motorischer Auffälligkeit sind als solche aufgrund der individuell sehr unterschiedlichen Entwicklungsverläufe in dieser Altersstufe aber nur selten eindeutig festzumachen; die genannten Verhaltensweisen treten bei vielen Kindern entwicklungsbedingt vorübergehend auf. Die Beurteilung des Entwicklungsstandes bzw. Feststellung einer evtl. vorhandenen Störung setzt eine sorgfältige Diagnostik voraus (vgl. *Eggert* 1994).

Bewegungsmangel im Kindesalter gilt als Risikofaktor für das Auftreten gesundheitlicher Störungen in höherem Lebensalter: Degenerative Erkrankungen des Stütz- und Bewegungsapparates, aber auch Erkrankungen des Herz-Kreislauf-Atmungs-Systems werden ursächlich im Zusammenhang mit einer mangelhaften Entwicklung der Organsysteme im Kindesalter diskutiert. Im Zusammenhang mit mangelnder Bewegungserfahrung bleibt die Körperwahrnehmung undifferenziert; daraus folgt eine ungenügende Sensibilität für den notwendigen Wechsel von Anspannung und Entspannung, die den Organismus vor einseitiger Belastung - Überlastung - schützen kann.

Schon im Kindesalter relevant ist aber die Tatsache, dass motorisch ungeschickte, unsichere Kinder häufiger in Unfälle verwickelt sind; dieses erscheint für alle Lebensbereiche - Kindergarten und Schule, Spielplatz und Haushalt, besonders aber für den Straßenverkehr - bedeutsam (*Kunz* 1993). Weiterhin ist zu bedenken, dass bei Kindern körperliche und motorische Fähigkeiten und Fertigkeiten eine wichtige Grundlage für das soziale Ansehen darstellen.

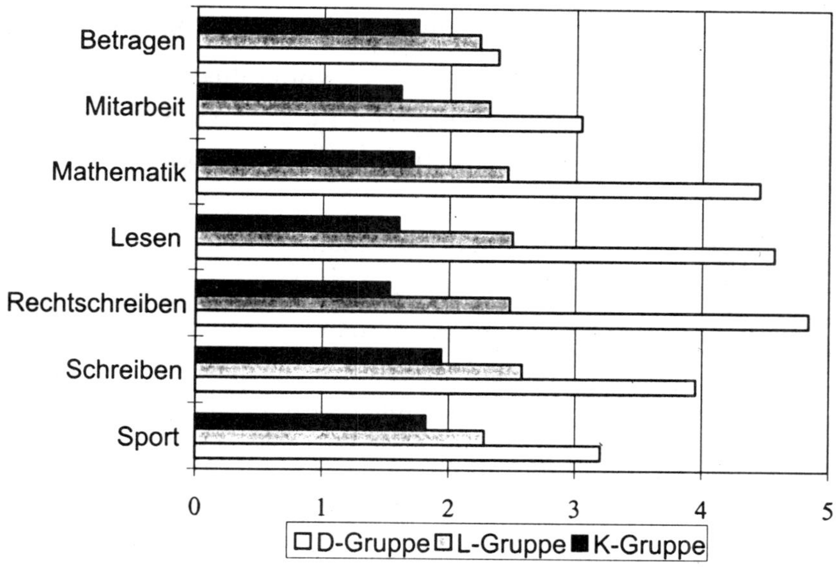

D-Gruppe = Gruppe mit deutlichen Entwicklungsauffälligkeiten
L-Gruppe = Gruppe mit leichtgradigen Entwicklungsauffälligkeiten;
K-Gruppe = Kontrollgruppe;

Abb. 4: Entwicklungsneurologische Auffälligkeiten und Schulerfolg: Zensurenmittel der Gruppen K, L und D am Ende der 1. Klasse (nach Ettrich 1994).

Von besonderem Interesse für Kinder des Vorschulalters ist der Schuleintritt und der zu erwartende Schulerfolg. In einer entwicklungsneurologischen Längsschnittstudie stellt *Ettrich* (1994) am Ende des ersten Schuljahres signifikante Unterschiede im Schulerfolg zwischen Kindern mit deutlichen, leichtgradigen bzw. ohne neurologische(n) Entwicklungsauffälligkeiten fest (Abb. 4). Auch *Esser* (1991) betont, dass Kinder mit umschriebenen Entwicklungsstörungen im Vergleich zu durchschnittlich entwickelten Kindern signifikant schlechtere Schulleistungen zeigen; umschriebene Entwicklungsstörungen werden dabei aber nicht als neurologisch bedingt verstanden, sondern hier spielen auf der Basis genetischer Faktoren hauptsächlich psychosoziale Belastungen eine Rolle. Motorische Störungen werden vorwiegend mit emotionalen Problemen, weniger mit Lernstörungen in Verbindung gebracht.

Empirische Untersuchungen zum motorischen Entwicklungsstand bzw. der koordinativen Leistungsfähigkeit im Vorschulalter weisen eine große Zahl motorisch auffälliger Kinder im Vorschul- und Einschulungsalter nach. So werden im Rahmen der Schuleingangsuntersuchung in der Stadt Düsseldorf mit Hilfe des Körperkoordinationstest für Kinder (KTK) von *Schilling* (1974) bei 16,9 % der untersuchten Kinder Koordinationsschwächen festgestellt (Gesundheitsamt Düsseldorf 1995 zit. n. *Rumpeltin, Schülert* 1997). *Gaschler* (1990, 9) findet in einer Untersuchung mit Kindern des Schulkindergartens, d.h. mit Kindern im Einschulungsalter, die als nicht schulreif beurteilt wurden, dass "nahezu zwei Drittel aller nicht schulreifen Kinder ... erhebliche motorische Probleme" haben; die etwa siebenjährigen Kinder zeigen im Mittel einen motorischen Entwicklungsrückstand von zwei Jahren.

Besonders hervorzuheben ist, dass sich in Untersuchungen sowohl mit dem Körperkoordinationstest für Kinder (KTK) von *Schilling* (1974) als auch mit dem Motoriktest für 4- bis 6jährige (MOT 4-6) von *Zimmer* und *Volkamer* (1984) zeigt, dass in Arbeiten jüngeren Datums die untersuchten Kinder im Mittel die Durchschnittswerte der jeweiligen Eichstichproben der Testverfahren deutlich unterschreiten (*Lensing-Conrady* 1999; *Breu-*

er, Rumpeltin, Schülert 1998). Hiermit bestätigt sich die Tendenz einer Reduzierung motorischer Kompetenzen von Kindern aufgrund ihrer gesellschaftlich bedingt veränderten Bewegungsgewohnheiten, die bisher nur für das Schulkindalter diskutiert wird (*Breuer, Rumpeltin, Schülert* 1998; *Brandt* et al. 1997; *Dordel* 1998).

Zur Wirksamkeit motorischer Förderung im Vorschul- und Einschulungsalter

Die Notwendigkeit motorischer Förderung im Vorschulalter steht außer Frage; zahlreiche Initiativen verfolgen die Idee einer Bewegungsförderung im Kindergarten (*Zimmer* 1997). Aufgrund des intensiven Entwicklungsgeschehens in diesem Alter ist eine hohe Wirksamkeit motorischer Förderung zu erwarten; empirische Untersuchungen bestätigen diese Erwartung.

So findet *Kunz* (1993) bei täglich 15 Minuten Bewegungsspiel zusätzlich zu dem 'normalen' Bewegungsangebot im Kindergarten über einen Zeitraum von acht Wochen mit einer spezifisch zusammengestellten Testbatterie (vgl. *Vogt* 1978) hoch signifikante Verbesserungen in den Bereichen Sprungkraft, Reaktionsschnelligkeit, Körperkoordination, Gleichgewicht und Handkoordination.

Die in der Eingangserhebung motorisch schwächeren Kinder zeigen deutlich größere Leistungszuwächse als die leistungsstärkeren Kinder der Gruppe: die Verbesserungen der schwächeren Kinder sind etwa doppelt (Sprungkraft, Reaktionsschnelligkeit, Körperkoordination), mehr als fünf Mal (Gleichgewicht) bzw. mehr als zehn Mal (Handkoordination) so groß wie die der motorisch besser entwickelten Kinder. Hiermit bestätigt sich die Tatsache, dass umso schneller und umfangreicher motorische Fortschritte zu erreichen sind, je niedriger das Ausgangsniveau liegt; dabei wird allerdings vorausgesetzt, dass die Ursache für eine vorhandene Retardierung nicht organisch bedingt ist.

Besonders zu beachten ist bei diesen Ergebnissen, dass bei den hier untersuchten Vorschulkindern in den Bereichen Handkoordination und Gleichgewicht die größten Entwicklungsrückstände zu finden sind.

In dem Projekt "Hüpfdötzchen - Kindergarten in Bewegung" (*Breuer, Rumpeltin, Schülert* 1998; *Rumpeltin, Schülert* 1997) werden ebenfalls Bewegungsspiele zur motorischen Förderung eingesetzt.
Im Verlauf des Projekts mit einer Dauer von ca. sieben Monaten ergibt sich bei den fünf- und sechsjährigen Kindern eine Steigerung der Leistung im Körperkoordinationstest für Kinder (KTK) von im Mittel 84,5 auf 94,8 MQ-Punkte der geförderten Kinder; die Kinder der Kontrollgruppe zeigen lediglich eine Steigerung von 84,5 auf 87,9 MQ-Punkte. Neben der motorischen Förderung der Kinder durch ein Experten-Team sind die Fortbildung der Erzieherinnen und eine spezifische Information der Eltern weitere Anliegen dieses Projekts.

Das Thüringer Projekt einer 'offenen Bewegungserziehung in Kindergärten' (*Prohl, Seewald* 1998; *Scherrer* 1997) vergleicht den Einfluss materialer Gegebenheiten gegenüber dem Einfluss sozialer Bedingungen auf die Entwicklung von Kindern. Dafür werden Erzieherinnen

a) mit dem Konzept der 'Bewegungsbaustelle',
b) mit Inhalten und Methoden einer kindzentrierten, 'offenen Bewegungserziehung',

c) mit beiden Konzepten vertraut gemacht.
d) Erzieherinnen einer vierten Gruppe (Kontrollgruppe) erhalten keinerlei Fortbildungsmaßnahmen.

Der Projektzeitraum erstreckt sich über 15 Monate; die Datenaufnahme erfolgt zu drei verschiedenen Messzeitpunkten im Abstand von jeweils sechs Monaten. Bezüglich des motorischen Entwicklungsstandes - gemessen mit Hilfe des MOT 4-6 - ergeben sich signifikante bzw. hoch signifikante Unterschiede zwischen den Gruppen, deren Erzieherinnen an Fortbildungsmaßnahmen teilgenommen haben gegenüber der Kontrollgruppe.

Die höchsten Steigerungen zeigen sich in der Gruppe, deren Erzieherinnen an beiden Fortbildungsmaßnahmen teilgenommen haben; die Fortbildung im Hinblick auf das Konzept Bewegungsbaustelle allein hat vergleichsweise die geringsten Auswirkungen. Werden nur die motorisch auffälligen Kinder berücksichtigt, ergeben sich Verbesserungen lediglich in den Gruppen mit beiden Fortbildungsmaßnahmen bzw. der Fortbildung in der 'offenen Bewegungserziehung'; in der Kontrollgruppe und der 'Materialgruppe' (Bewegungsbaustelle) nimmt der Anteil der Kinder mit einer unterdurchschnittlichen Leistung im MOT 4-6 zu.

Die kognitive Entwicklung der Kinder wird mit dem Hannover Wechsler Intelligenztest für das Vorschulalter (*Hawiva*) beurteilt; die Fortschritte im Verlauf des Projekts entsprechen sowohl in der Handlungsintelligenz als auch hinsichtlich der verbalen Intelligenz im wesentlichen denen der Motorik. Das sozialaffektive Verhalten der Kinder - erfasst mit dem Beobachtungsbogen für Kinder (BBK) - wird schon zu Beginn des Projektzeitraums so hoch eingeschätzt, dass wesentliche Steigerungen nicht möglich sind.

Anzumerken ist hier, dass das Konzept 'Bewegungsbaustelle' eigentlich mehr enthält als ein reines 'Zur-Verfügung-stellen' von Material (vgl. *Miedzinski* 1983).

Der relativ geringe Fördererfolg bei den motorisch auffälligen Kindern in der Studie von *Prohl und Seewald* (1998) steht im Gegensatz zu den Ergebnissen von *Kunz* (1993), der das Bewegungsspiel in den Mittelpunkt seines Förderkonzepts stellt und deutlich größere Leistungszuwächse bei den anfangs motorisch schwächeren Kindern feststellt (s. o.).

Obwohl die Probandengruppen nicht übereinstimmen, könnten die Ergebnisse des Thüringer Projekts im Zusammenhang mit dem Modellversuch einer täglichen Bewegungszeit in der Grundschule (*Wasmund-Bodenstedt* 1984) betrachtet werden. In der täglichen Bewegungszeit werden Geräte zum selbständigen Üben zur Verfügung gestellt; eine gezielte Auswahl der Geräte und Strukturierung der Bewegungssituationen findet nicht statt. Bei insgesamt positiven Ergebnissen dieser Studie profitieren die motorisch schwächeren Kinder relativ wenig: Die Unterschiede zwischen den motorisch leistungsstarken und den motorisch auffälligen Kindern einer Klasse werden größer; dieses bedeutet in der Regel für die schwächeren Kinder eine erhöhte psychosoziale Belastung, verstärkt Frustrationen, möglicherweise auch die Tendenz zur Vermeidung motorischer Aktivitäten.

Auf die Notwendigkeit einer *spezifischen* Förderung weist *Fritz* (1997) hin. Durch ihr Konzept eines spiel- und handlungsorientierten Unterrichts (*Keller / Fritz* 1995; vgl. *Fritz* et al. 1989) werden bei entwicklungsrückständigen und verhaltensauffälligen Erstklässlern hochsignifikante Verbesserungen im Hinblick auf soziale und kognitive Kompetenz erreicht.

Die Möglichkeit einer erfolgreichen motorischen Förderung im Einschulungsalter zeigt auch die Untersuchung von *Beudels* (1997). Eine psychomotorische Förderung von Kindern, die den Schulkindergarten besuchen, ergibt signifikante Verbesserungen im Vergleich zu den Kindern einer Kontrollgruppe in den Bereichen Motorik (Körperkoordinationstest für Kinder KTK) und Intelligenz (Grundintelligenztest CFT 1).

Mit dem KTK lässt sich in der Fördergruppe eine Steigerung der Gesamtkörperkoordination und Körperbeherrschung von 81,6 auf 91,7 MQ-Punkten dokumentieren; demgegenüber bleiben die Veränderungen in der Kontrollgruppe mit Werten von 81,6 bzw. 84,6 MQ-Punkten vergleichsweise gering. Diese Werte entsprechen weitgehend denen, die *Breuer, Rumpeltin, Schülert* (1997) in ihrer Studie mit fünf- und sechsjährigen Kindern gefunden haben (s. o.). Veränderungen des Sozialverhaltens (Beobachtungsbogen für aggressives bzw. sozial unsicheres Verhalten BAV / BSU) kann *Beudels* (1997) am Ende des Schulkindergarten-Jahres nicht feststellen.

Die Effekte einer psychomotorischen Förderung von Kindern mit einer sogenannten 'Minimalen cerebralen Dysfunktion' im Alter von fünf bis sechs (sieben) Jahren überprüft *Hecklau-Seibert* (1990); diese Fördermaßnahme erfolgt im Rahmen einer Einrichtung zur Frühförderung behinderter Kinder.

Nach einem Förderzeitraum von sechs Monaten ergeben sich hier nur geringe, nicht signifikante Steigerungen der Gesamtkörperkoordination (KTK). Sehr signifikante Verbesserungen zeigen sich dagegen in der visuellen Wahrnehmung (FEW), während die Beurteilung des psychomotorischen Verhaltens (CMV) und des emotional-sozialen Verhaltens (BKK) positive Tendenzen aufzeigt, die sich aber nur zu einem geringen Teil statistisch absichern lassen: Mit der Checkliste motorischer Verhaltensweisen (CMV; *Schilling* 1976) läßt sich eine Abnahme von Bewegungsgehemmtheit und Ungeschicklichkeit gegenüber einer Zunahme des lebhaften und freudigen Bewegungsverhaltens feststellen; mit dem Beobachtungsbogen für Kinder (BKK; *Duhm* 1979) werden eine größere emotionale Selbständigkeit, ein stärkeres Selbstwertgefühl, eine Abnahme aggressiven Verhaltens sowie eine Zunahme im Hinblick auf Selbstbehauptung und Kooperationsfähigkeit in der Gruppe und mehr Kreativität im Spiel dokumentiert.

Während im Einschulungsalter bei den Auswirkungen motorischer Förderung in Abhängigkeit von der Probandengruppe und der Spezifität der Fördermaßnahme große Unterschiede zu verzeichnen sind, vgl. auch *Eggert, Lütje* (1991); *Dordel, Rittershaußen* (1997), kann auf das Vorschulalter bezogen als Ergebnis der Studien von *Kunz* (1993), *Breuer, Rumpeltin, Schülert* (1998) und *Prohl, Seewald* (1998) festgehalten werden, dass mit relativ wenig Aufwand - der möglichst flächendeckenden Fortbildung von Erzieherinnen in dem Bereich einer psychomotorisch orientierten Bewegungserziehung - eine umfassende Förderung der Entwicklung von Kindern zu erreichen ist.

Unterstützt wird dieses Ergebnis durch die Erfahrungen mit dem Weiterstädter Modell, dem Sportkindergarten, dem Psychomotorik als Konzept zugrunde liegt (*Krawietz* 1997). *Ungerer-Röhrich* (1997) zeigt mit Hilfe des MOT 4-6, der California Child Questionnaire, des Darmstädter Bildertests und anderen Testverfahren, dass sich für die Kinder des Sportkindergartens das 'bewegungsfreundliche' Umfeld fördernd auf die motorische, die soziale und die kognitive Entwicklung auswirkt.

Zur Idee des Weiterstädter Modells gehört auch die Integration behinderter Kinder. Dieses Konzept psychomotorischer Förderung in Zusammenhang mit der Kooperation des Kindergartens mit Erziehungsberatungs- und Frühförderstellen, mit Kinderärzten, Therapeuten verschiedener Fachrichtungen und Motopäden bietet hierfür hervorragende Bedingungen. *Fischer, Müller-Schwarz* (1997) legen ein Konzept psychomotorisch orientierter Einzelintegration behinderter Kinder im Regelkindergarten vor, in dem Aufgaben des Kindergartens und der Frühförderung verbunden werden. Neben der psychomotorischen Förderung stehen auch hier die Beratung der Eltern und der Erzieherinnen sowie Fortbildung der Erzieherinnen im Mittelpunkt.

Gemeinsam Bewegungserfahrungen sammeln.

Die spezifischen Maßnahmen zur Einzelintegration richten sich nach der Behinderung eines Kindes. Hervorzuheben ist, dass dieses Konzept zu positiven Veränderungen bei behinderten und nicht behinderten Kindern der Gruppe führt und bei Eltern und Erzieherinnen in hohem Maße Akzeptanz findet.

Methodik

In einer eigenen Untersuchung erfolgt die motorische Förderung im Zentrum für Frühbehandlung und Frühförderung e. V. in Köln. Sie ist eingebettet in das Konzept des Zentrums mit umfangreicher Diagnostik und vielfältigen Interventionsmaßnahmen (*Horstmann* 1997).

Als Konsequenz ergeben sich folgende Empfehlungen bzw. Forderungen:

1. Ausbildung und Fortbildung von Erzieherinnen muss viel stärker als bisher die motorische Entwicklung von Kindern in den Blick nehmen und die Kompetenz von Erzieherinnen im Hinblick auf eine psychomotorische Entwicklungsförderung steigern.

2. Erzieherinnen müssen verstärkt sensibilisiert werden für motorische Auffälligkeiten im Vorschulalter, um diese zu erkennen und Eltern betroffener Kinder beratend zur Seite zu stehen. Hierfür sind Kenntnisse über bzw. Kooperation mit Frühförderzentren, mit dieser Thematik besonders befaßten Ärzten und entsprechenden Therapeuten notwendig.

3. Schon im Vorschulalter sollte bei motorischer Auffälligkeit eine gezielte Interventi-

on angeboten werden. Dieses kann im Kindergarten durch entsprechend ausgebildete Erzieherinnen oder in Kooperation mit Therapeuten erfolgen oder extern in Kooperation mit Fachleuten und Institutionen.

4. Besonders hingewiesen werden soll auf die Chance einer Integration behinderter Kinder schon im Kindergarten, die nur in enger Kooperation verschiedener Fachleute und Institutionen erfolgreich gelingen kann, deren Bedeutung für die Gesellschaft - für Behinderte und Nichtbehinderte - nicht zu unterschätzen ist.

Zusammenfassung

Motorische Förderung im Vorschulalter erscheint notwendig, da die gesellschaftlich bedingten Verhältnisse für viele Kindern eine 'normale' Entwicklung nicht mehr gewährleisten. Motorische Förderung im Vorschulalter erscheint Erfolg versprechend, da die Entwicklungsdynamik in diesem Altersabschnitt ein hohes Maß an Sensibilität für fördernde Einflüsse erwarten lässt.

Motorische Förderung im Einschulungsalter - kurz vor der Einschulung, im Schulkindergarten und der ersten Klasse der Grundschule - erscheint für Kinder mit besonderem Förderbedarf besonders dringlich, da Entwicklungsverzögerungen und psychomotorische Auffälligkeiten betroffenen Kindern den Start in ein erfolgreiches Schulleben erheblich erschweren (können).

Bei einer Sichtung von jüngeren Studien zur motorischen Förderung im Vorschulalter bestätigen sich Notwendigkeit und Erfolg motorischer Förderung in diesem Alter. Es kristallisieren sich im wesentlichen zwei Arbeitsschwerpunkte heraus:

1. Ausbildung bzw. Fortbildung von Erzieherinnen im Hinblick auf psychomotorische Entwicklungsförderung im Kindergarten, damit verbunden eine quantitative Ausweitung und qualitative Veränderung der Bewe-

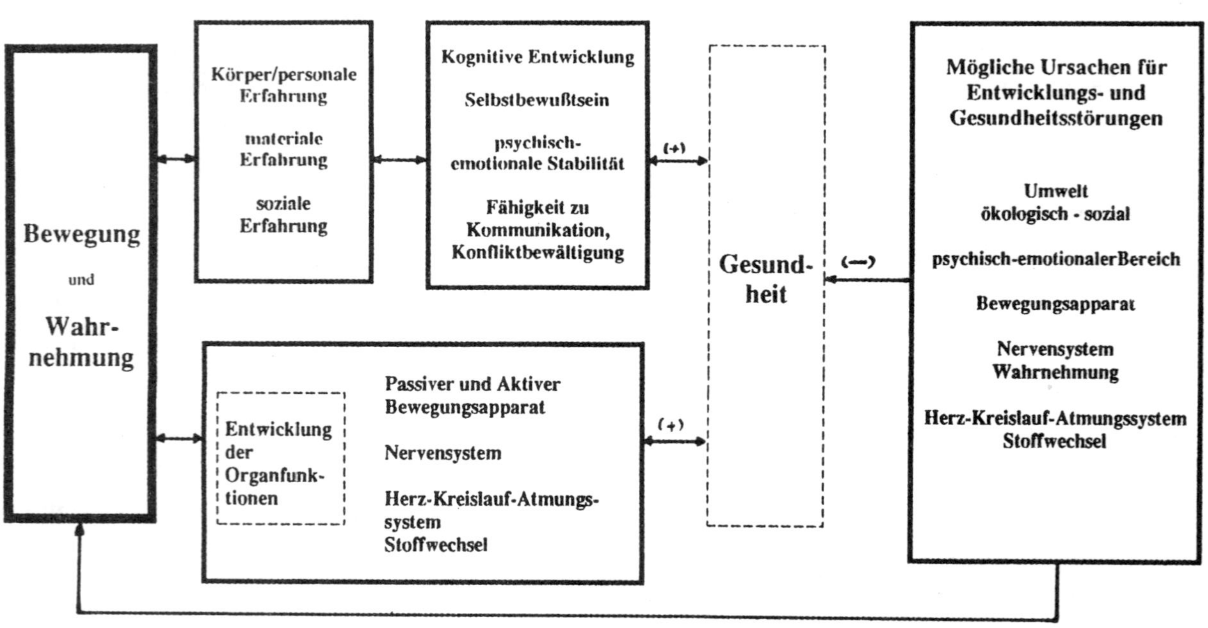

Abb. 5: Die Bedeutung von Bedeutung und Wahrnehmung für eine gesunde Persönlichkeitsentwicklung und mögliche Störfaktoren in Anlehnung an Dordel (1987, 140).

gungsmöglichkeiten von Vorschulkindern sind dringend erforderlich und relativ leicht zu verwirklichen.

2. Kinder mit besonderem Förderbedarf werden eher gegen Ende des Vorschulalters - im Einschulungsalter - auffällig. Die Wirksamkeit einer motorischen Intervention im Alter von fünf bis sieben Jahren muss allerdings in Abhängigkeit von einer Vielzahl von - teils nicht kontrollierbaren - Variablen gesehen werden. Die Wirkung auf motorische, emotional-affektive und psychosoziale bzw. auf kognitive Dimensionen ist im Zusammenhang mit der Probandengruppe, mit den zeitlich-organisatorischen Rahmenbedingungen der Intervention, der Methodik der Evaluation und dem Förderkonzept sowie der Kompetenz der Therapeutin zu diskutieren.

Literatur

Affolter, F.: Aspekte der Entwicklung und Pathologie von Wahrnehmungsfunktionen. Pädiat. Fortbild. Praxis 34 (1972), S. 49- 55.

Affolter, F.: Wahrnehmungsprozesse, deren Störung und Auswirkungen auf die Schulleistungen, insbesondere Lesen und Schreiben. Z. f. Kinder- u. Jugendpsychiatrie 3, (1975), S. 223-234.

Ayres, J.: Bausteine der kindlichen Entwicklung. Berlin. Heidelberg-New York-Tokyo 1984.

Balgo, R.: Systemisch-konstruktivistische Perspektive für die Psychomotorik. In: Amft, S.; Seewald, J. (Hrsg.): Perspektiven der Motologie. Schorndorf 1996.

Beudels, W.: Die Wirksamkeit psychomotorischer Förderung - Ergebnisse einer vergleichenden empirischen Untersuchung. In: Leyendecker, C.; Horstmann, T. (Hrsg.): Frühförderung und Frühbehandlung. Wissenschaftliche Grundlagen, praxisorientierte Ansätze und Perspektiven interdisziplinärer Zusammenarbeit. Heidelberg 1997.

von Bibra, H., Fiebig, B.: Zur Bedeutung und Wirksamkeit eines psychomotorischen Förderprogramms für Schulanfänger. Diplomarbeit Köln 1993.

Bös, K.: Handbuch sportmotorischer Tests. Göttingen 1987.

Brand, I., Breitenbach, E., Maisel, V.: Integrationsstörungen. Diagnose und Therapie im Erstunterricht. Würzburg 1997.

Brandt, K., Eggert, D., Jendritzki, H., Küppers, B.: Untersuchungen zur motorischen Entwicklung von Kindern im Grundschulalter in den Jahren 1985 und 1995. Praxis der Psychomotorik 22 (1997) 2, S. 101-107.

Breuer, C., Rumpeltin, C., Schülert, T.: Lebensweltbezogene Ansätze in der Bewegungsförderung von Kindern im Vorschulalter. Evaluation des Projektes "Hüpfdötzchen - Kindergarten in Bewegung". Praxis der Psychomotorik 23 (1998) 1, S. 13-16.

Brüggebors, G.: Einführung in die Holistische Sensorische Integration (HSI). Teil1 und 2. Dortmund 1992 und 1994.

Crasselt, W.: Somatische Entwicklung. In: Baur, J., Bös, K., Singer, R. (Hrsg.): Motorische Entwicklung. Ein Handbuch. Schorndorf 1994.

Demeter, A.: Sport im Wachstums- und Entwicklungsalter. Anatomische, physiologische und psychologische Aspekte. Leipzig 1981.

Dordel, S.: Körperwahrnehmung - ein zentrales Anliegen des Sportförderunterrichts. Gesundheitssport und Sporttherapie 11 (1995) 5, S. 7-11.

Dordel, S.: Sportförderunterricht (Schulsonderturnen) - ein schulischer "Reparaturbetrieb" für alle Störungen? In: Zimmer, R. (Hrsg.): Bewegte Kindheit. Schorndorf 1997.

Dordel, S.: Ätiologie und Symptomatik motorischer Defizite und Auffälligkeiten. In: Bundeszentrale für gesundheitliche Aufklärung (Hrsg.): Gesundheit von Kindern. Epidemiologische Grundlagen. Köln 1998.

Dordel, S., Rittershaußen, A.: Bewegungsförderung als Entwicklungsförderung? Ein Beitrag zur Effizienz des Sportförderunterricht in der Primarstufe. Haltung und Bewegung 17 (1997) 4, S. 5-24.

Duhm, E. (Hrsg.): Beobachtungsbogen für Kinder im Vorschulalter (BBK). Braunschweig 1979.

Eggert, D.: DMB. Diagnostisches Inventar motorischer Basiskompetenzen bei lern- und entwicklungsauffälligen Kindern im Grundschulalter. Dortmund 1993.

Eggert, D.: Theorie und Praxis der psychomotorischen Förderung. Dortmund 1994.

Eggert, D., Lütje, B.: Psychomotorik in der (Sonder)Schule? Empirische Studien zu den Grenzen eines Förderkonzepts. Praxis der Psychomotorik 16 (1991) 3, S. 156-168.

Eiben, O.: Die körperliche Entwicklung des Kindes. In: Bauss, R., Roth, K. (Hrsg.): Motorische Entwicklung. Probleme und Ergebnisse von Längsschnittstudien. Darmstadt 1977.

Esser, G.: Früherkennung von Teilleistungsstörungen. Öff. Gesundh.-Wes. 53 (1991), S. 470-473.

Ettrich, C.: Entwicklungsneurologische Längsschnittdaten im Rahmen einer komplexen Entwicklungsdiagnostik als Basis für Schuleingangsuntersuchung und Schulbewährung. Frankfurt 1994.

Fischer, K., Müller-Schwarz, M.: Einzelintegration behinderter Kinder im Regelkindergarten - Konzept und Erfahrungsbericht. In: Zimmer, R. (Hrsg.): Bewegte Kindheit. Schorndorf 1997.

Fritz, A.: Spiel - ein Medium zur Vermittlung kognitiver und sozialer Kompetenzen. Beschreibung und erste Evaluationsergebnisse einer spiel- und bewegungsorientierten Förderung für Kinder mit Entwicklungsverzögerungen und Verhaltensauffälligkeiten. In: Leyendecker, C.; Horstmann, T. (Hrsg.): Frühförderung und Frühbehandlung. Wissenschaftliche Grundlagen, praxisorientierte Ansätze und Perspektiven interdisziplinärer Zusammenarbeit. Heidelberg 1997.

Fritz, A. Frobese, R., Esser, O., Keller, R.; Spengler, U.: Schule zum Anfassen. Ein Förderkonzept. Heidelberg 1989.

Gaschler, P.: Sportförderunterricht (Schulsonderturnen) im Schulkindergarten. Überlegungen zur motorischen Frühförderung nicht schulreifer Kinder. Haltung und Bewegung 10 (1990) 4, S. 6-13.

Gaschler, P.: Motorische Entwicklung und Leistungsfähigkeit von Vorschulkindern in Abhängigkeit von Alter und Geschlecht. Haltung und Bewegung 18 (1998) 4, S. 5-18.

Hecklau-Seibert, S.: Effizienzüberprüfung psychomotorischer Fördermaßnahmen bei Kindern mit minimaler cerebraler Dysfunktion. Frankfurt / M. 1990.

Hilbers, M.: Psychomotorik als Entwicklungsbegleitung. Pädagogische Implikationen aus systemisch-konstruktuvistischer Perspektive. Diplomarbeit Köln 1999.

Horstmann, T.: Die interdisziplinäre Arbeit des Zentrums für Frühbehandlung und Frühförderung e.V. In: Leyendecker, C.; Horstmann, T. (Hrsg.): Frühförderung und Frühbehandlung. Wissenschaftliche Grundlagen, praxisorientierte Ansätze und Perspektiven interdisziplinärer Zusammenarbeit. Heidelberg 1997.

Keller, R., Fritz, A.: Auf leisen Sohlen durch den Unterricht. Ein Arbeitsbuch zum spiel- und handlungsorientierten Unterricht im 1. und 2. Grundschuljahr. Schorndorf 1995.

Kesselmann, G.: Langzeiteffekte einer therapeutisch orientierten Bewegungserziehung. Dissertation Hannover 1990.

Krawietz, C.: Das Weiterstädter Modell - Psychomotorik im Kindergarten. In: Zimmer, R. (Hrsg.): Bewegte Kindheit. Schorndorf 1997.

Krombholz, H.: Motorik im Vorschulalter - ein Überblick. Motorik 8 (1985a) 3, S. 83-96.

Krombholz, H.: Können kognitive Leistungen durch motorische Fördermaßnahmen gesteigert werden? Eine Zusammenstellung vorliegender Untersuchungen zur Wirksamkeit psychomotorischer Übungsprogramme. Heilpädagogische Forschung 12 (1985b) 1, S. 73-79.

Kunz, T.: Weniger Unfälle durch Bewegung. Mit Bewegungsspielen gegen Unfälle und Gesundheitsschäden bei Kindergartenkindern. Schorndorf 1993.

Lensing-Conrady, R.: Rollerfahren im Vorschulalter - Eine wissenschaftliche Untersuchung zur Effizienz des Rollerfahrens für die Kindesentwicklung im Vorschulalter bestätigt unsere Kindheitserfahrungen. Praxis der Psychomotorik 24 (1999) 2, S. 98-102.

Leyendecker, C.: Die Einheit von Wahrnehmung und Bewegung - kritische Anmerkungen zu einem (allzu) plausiblen Paradigma der Frühförderung. In: Leyendecker, C.; Horstmann, T. (Hrsg.): Frühförderung und Frühbehandlung. Wissenschaftliche Grundlagen, praxisorientierte Ansätze und Perspektiven interdisziplinärer Zusammenarbeit. Heidelberg 1997.

Maas, H., Spiess, S.: Ganzheitliche Entwicklungsförderung von psychomotorisch auffälligen Schulkindern des ersten Schuljahres durch Bewegung, Sport und Spiel, unter besonderer Berücksichtigung der Bewegungskoordination. Überprüfung der Wirksamkeit eines psychomotorischen Förderprogramms. Diplomarbeit Köln 1992.

Maturana, H. R., Varela, F.J.: Der Baum der Erkenntnis. München 1987.

Melchers; P., Preuss, U.: Die Kaufman-Assessment Battery for Children (K-ABC). Interpretationshandbuch; Durchführungs- und Auswertungshandbuch. Amsterdam 1991 a + b.

Miedzinski, K.: Die Bewegungsbaustelle. Kinder bauen ihre Bewegungsanlässe selbst. Dortmund 1983.

Nickel, H., Schmidt-Denter, U.: Vom Kleinkind zum Schulkind. München-Basel 1995.

Noth, J.: Entwicklung neurophysiologischer Parameter der Motorik. In: Baur, J., Bös, K., Singer, R. (Hrsg.): Motorische Entwicklung. Ein Handbuch. Schorndorf 1994.

Milz, I.: Neuropsychologie für Pädagogen. Neuropsychologische Voraussetzungen für Lernen und Verhalten. Dortmund 1996.

Otten, G.: Psychomotorische Förderung von motorisch auffälligen Schülern des 1. und 2. Schuljahres - Überprüfung eines gezielten Übungsprogramms im Sportförderunterricht. Diplomarbeit Köln 1991.

Prohl, R., Seewald, J.: Offene Bewegungserziehung in Kindergärten. Bericht über ein kombiniertes Fortbildungs- und Forschungsprojekt in Thüringen. Motorik 21 (1998) 2, S. 58-68.

Puls, E.: Nachuntersuchung frühbehandelter Kinder. In: Leyendecker, C.; Horstmann, T. (Hrsg.): Frühförderung und Frühbehandlung. Wissenschaftliche Grundlagen, praxisorientierte Ansätze und Perspektiven interdisziplinärer Zusammenarbeit. Heidelberg 1997.

Rumpeltin, C., Schülert, T.: Das Projekt "Hüpfdötzchen - Kindergarten in Bewegung". Ein Konzept zur lebensweltbezogenen Prävention für Kinder im Vorschulalter. Praxis der Psychomotorik 22 (1997) 3, S. 185-190.

Scheid, V.: Motorische Entwicklung in der frühen Kindheit. In: Baur, J., Bös, K., Singer, R. (Hrsg.): Motorische Entwicklung. Ein Handbuch. Schorndorf 1994.

Scherrer, J.: Offene Bewegungserziehung an Thüringer Kindergärten. In: Zimmer, R. (Hrsg.): Bewegte Kindheit. Schorndorf 1997.

Schilling, F.: Körperkoordinationstest für Kinder KTK. Manual. Weinheim 1974

Schilling, F.: Checkliste motorischer Verhaltensweisen (CMV). Braunschweig 1976.

Schlack, H. G.: Psychosoziale Einflüsse auf die Entwicklung. In: Karch, D.; Michaelis, R.; Rennen-Allhoff, B.; Schlack, H. G. (Hrsg.): Normale und gestörte Entwicklung. Berlin-Heidelberg-New York 1989.

Schlack, H. G.: Gesundheit und Krankheit. In: Schlack, H. G. (Hrsg.): Sozialpädiatrie - Gesundheit. Krankheit. Lebenswelten. Stuttgart 1995.

Speck, O.: System Heilpädagogik: eine ökologisch reflexive Grundlegung. München 1998.

Ungerer-Röhrich, U.: Was bringt ein "bewegter" Kindergarten für die Entwicklung der Kinder? - Ergebnisse einer Längsschnittuntersuchung. In: Zimmer, R. (Hrsg.): Bewegte Kindheit. Schorndorf 1997.

Vogt, U.: Die Motorik 3- bis 6jähriger Kinder. Schorndorf 1978.

Walthes, R.: Wahrnehmungs- und Bewegungsstörungen: Neue Wege zum Verständnis von "Störungen" und Konsequenzen für therapeutische Konzepte. In: Leyendecker, C.; Horstmann, T. (Hrsg.): Frühförderung und Frühbehandlung. Wissenschaftliche Grundlagen, praxisorientierte Ansätze und Perspektiven interdisziplinärer Zusammenarbeit. Heidelberg 1997.

Wasmund-Bodenstedt, U.: Die tägliche Bewegungszeit in der Grundschule. Schorndorf 1984.

Welsch, M.: Zur Bedeutung und Wirksamkeit mototherapeutischer Intervention im Vorschulalter. Diplomarbeit Köln 1997.

Winter, R.: Die motorische Entwicklung des Menschen von der Geburt bis ins hohe Alter (Überblick). In: Meinel, K., Schnabel, G.: Bewegungslehre - Sportmotorik. Berlin 1987.

Zimmer, R.: Bewegte Kindheit - Über den sozialen Wandel von Kindheit und die Auswirkungen auf das Bewegungs- und Körpererleben. In: Zimmer, R. (Hrsg.): Bewegte Kindheit. Schorndorf 1997.

Zimmer, R. (Hrsg.): Bewegte Kindheit. Schorndorf 1997.

Zimmer, R.; Volkamer, M.: MOT 4-6. Motoriktest für vier- bis sechsjährige Kinder. Manual. Weinheim 1984; 1987.

Renate Zimmer

Leben braucht Bewegung - Förderung der ganzheitlichen Entwicklung durch Bewegung

Einleitung

Die Kinder sind anders geworden - diese Beobachtungen machen immer mehr Eltern, Pädagogen, Erzieherinnen. Betroffen ist neben vielfältigen familiären Problemen vor allem ein Bereich der kindlichen Lebenswelt, der für Kinder eine wichtige Grundlage ihrer Persönlichkeitsentwicklung darstellt: *Ihre Körper- und Bewegungserfahrungen.*

Heutige Kindheit ist gekennzeichnet durch den Verlust an unmittelbaren körperlich-sinnlichen Erfahrungsmöglichkeiten, durch eine immer stärker eingeengte Bewegungswelt. Kinder ohne Bewegungsraum - so meine These - haben keine Chance, eine gute Beziehung zu ihrem Körper aufzubauen, sie sind in ihrer Selbst- und in ihrer Wirklichkeitserfahrung gefährdet. Von Jahr zu Jahr wächst die Zahl derer, die Rat suchen, die über das Zunehmen psycho-sozialer Auffälligkeiten bei Kindern klagen.

Es sind nicht mehr die typischen Kinderkrankheiten, die z. B. Eltern Sorge bereiten, sondern neuartige, psycho-somatische Beschwerden, chronische Krankheiten, die bei Kindern und Jugendlichen in erschreckendem Maße zunehmen. Und dies obwohl (oder weil?) es Kindern in den westlichen Industrienationen auf den ersten Blick noch nie so gut ging wie heute. Trotz hohen Lebensstandards und guter medizinischer Versorgung sind die Lebensbedingungen der Kinder offensichtlich doch nicht so ideal, dass die Entwicklung weitgehend komplikationslos verläuft.

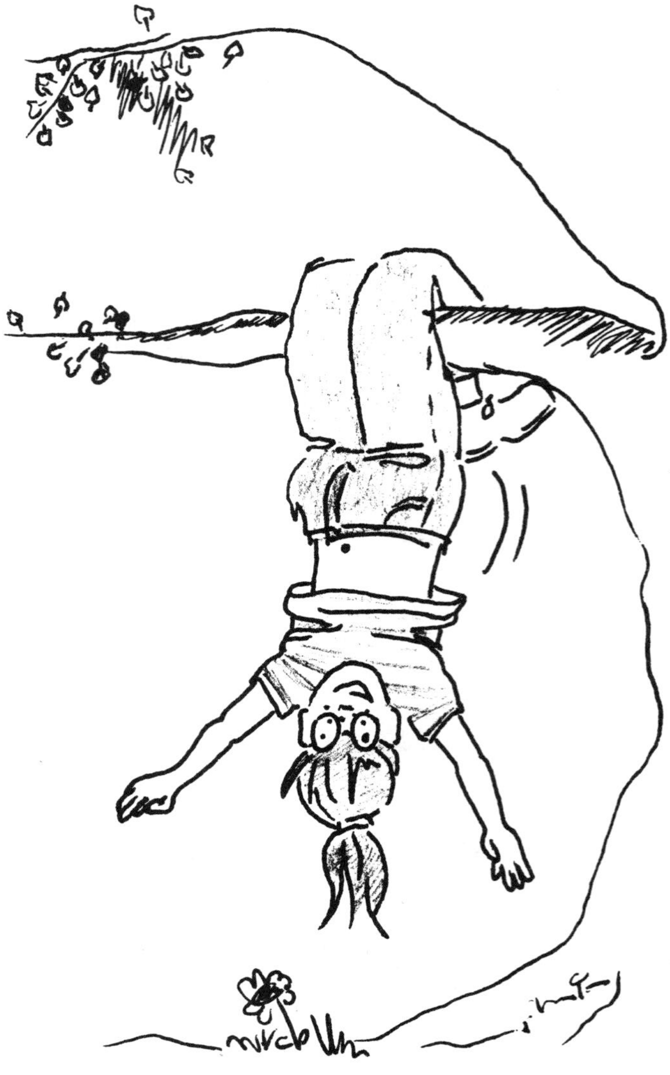

Leben braucht Bewegung.

Noch nie waren Kinder so reich an Angeboten im Konsum- und Freizeitbereich, gleichzeitig aber auch noch nie so arm an Möglichkeiten, sich ihrer Umwelt über ihre Sinne, ihren Körper zu bemächtigen. Kinder finden in ihrer Umgebung kaum noch freie Räume zum Spielen, Entdecken, Erkunden und Sichbewegen. Auch ihr Tagesablauf ist häufig verplant und zerstückelt, mehr von elektronischen Medien und dem Fernsehprogramm bestimmt als von Chancen, Phantasie und Eigentätigkeit entfalten zu können. Die Folgen des Verlustes an körperlich-sinnlichen Erfahrungen, des immer größer werdenden Medienkonsums und der sich immer mehr ausbreitenden Technisierung und Motorisierung für die Entwicklung von Kindern sind in ihrer Tragweite überhaupt noch nicht abzusehen.

Die zunehmende Zahl an Kindern mit Verhaltensauffälligkeiten und psycho-somatischen Krankheiten ist offensichtlich auch Ausdruck der Probleme, die Kinder heute bei der Aneignung ihrer Umwelt und im Umgang mit dem eigenen Körper haben. Sie sind ein Signal dafür, dass die Auseinandersetzung mit den Anforderungen durch die Umwelt nicht befriedigend gelingt.

Ich will nun hier nicht in Gesellschaftskritik und Kulturpessimismus verfallen, aber die Frage, was Bewegung für Kinder bedeutet, welchen Beitrag sie zu einer ganzheitlichen Erziehung liefert, muss auch auf dem Hintergrund ihrer Lebenssituation gesehen werden.

Wie Kinder die Welt wahrnehmen

Das Kind nimmt die Welt weniger mit dem „Kopf", also mit seinen geistigen Fähigkeiten, über das Denken und Vorstellen auf, es nimmt sie vor allem über seine Sinne, seine Tätigkeit, mit seinem Körper wahr. Durch Bewegung tritt das Kind in einen Dialog mit seiner Umwelt ein, Bewegung verbindet seine Innenwelt mit seiner Außenwelt. Die Welt erschließt sich dem Kind über Bewegung, Schritt für Schritt ergreift es von ihr Besitz. Mit Hilfe von körperlichen Erfahrungen und Sinneserfahrungen bildet es Begriffe; im Handeln lernt es Ursachen und Wirkungszusammenhänge kennen und begreifen. So liefern die kinästhetischen Sinne, der Gleichgewichtssinn, der Tastsinn, das Sehen und das Hören dem Kind viele Eindrücke über seine Umwelt und über sich selbst in Zusammenhang mit ihr.

Das Greifen ist immer auch ein Begreifen, das Fassen ein Erfassen. Das Kind gewinnt, bevor es sich sprachlich mitteilen kann, bereits ein Wissen über räumliche Beziehungen und es hat dieses Wissen aufgrund seiner Erfahrungen durch Wahrnehmung und Bewegung, in denen sich diese Zusammenhänge erschließen. Kinder sind aus entwicklungspsychologischer Sicht immer auf der Suche nach der Wirklichkeit - Bewegungsaktivitäten liefern wichtige Voraussetzungen hierfür. Die Erfahrung der Wirklichkeit ist offensichtlich ein bedeutsames Entwicklungsthema für sie, das über Bewegung, über ihre Körperlichkeit bewältigt wird. Auf Bäume klettern, sich um die eigene Achse drehen bis einem schwindelig wird, kopfüber an einer Stange hängen, das alles ist nicht nur spannend und aufregend, in all dem kann man auch sich und seine Beziehung zur Welt erleben und sie dabei auch noch verändern: Wenn einem schwindelig wird, dreht sich die Welt mit, kopfüber an der Reckstange hängend steht die Welt auf dem Kopf. Man macht Erfahrungen, erlebt sich aber zugleich auch als mächtiger Verursacher.

Der Körper - Mittel der Ich-Entwicklung und Selbständigwerdung

Die körperlich-leiblichen Möglichkeiten liefern die Voraussetzungen für bestimmte Handlungen. Im Können, Nicht-Können und Noch-Nicht-Können erweist sich der Körper für das Kind als Grundlage für das Dürfen, Nicht-Dürfen und Noch-Nicht-Dürfen.

Kindliche Entwicklung kann als Prozess ständigen Strebens nach Unabhängigkeit angesehen werden. Für das Selbständigwerden und die Ich-Findung (die Identitätsentwicklung) des Kindes hat der Körper (das Leibliche) daher eine wichtige Funktion. Seine körperlichen Fähigkeiten und Möglichkeiten sind Mittel und Symbole seines „Größerwerdens" (*Grupe* 1992, 15). An diesen körperlichen Fähigkeiten kann es seine Fortschritte ablesen: Zum ersten Mal alleine über den Zaun steigen, Fahrrad fahren, den Baum hinauf klettern - all das sind Zeichen wachsender Selbständigkeit und Unabhängigkeit vom Erwachsenen.

Veränderte Kindheit

Die Ergebnisse der entwicklungspsychologischen Forschung der letzten Jahrzehnte haben deutlich gezeigt, dass Kinder am Prozess ihrer Identitätsentwicklung aktiv beteiligt sind, dass hierfür allerdings bestimmte Entwicklungsbedingungen wie z. B. eine anregungsreiche Umwelt, in der sie selber tätig werden können, erforderlich ist. Nun haben sich die Bedingungen des Kindseins und die Entwicklungschancen von Kindheit in unserer Gesellschaft in den letzten Jahren entscheidend geändert. Die Ausgrenzung von Spiel und Bewegung in speziell dafür hergerichtete Räume und die damit verbundene Pädagogisierung der Erfahrungswelt von Kindern haben deren Möglichkeiten zur Welt- und Wirklichkeitserfahrung sehr beschränkt.

Ich will hier nur einige Schlüsselbegriffe nennen, die die Wandlungstendenzen der Kindheit beschreiben und die speziell den Bereich der körperlich - sinnlichen Erfahrungen betreffen (vgl. *Zimmer* 1994).

Charakteristisch für die heutige Kindheit ist:

1. der Rückgang der Straßenspielkultur und die zunehmende Verhäuslichung des Kinderspiels;
2. der Verlust natürlicher Spiel- und Bewegungsgelegenheiten und der Ersatz durch künstlich geschaffene Plätze zum Spielen, die von Kindern oft nicht selbständig erreicht werden können und wo zudem das Spielen ohne Aufsicht durch Erwachsene kaum möglich ist;
3. die Ausgliederung der Bewegungsspiele aus dem Kinderalltag in den institutionalisierten, organisierten Sport (vgl. *Landau* 1991);
4. die Verinselung kindlicher Lebensräume, indem Kinder von einem Freizeitangebot zum anderen, zu entfernten Freunden, zu Schwimmbädern und Musikschulen chauffiert werden. Zwischen diesen Inseln und Erfahrungsräumen besteht kein Zusammenhang, Kinder erleben ihren Alltag nicht als selbstbestimmbaren Freiraum und als zusammenhängende Zeiteinheit, sondern als zerstückeltes Termingeschäft, das sich in zum Teil völlig verschiedenen Welten abspielt (vgl. *Zeiher* 1989);
5. die Entdeckung der Kinder als Zielgruppe für die Konsumgüterindustrie, die selbst vor der Pädagogisierung des Spielzeugs nicht Halt macht;
6. die Zunahme des Medienkonsums und die damit einhergehende Verdrängung vieler für die Entwicklung des Kindes wichtiger Aktivitäten.

In diese Tendenz reihen sich die öffentlichen Bildungs- und Erziehungsinstitutionen nahtlos ein. Auch ihnen kann Körper- und Leibfeindlichkeit vorgeworfen werden. Das fängt bereits beim Kindergarten, seiner räumlichen

Enge, aber auch der Tendenz vieler Erzieherinnen, dem Wunsch der Eltern nach vorzeigbaren Bastelergebnissen eher nachzugeben als dem Wunsch der Kinder nach großräumiger Bewegung. Zum Teil ist dies auch verständlich, denn das Produkt des Kletterns auf einen Baum ist eben nicht ein schönes buntes Fensterbild sondern vielleicht sogar eine schmutzige Hose.

Vor allem aber die Schule präsentiert sich als Ort der Disziplinierung körperlicher Bedürfnisse. Kinder sitzen die meiste Zeit des Tages an Tischen, haben mit Geschriebenem, mit Bedrucktem, mit Papier zu tun. Ihr Körper kommt allenfalls in den Pausen, sonst nur im Sportunterricht zu seinem Recht - und auch da wird er vielfach eingeengt in Normen und Regeln, in das, was in der öffentlichen Meinung oder in der Medienwelt als Sport gilt.

Lernen scheint untrennbar mit Sitzen verbunden zu sein, Konzentration und kognitive Aufmerksamkeit von körperlicher Unbeweglichkeit abzuhängen. Bewegung ist etwas, was nicht sein soll, was den Unterricht stört, die Konzentration beeinträchtigt. Dabei bringen die meisten Schulanfänger eine hohe Lernbereitschaft, gleichzeitig aber auch ein großes Bewegungsbedürfnis mit, das zu vereinen und nicht gegen einander auszuspielen sollte aus meiner Sicht ein ernstzunehmendes Anliegen der Schule sein.

Der wesentlichste Wandel der Kindheitsbedingungen liegt im Verlust an Eigentätigkeit und in den einseitigen Sinneserfahrungen. Während Technik und Motorisierung Kinder auf der einen Seite an der unmittelbaren Erschließung ihrer Lebens- und Erfahrungsräume hindern, sind Kinder heute auf der anderen Seite einer unüberschaubaren Vielzahl von elektronischen Medien ausgesetzt, deren Einfluss sie sich kaum entziehen können. Hinzu kommt, dass der soziale Status der Kinder in ihrer Gleichaltrigengruppe sehr davon abhängt, welche Fernsehsendungen man gesehen hat, über welche Videospiele man verfügt.

Je eintöniger, enger oder normierter die Spiel- und Bewegungsräume der Kinder sind, um so mehr verlagern sich ihre Erfahrungsmöglichkeiten auf sekundäre Erfahrungen.

Manchmal sind wir Erwachsenen davon fasziniert, wie selbstverständlich Kinder sich elektronischer Medien bedienen. Wie die Kinder mit den Medien umgehen, ist jedoch auch davon geprägt, was die Medien bereits mit den Kindern gemacht haben. Über Computerspiele und Fernsehen dringt eine Welt in ihren Kopf, die sie mit ihren Händen niemals begreifen und mit ihren Füßen niemals betreten werden. Gameboy und Videospiele erfordern ein minimales Ausmaß an Körperbewegung - beschränkt auf das wechselseitige Drücken der Steuertaste mit dem rechten und linken Daumen - zugleich aber auch ein maximales Ausmaß an Konzentration und Aufmerksamkeit.

In geistiger und körperlicher Starre sitzen die Kinder vor dem Bildschirm. Ihre Sinnestätigkeit wird auf die akustische und optische Wahrnehmung beschränkt. Das, was sie sehen und hören, können sie nicht, wie es für ihre Erkenntnisgewinnung wichtig wäre, fühlen, betasten, schmecken, riechen, sich nicht mit und in ihm bewegen. Wird der Apparat dann abgeschaltet, tritt eine Phase überschießenden Bewegungsdranges auf; aber nicht nur körperlich, sondern auch in ihren Stimmungen und Launen sind Kinder nach längerem Fernseh- und Computergenuss oft ungenießbar. Der aufgestaute Bewegungsdrang äußert sich explosiv und es dauert eine Weile, bis sie sich wieder beruhigt haben.

Aufgrund der mangelnden Verarbeitungsmöglichkeiten der auf sie einströmenden Reize und mit der Einschränkung ihrer Handlungs- und Bewegungsmöglichkeiten kommt es in zunehmendem Ausmaß zu Störungen in der Wahrnehmungsverarbeitung und zu Verhaltensauffälligkeiten.

Wenn sich diese Tendenz so fortsetzt, werden aus unseren Kindern lauter kleine Egozentriker, die am liebsten zu Hause vor dem Videogerät oder Computer sitzen, den Freund nur noch zum Austausch von Programmen und Videospielen brauchen und denen Bewegung aufgrund ihres Übergewichts und ihrer verkümmerten Muskulatur als Therapie ärztlich verordnet werden muss. - Vielleicht eine Chance für die noch größere Nachfrage nach Psychomotorik - aber ob eine solche Entwicklung zu befürworten ist, werden Sie genauso bezweifeln wie ich.

Unausgewogene Umweltstimulierung

Als weiteren wichtigen Risikofaktor im Bereich der Umwelteinflüsse betrachte ich - neben dem eben angesprochenen Verlust an Selbsttätigkeit - die einseitigen Sinneserfahrungen der Kinder. Mit der Zunahme des Medienkonsums bereits im Vorschulalter erleben sie heute eine Überstimulierung in spezifischen Sinnesbereichen, die mit ihrer erfahrungsbezogenen Verarbeitung oft nicht im geringsten Schritt hält. Demgegenüber erleben sie in elementaren Sinnesbereichen oft eine Unterstimulierung (*Hurrelmann* 1991, 67).

Dabei spielt die Entwicklung der Sinne eine wichtige Rolle bei der Auseinandersetzung des Kindes mit seiner Umwelt.

Wahrnehmung und Bewegung - die Grundlage kindlicher Handlungsfähigkeit

Die sinnliche Erfahrung als grundlegende Erkenntnisform menschlicher Existenz wird zwar allgemein anerkannt, das reibungslose Funktionieren der Sinne wird jedoch als selbstverständlich betrachtet.

Die sinnliche Wahrnehmung wird weder bewusst geübt noch erweitert noch verändert, da sie als gegeben vorausgesetzt wird. Der Gestaltpsychologe *Arnheim* behauptet sogar, dass uns schon als Kind die Anschaulichkeit der Welt ausgetrieben wird. Sinnliche Erfahrungen werden mehr und mehr von Funktionalität und Rationalität beherrscht, eine verkopfte Kultur, die sich in die Welt der Worte zurückzieht, sei die Folge: „Unsere Sinne leiden an

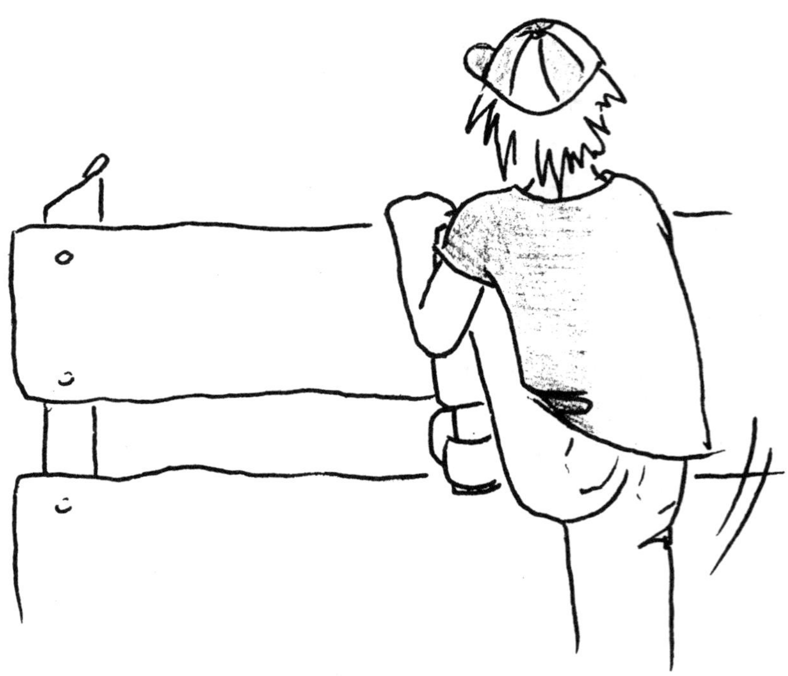

Eigene Grenzen in der Natur erfahren.

einer Mangelkrankheit - Auswirkungen einer Verarmung der sinnlichen Erfahrungen" (*Arnheim* 1979, 23).

Das Kind, das zur Erfassung seiner alltäglichen Welt des Einsatzes möglichst vieler seiner Sinne bedarf, wird heute oft mit einer Überflutung durch optische und akustische Reizeinwirkungen konfrontiert. In seinem Bedürfnis nach ganzheitlichem Erfassen, nach körperlich-sinnlicher Aneignung wird es immer mehr eingeschränkt. *Rumpf* beschreibt „das Heranwachsen des Kindes als einen Kurs in einer besonderen körperlichen Askese: Es muss lernen, seine sinnlichen Welt - Resonanzen auf bestimmte Kanäle zu reduzieren und dort zu kontrollieren" (*Rumpf* 1981, 43.) Für uns Erwachsene, die wir noch in einer Welt, in der wir selber tätig werden konnten, aufgewachsen sind, mag das problemlos sein, für unsere Kinder wird die Welt jedoch immer undurchschaubarer und damit auch unverständlicher. Sie können Zusammenhänge nicht mehr unmittelbar selbst erleben und begreifen, sondern erfahren sie aus „zweiter Hand", das heißt. das Fernsehen vermittelt ihnen, dass die Milch von der Kuh kommt und im Bilderbuch sehen sie, wie aus der Raupe ein Schmetterling wird. Türen öffnen sich, ohne dass man sie berührt, ein Knopfdruck genügt, um Kakao aus einem Apparat fließen zu lassen. Erfahrungen aus erster Hand können Kinder jedoch nur im eigenen Handeln machen; erst hier lernen sie, Zusammenhänge wirklich zu begreifen und den Dingen auf den Grund zu gehen.

Das Zusammenspiel der Sinne fördern

Zwar sind die meisten Menschen von Geburt an mit einer durchschnittlich guten Fähigkeit zur Verarbeitung sinnlicher Wahrnehmung ausgestattet, diese Grundfähigkeit muss jedoch vor allem in der Kindheit durch beständige Auseinandersetzung mit den Dingen und Gegebenheiten der Umwelt weiterentwickelt werden. Das Zusammenspiel der Sinne wird gefördert durch körperliche Aktivitäten; sie setzen komplexe Anpassungsreaktionen in Gang, Kinder lernen Neues hinzu, durch die Anpassungsreaktionen hat das Gehirn die Chance, sich weiterzuentwickeln und sich damit „besser zu organisieren". Bewegungsaktivitäten des Kindes enthalten zahlreiche Anpassungsreaktionen, die die Verarbeitung sinnlicher Reize unterstützen. Beispiele aus

Bewegungsaktivitäten erfordern Anpassungsreaktionen.

dem Alltag von Kindern verdeutlichen uns, wie wichtig ihnen selber sensorische und hier vor allem vestibuläre Reize sind: Kinder drehen sich, bis sich die Welt um sie dreht; Sofas, Matratzen - alles was federt, wird zum Trampolin umfunktioniert.

Vor allem hyperaktive Kinder signalisieren durch ihr - von der Umwelt als Störung empfundenes - ungesteuertes Bewegungsverhalten ihr kaum zufriedenzustellendes Bedürfnis nach Bewegung. Meist zeigen sie dabei primitiv-archaische Bewegungsmuster: Mit Kippeln, Wippen, Wackeln, Rutschen, Klopfen, einfachen Hin- und Her- und Auf- und Abbewegungen befriedigen sie ihren sensorischen „Reizhunger", der sich vor allem auf das vestibuläre System bezieht. Vielen dieser Kinder kann durch eine - auf einer basalen Stufe der Wahrnehmung - also mit taktil-kinästhetisch-vestibulären Angeboten – geholfen werden, ihre innere Ruhe wieder zu finden (vgl. *Kiphard* 1992).

Je vielfältiger sensorische Funktionen geübt werden, um so sicherer wird das Kind in seinen Bewegungen und um so besser gelingt ihm die Auseinandersetzung mit seiner Umwelt. Ein sensorisches System kann sich nur dann optimal entwickeln, wenn es aktiviert wird. Körperliche Aktivitäten sind für die Entwicklung der vestibulären und kinästhetischen Systeme unerlässlich.

Sinn-volle Erfahrungen ermöglichen

Die hier angedeuteten sensorischen Erfahrungsbereiche sind nicht als Kompensationsprogramm im Sinne eines „Trimm-Dich-Parcours" für die Sinne zu verstehen. (Also jeden Morgen von 8.30 bis 9.00 Uhr einmal den Kükelhaus Pfad vor und zurück und schon hat man sein tägliches Pensum Sinnesförderung erledigt). Es geht vielmehr darum, Kindern Lernen in sinnhaften Bedeutungszusammenhängen zu ermöglichen.

Sensorische Erfahrungen sind am wirksamsten, wenn Kinder selbst aktiv werden können, wenn sie *selbst* tätig sein können. Kinder lieben" sensorische Sensationen" - nicht weil damit ihre Gehirnfunktionen trainiert werden, sondern weil es schön, spannend und lustvoll ist, zu springen, zu rennen, sich zu drehen, zu schwingen und zu schaukeln.

Sinnliche Erfahrungen müssen zugleich auch für das Kind sinnvolle Handlungen sein. Nur so kann das Kind sich mit seiner Tätigkeit identifizieren und darüber auch zu seiner Identität finden. Hier sind authentische Erfahrungen möglich, Kinder erleben sich weniger fremdbestimmt. Sie erleben sich als selbstwirksam - und in dieser Erfahrung des „Selber-wirksam-seins" selbst zum Zentrum des eigenen Handelns zu werden, liegt aus meiner Sicht die Basis für die Entwicklung eines positiven Selbstkonzepts. Mir erscheint dabei auch wichtig, Kinder nicht resignierend einer Welt elektronischer Medien zu überlassen, sondern ihnen mehr Möglichkeiten für eigene Aktivitäten zu bieten, diese allerdings wiederum nicht so zu pädagogisieren, dass jeder Handlungsspielraum verloren geht.
Denn: Kinder brauchen für eine harmonische, gesunde Entwicklung ausreichend Spielraum - einen Rahmen, der ihnen Halt gibt und genügend Freiraum für die Entwicklung von Eigenaktivität.

Leben braucht Bewegung - das müssen vor allem die für Kinder zuständigen Erziehungsinstitutionen einsehen, wollen sie doch Einrichtungen für Kinder sein. Eine kopflastige Schule, die das Kind zum Kopffüßler degradiert, verstärkt die beschriebenen Probleme

noch, dabei könnte sie auch „Gegenerfahrungen" bereithalten.
Wie sollen Kinder Vertrauen in die eigene Wahrnehmungs- und Handlungsfähigkeit entwickeln, wenn sie - bei einer zunehmend von Medien bestimmten Freizeitgestaltung - auch noch in der Schule rezeptiv lernen? Wenn das Verhältnis zur Umwelt und zu sich vorwiegend passiv erlebt wird (*Beck / Wellershoff* 1993, 8).
Was noch vor einigen Jahren vor allem für die Grundschule Geltung zu haben schien, erhält aufgrund des völlig veränderten Freizeitverhaltens vieler Jugendlicher eine neue Gewichtung: Schule muss heute einen Gegenpol zur Freizeitbetätigung und der hier dominierenden mediatisierten und technisierten Erfahrungswelt bieten (früher war genau das Gegenteil der Fall: das Fußballspielen am Nachmittag, das un-organisierte, nicht reglementierte Spiel im Freien brachte einen Ausgleich für einseitige schulische Belastungen).

Schule muss sich an den derzeitigen Lebensverhältnissen der Kinder orientieren - und die sind einem gravierenden Wandel unterworfen und erfordern daher nicht nur neue Inhalte sondern vor allem auch neue Vermittlungsformen. Wissensvermittlung in der Schule sollte nicht auf einseitigem rationalem Weg erfolgen, sondern aus ihren sinnlichen Ursprüngen abgeleitet werden. Das Wissen sollte über die Sinne erfahren, erfasst und durchdrungen werden. Eigentätigkeit ist dabei die intensivste Form der Aneignung von Erfahrungen. Eigentätigkeit spricht alle Sinne an und muss von der mehr konsumierenden Aneignung - wie sie z. B. über die Medien erfolgt, unterschieden werden. Informationen haben die Kinder heute meistens genug, ihnen fehlt jedoch die Möglichkeit, sie zu verarbeiten.

Die moderne Lernforschung hat es vielfach propagiert, dass der Gewinn dauerhafter Erkenntnisse vor allem von der Art ihrer Darbietung abhängt. Lernen braucht eben mehr als Auge und Ohr. Je mehr unterschiedliche Formen der Darbietung des Lernstoffes angeboten werden, je mehr Kanäle der Wahrnehmung genutzt werden können, um so besser und langfristiger wird Wissen gespeichert, desto fester wird es verankert. „Je mehr Wahrnehmungsfelder im Gehirn beteiligt sind, desto mehr Assoziationsmöglichkeiten für das tiefere Verständnis werden vorgefunden, desto größer werden Aufmerksamkeit und Lernmotivation" (*Vester* 1992, 142).

Wahrnehmungsstörungen als Ursache vieler Lernschwierigkeiten

Besondere Bedeutung erhalten solche unmittelbaren körperlich-sinnlichen Erfahrungen für Kinder, die unter Wahrnehmungsstörungen leiden. Vor allem die Psychomotorik hat viel dazu beigetragen, dass Lernschwierigkeiten von Kindern nicht nur als kognitive Beeinträchtigung, sondern auch in ihrem Zusammenhang mit Wahrnehmungsstörungen oder einem negativen Selbstkonzept gesehen werden (*Zimmer / Cicurs* 1993).

Voraussetzung für die Orientierung in der Umwelt ist die Fähigkeit, Sinnesreize zu differenzieren, wichtige Informationen von unwichtigen unterscheiden zu können, sich z. B. auch bei einem hohen Geräuschpegel im Klassenraum auf die Stimme des Lehrers konzentrieren zu können. Nicht bei allen Kindern funktioniert dies, gerade hyperaktive Kinder lassen sich durch alles, was um sie herum passiert, leicht ablenken. Ein Kind muss die auf es einströmenden Informationen filtern können, so dass nur das durchgelassen wird, was für die jeweilige Situation wichtig ist. Oft liegt der Grund für Lern- und Kon-

zentrationsstörungen von Kindern in der mangelnden Fähigkeit, Sinneswahrnehmungen zu „integrieren", d. h. sinnliche Reize zu sortieren, zu ordnen und zu verarbeiten. Sinnliche Erfahrungen in der richtigen Weise miteinander zu verbinden ist auch zur Bewältigung komplexerer Handlungen wie z. B. für das Schreiben- und Lesenlernen erforderlich (*Ayres* 1984).
So setzen für Kinder mit Lern- und Leistungsstörungen spezielle sprachtherapeutische oder kognitive Förderprogramme oft auf einer zu hohen Ebene an, da bei ihnen die Basis der kognitiven Entwicklung - die sensomotorischen Fähigkeiten - nicht ausreichend aufgebaut werden konnte.

Wahrnehmung und Bewegung sind daher nicht als ein gesonderter Lernbereich zu betrachten und auf eine Ebene mit der Förderung musikalischer, sportlicher, sprachlicher oder mathematischer Fähigkeiten zu setzen. Hier herausgebildete Fähigkeiten stellen vielmehr die Voraussetzung für den Aufbau aller übrigen Kompetenzbereiche dar.

Ich deutete bereits an, dass ein Mangel an Verarbeitungsmöglichkeiten der Reizüberflutung - gepaart mit der Einschränkung der Handlungs- und Bewegungsmöglichkeiten von Kindern - in zunehmendem Ausmaß zu Beeinträchtigungen in deren Wahrnehmungsverarbeitung und zu Verhaltensauffälligkeiten führen. Auf diese Ereignisse und Erscheinungen muss die Schule reagieren - nicht mit Förderstunden, die eine Art Nachhilfe zum Eintrichtern fehlender Kenntnisse darstellen, sondern einerseits mit einer veränderten Vermittlungsart des Lernstoffes, andererseits aber auch mit psychomotorischen Förderangeboten, die den betroffenen Kindern Vertrauen in die eigenen Fähigkeiten geben und ihre elementaren Wahrnehmungsfähigkeiten verbessern.

Sich gemeinsam bewegen fördert das Sozialverhalten.

Der zunehmenden Bewegungsunruhe der Kinder kann man auch nicht allein mit Stilleübungen begegnen, ihnen vorausgehen muss ein Tätigsein, das auch unmittelbare, körperlich - sinnliche Erfahrungen umfasst.
In einer offenen Unterrichtsgestaltung kann der eigenen Erfahrung, der sinnlichen Wahrnehmung und der Eigentätigkeit entsprechend Raum gegeben werden. Bewegung kann hier zum integrierten Be-

standteil der Grundschulerziehung werden. Das bedeutet in allen Fächern eine Öffnung für mehr Bewegung im Klassenunterricht und im Schulleben.

Bewegung als integrierter Bestandteil des Grundschulunterrichts

Bewegung zum Thema des Klassenunterrichts zu machen erwächst nicht nur dem Wunschtraum einiger Pädagogen, die die Schule zu einer *bewegten* Schule machen wollen. Sie ist vor allem auch die logische und notwendige Folge einer veränderten Lebenssituation der Kinder, auf die die Schule sich einstellen muss, will sie an die Lernprobleme der Kinder herankommen.

Bewegung kann sowohl **Gegenstand** als auch **Medium** der Erfahrungsgewinnung sein. Als fachübergreifendes Lernprinzip rückt die körperlich-sinnliche Aneignung in den Vordergrund einer handlungsorientierten Unterrichtsmethode und macht auch abstrakte Lerninhalte „begreifbar", „erfassbar" und damit auch nachvollziehbar.

So ist die Raumvorstellung und -orientierung, die Beziehung des eigenen Körpers im Raum, die Voraussetzung für das Rechnen- und Schreiben/Lesenlernen und auch für einfache mathematische Operationen. Ob es sich bei einem Buchstaben um eine **b** oder **d**, **q** oder **p** handelt, kann man nur über seine Lage im Raum erkennen. Kinder benötigen hierfür eine differenzierte Raumwahrnehmung, die sich insbesondere über Körpererfahrung und Körperwahrnehmung aufbaut.

Erfahrungen sind um so unmittelbarer und nachhaltiger, je mehr sie aus der Lebenswirklichkeit der Kinder stammen und je „körpernaher" sie sind. Je mehr der eigene Körper Mittler der Erfahrungsgewinnung ist und je mehr Erkenntnisse nicht nur auf der kognitiven Ebene, sondern mit Hilfe mehrerer Sinne erworben werden, um so mehr empfinden Kinder sie als unmittelbar zu ihnen selbst gehörend, selbst gesteuert und auch selbst bestimmt.

Schlussüberlegungen

Die Schule in Bewegung bringen heißt nicht, die Kinder auf Sitzbälle zu verfrachten, damit sich deren Konzentration verbessert. Körperlich-sinnliche Erfahrungen dürfen keine Garnierung des „harten Stoffes" werden, damit dieser besser verdaut wird, damit die Mathematik besser in die Köpfe der Kinder hineingeht. Sie müssen vielmehr als eine wesentliche Form der Weltaneignung von Kindern verstanden werden.
Wichtiger noch als die Auswahl der Inhalte ist, in welcher Form sie von Kindern entdeckt, erlebt, erarbeitet werden können, ob es damit gelingt, ihr Fragen und Suchen zu wecken bzw. zu erhalten.

Ein bewegter Unterricht muss auch ein bewegender Unterricht sein, nicht nur äußerlich sondern auch innerlich. Was Kinder bewegt, muss aber auch den Lehrer bewegen, nur so kann er sich für Fragen und Probleme der Kinder öffnen und teilnehmender Begleiter ihres Entwicklungsprozesses sein.
Der Körper mit seinen Erlebnis- und Erfahrungsmöglichkeiten sollte in der Schule nicht nur im Sportunterricht oder in den Pausen zu seinem Recht kommen. Sinnliche Erfahrungen bringen auch in anderen Fächern Chancen für ganzheitliches Lernen. Die geistige Beweglichkeit wird gefördert, indem Kinder sich handelnd mit ihrer Umwelt auseinandersetzen und sie darin unterstützt werden, mit allen Sinnen zu lernen.

Noch sind Ihre Sinne auf Empfang gestellt, die Schule muss nur den richtigen Sender liefern und darf sich nicht einseitig auf einzelne Sinneskanäle beschränken. Eine Schule der Sinne kann überall sein, die Schule muss allerdings davon Gebrauch machen, nicht immer wird Schule von den Schülern dann überhaupt noch als Schule empfunden werden.

Literatur

Arnheim, R.: Wir denken zu viel und sehen zu wenig. Psychologie heute 6 (1979) 4, 22 - 29.

Ayres, A. J.: Bausteine der Entwicklung. Berlin 1984.

Beck, J., Wellershoff, H.: SinnesWandel. Frankfurt 1993.

Brand, J., Breitenbach, H. E., Maisel, V.: Integrationsstörungen. Würzburg 1985.

Grupe, 0.: Zur Bedeutung von Körper-, Bewegungs- und Spielerfahrungen für die kindliche Entwicklung. In: Altenberger, H., Maurer, F. (Hrsg.): Kindliche Welterfahrung in Bewegung und Spiel. Bad Heilbrunn 1992, S. 9 - 38.

Hurrelmann K.: Kinder brauchen Spielraum. Spielraum und Freizeitwert 12 (1991) 2, S. 66 - 71.

Landau, G.: Kindliche Spielerfahrung in der Lebenswelt. In: Altenberger, H., Maurer, F. (Hrsg.): Kindliche Welterfahrung in Bewegung und Spiel. Bad Heilbrunn 1992, S. 53 - 64.

Mrazek, J.: Einstellungen zum eigenen Körper - Grundlagen und Befunde. In: *Bielefeld, J.* (Hrsg.): Körpererfahrung. Göttingen 1986, S. 223 - 251.

Rumpf, H.: Die übergangene Sinnlichkeit. München 1981.

Vester, F.: Denken, Lernen, Vergessen. München 1992.

Volkamer, M., Zimmer, R.: Vom Mut (trotzdem) Lehrer zu sein. Schorndorf 1990^2.

Zeiher, H.: Die vielen Räume des Kindes. In: Preuss-Lausitz, U. u.a.: Kriegskinder, Konsumkinder, Krisenkinder. Weinheim 1989.

Zimmer, R.: Durch Bewegung fördern. Die Grundschule 22 (1990) 4, S. 26 - 28.

Zimmer, R: Kreative Bewegungsspiele. Freiburg 1994^6.

Zimmer, R.: Handbuch der Bewegungserziehung. Didaktisch - methodische Grundlagen und Ideen für die Praxis. Freiburg 1994.

Zimmer, R.: Schafft die Stühle ab! Freiburg 1995.

Zimmer, R.: Handbuch der Sinneswahrnehmung. Grundlagen einer ganzheitlichen Erziehung. Freiburg 1995.

Sonja Quante

Psychomotorische Förderung – Im Urwald ist was los

Einleitung

Viele Bewegungsangebote im Kindergarten oder im Kinderturnen im Verein basieren heute auf einer psychomotorischen Arbeitsweise. In diesem Beitrag wird zunächst das Konzept der Psychomotorik mit den Richtzielen der *Ich-Kompetenz, Sach-Kompetenz* und *Sozial-Kompetenz* und den sich daraus ergebenden Bereichen der *Körper-, Material- und Sozialerfahrung* dargestellt (vgl. *Liebisch, Quante* 1999). Danach werden die didaktisch-methodischen Prinzipien einer psychomotorischen Förderung erläutert. Ein praktisches Beispiel für die psychomotorische Förderung folgt anschließend.

Grundannahmen der Psychomotorik[1]

„Der Begriff *Psychomotorik* kennzeichnet die funktionelle Einheit psychischer und motorischer Vorgänge, die enge Verknüpfung des Körperlich-Motorischen mit dem Geistig-Seelischen." (vgl. *Zimmer, Cicurs* 1987, 33). Diese enge Verbindung lässt sich von zwei Seiten betrachten. Zum einen spiegelt sich die psychische Befindlichkeit einer Person in seiner Körperhaltung, in der Gestik und Mimik sowie in seinem Bewegungsverhalten wider. Jemand, der sehr traurig ist, der vielleicht gerade in seinem Selbstwertgefühl verletzt worden ist, wird mir anders begegnen (leicht gebückt, hängende Schultern, ernster, angespannter Gesichtsausdruck) als jemand, dem vielleicht gerade etwas besonderes geglückt ist (strahlend, aufrecht, entspannt, lebendig).

Die umgekehrte Sichtweise geht von der Motorik, dem Bewegungsverhalten aus und betrachtet die Auswirkung von Bewegungserlebnissen auf die Psyche. So können Bewegungsangebote die emotionale Befindlichkeit verbessern, wenn sie sich an den Bedürfnissen und Voraussetzungen der Person orientieren.

Bei der Psychomotorik handelt es sich um eine ganzheitlich-humanistische, entwicklungs- und kindgemäße Art der Bewegungserziehung (vgl. *Kiphard* 1984, 49; 1989, 12). Sie ist einerseits Ausdruck einer bestimmten Haltung gegenüber dem Kind und andererseits „eine spezifische Methodik (...), welche die Identität körperlich-motorischer und psychischer Prozesse zur Grundlage erzieherischen Handelns macht" (*Kiphard* 1984, 49).

Übergeordnetes Ziel ist es, die Gesamtpersönlichkeitsentwicklung des Kindes über sensomotorische Lernprozesse zu fördern (vgl. u. a. *Schilling* 1981, 1990; *Kiphard* 1992; *Zimmer* 1992; *Fischer* 1993; *Eckert* 1995). Dies geschieht durch die Stärkung des Selbstvertrauens und die Stabilisierung eines positiven Selbstwertgefühls über individuelle Könnens- und Erfolgserlebnisse (vgl. u. a. *Zimmer, Cicurs* 1987; *Zimmer* 1992) sowie durch die gezielte Vermittlung von Handlungskompetenz in der Auseinandersetzung mit dem eige-

[1] (Zur geschichtlichen Entwicklung und zu Ansätzen der Psychomotorik siehe u. a. *Irmischer, Fischer* 1989, *Fischer* 1996 a, b, *Seewald* 1997.)

nen Körper (Ich-Kompetenz), mit der materialen Umwelt (Sach-Kompetenz) und mit anderen (Sozial-Kompetenz). Dabei wird der Tatsache Rechnung getragen, dass die Welterschließung beim Kind über Bewegung und Wahrnehmung erfolgt. Einschränkungen dieses Person-Umwelt-Dialogs haben entsprechende negative Folgen für die Persönlichkeitsentwicklung.

Ich-Kompetenz - Körpererfahrung

Körpererfahrung ist „die Gesamtheit aller im Verlaufe der individuellen wie gesellschaftlichen Entwicklung erworbenen Erfahrungen mit dem eigenen Körper, die sowohl kognitiv wie affektiv, bewusst wie unbewusst sein können“ (*Bielefeld* 1991, 17).

Bei der Körpererfahrung in der Psychomotorik geht es darum, den eigenen Körper mit seinen Möglichkeiten und Grenzen kennen zu lernen (vgl. *Grupe* 1992, 28), ihn anzunehmen und einsetzen zu lernen. Grundlage für die Orientierung im Raum ist die Orientierung am eigenen Körper. In der Auseinandersetzung mit unterschiedlichen Umweltgegebenheiten lernt das Kind, auf der Grundlage seiner körperlichen Möglichkeiten seine Bewegungen den Bedingungen anzupassen bzw. seinen Körper so einzusetzen, dass es ein Ziel erreicht. Körpererfahrung beinhaltet, verschiedene Positionen des Körpers und vielfältige Fortbewegungsarten (z. B. Laufen, Klettern, Springen, Kriechen, Hüpfen, Rutschen) auszuprobieren, das Körpergleichgewicht in verschiedenen Lagen und auf verschiedenen Untergründen zu erproben (z. B. Schaukeln, Schwingen, Rollen, Drehen, Hüpfen, Balancieren auf schmalen und labilen Untergründen), Spannung und Entspannung zu erfahren, körperliche Belastung mit ihren Wirkungen auf Herz, Atmung und Muskulatur zu spüren (vgl. *Hecklau-Seibert* 1990, 88 f.), die Körpergrenzen durch Berührungsreize (z. B. Tastspiele) und Bewegung in begrenzten Räumen (Hindernisse durch- und überwinden) zu erfahren, usw.

Balancieren auf einer Mauer.

Der Körper macht aber auch innere seelische Zustände erlebbar. Über die Haltung, Gestik und Mimik und über körperliche Signale wie z. B. Schmerzempfindungen werden Gefühle wie Freude,

Angst, Zorn oder Traurigkeit nach außen hin sichtbar.
Den Körper als Ausdrucksmittel für Gefühle, Bedürfnisse und zur Verarbeitung von Erlebnissen zu nutzen, ist ein Ziel in der Psychomotorik, das über Symbol- und Rollenspiele, aber auch über die verbale Reflexion von Spieltätigkeiten erreicht werden soll.

Die Körperfahrung kann dabei als Kern der Selbsterfahrung betrachtet werden, die wiederum zur Herausbildung des Selbstkonzepts beiträgt.

Unter Selbstkonzept wird das Bild verstanden, das ein Kind sich von seiner Person macht. Das Selbstkonzept muss kein genaues Abbild der tatsächlichen Fähigkeiten und Eigenschaften sein.
Nach *Zimmer* (1993, 24 ff) erfolgt die Theoriebildung über sich selbst durch:
- Beobachtung des eigenen Verhaltens (u. a. Können - Nicht-können),
- Folgerungen aus der Wirkung des eigenen Verhaltens und dem Vergleichen und dem sich Messen mit anderen (u. a. weiter - höher),
- Zuordnung von Eigenschaften durch andere,
- Informationen über die Sensorik.

Zimmer (1995 a, 10) betont die Bedeutung der Erfahrung des 'Selber-wirksam-seins', d. h. bestimmte Effekte selbst verursachen zu können, als Basis für die Entwicklung eines positiven Selbstkonzepts. Im Vergleich mit anderen erfährt das Individuum ebenfalls etwas über die eigenen Fähigkeiten und Möglichkeiten. Je nachdem, welche Maßstäbe durch die Vergleichsgruppe gesetzt werden, erlebt sich das Kind als stärker oder schwächer, schneller oder langsamer, ruhiger oder unruhiger. So kann der Vergleich mit anderen sowohl positive als auch negative Auswirkungen auf das Selbstkonzept haben.

Die Rückmeldungen anderer bestimmen das Bild, das sich eine Person von sich selbst macht, in entscheidender Weise mit (z. B.: *„Dazu bist Du noch zu klein"* oder *„Das schaffst Du bestimmt, Du bist doch so stark"*).

Sich neuen Herausforderungen stellen und erfolgreich bewältigen.

Zimmer (1992; 1996) weist auf die Bedeutung der Wechselwirkungen zwischen Selbstkonzept und Bewegungsverhalten hin. Demnach hängen Zufriedenheit, Ausgeglichenheit, die Art und Weise, mit Problemen umzugehen oder sich mit neuen Situationen auseinanderzusetzen, davon ab, wie eine Person sich selbst wahrnimmt, einschätzt und bewertet. Ein Kind mit einem negativen Selbstkonzept wird unbekannte Situationen und neue Anforderungen eher als bedrohlich erleben, sich nicht an sie heranwagen und leichter aufgeben, während ein Kind mit einem positiven Selbstkonzept neue Aufgaben eher als willkommene Herausforderung erlebt, seine Energien zur Bewältigung einsetzt und sich bei Misserfolgen nicht so schnell entmutigen lässt.

Kinder neigen dazu, Erfahrungen in einem Verhaltensbereich auf andere Bereiche zu übertragen. Das heißt, dass z. B. negative Erfahrungen im Bereich Körper und Bewegung auch dazu führen können, sich bei anderen Aktivitäten in der Gruppe weniger zuzutrauen und sich zurückzuziehen, aus Angst, nicht anerkannt zu werden (vgl. *Zimmer* 1996, 28). Es ist anzunehmen, dass Erfolgserlebnisse im Bewegungsbereich dagegen zu einem größeren Zutrauen in die eigenen Fähigkeiten beitragen und dieses gesteigerte Selbstvertrauen auch in anderen Verhaltensbereichen Wirkung zeigt. „Die Erfahrung eines Mehr an Können ist auch die Erfahrung eines möglichen Mehr an Zutrauen zu sich, an Selbstwertgefühl und insofern eine Voraussetzung für das Ziel, eine selbständige Person zu werden" (*Grupe* 1992, 30).

Seifenblasenfangen.

Die Bedeutung, die Körper- und Bewegungserfahrungen für das Selbstkonzept des Kindes besitzen, fasst *Mrazek* (1986, 243) wie folgt zusammen: „Identität, Selbstkonzept und Selbstwertgefühl entwickeln sich (...) vor allem über den Körper, d.h. seine Bewertung ist die Basis für die Selbstwertschätzung. Daraus ergibt sich, dass eine optimale Förderung der kindlichen Entwicklung auch Förderung der körperlichen Entwicklung sein muss, vor allem der motorischen Entwicklung".

Materialerfahrung

Kinder begreifen über Bewegung ihre räumlich-dingliche Umwelt. Begriffe wie Schwung, Gleichgewicht, Schwerkraft und Reibung können nur über grundlegende Bewegungstätigkeiten wie Schaukeln, Rutschen, Balancieren, Klettern etc. erworben werden (vgl. *Fischer* 1993, 84). „Explorierendes und experimentierendes Umgehen mit Materialien und Gegenständen ermöglicht das Verstehen der Umwelt, der Eigenschaften und Gesetzmäßigkeiten ihrer Handlungsobjekte" (*Zimmer, Cicurs* 1987, 38).

Scherler (1975) nennt diese Art der Erfahrung 'materiale Erfahrung'. Je vielfältiger und abwechslungsreicher die Erfahrungen mit einem Gegenstand sind, um so mehr Umgangsqualitäten entfalten sie. Kinder lernen Materialien für ihre Ziele zu nutzen und zu beurteilen. Dabei ist die Psychomotorik darauf bedacht, die kindliche Phantasie und Kreativität durch die nicht-funktionale Verwendung von Gegenständen zu erhalten und zu fördern. Beim Bauen, Gestalten und Kombinieren mit verschiedenem Material kann das Kind Handlungsplanung und Problemlösefähigkeiten erwerben. Die Bedeutung, die der materialen Erfahrung in der Psychomotorik beigemessen wird, läßt sich auch an der Vielzahl der entwickelten psychomotorischen Übungsgeräte wie z. B. Schwungtuch, Pedalos, Rollbretter und Varussell ablesen.

Über Bewegung und Wahrnehmung erfährt und erschließt sich das Kind die Welt. Das Wort *Begreifen* drückt die Wichtigkeit der tätigen Auseinandersetzung mit der Umwelt aus (vgl. *Fischer* 1996 a, b).

Sozialerfahrung

Noch vor dem Spracherwerb ist die Bewegung die erste Kommunikationsform des Kleinkindes und bleibt auch später über Haltung, Gestik und Mimik Mittel des Ausdrucks und der Verständigung.
Angelehnt an *Kiphard* (1992, 80) und *Zimmer* (1996, 33) werden folgende Grundqualifikationen sozialen Handelns durch Spiel und Bewegung angestrebt:

- Soziale Sensibilität (Empathie, Einfühlungsvermögen),
- Regelverständnis,
- Kontakt- und Kooperationsfähigkeit,
- Frustrationstoleranz,
- Toleranz und Rücksichtnahme,
- Konfliktfähigkeit.

Die inhaltliche und methodische Gestaltung des psychomotorischen Bewegungsangebotes muss sich an diesen langfristig anvisierten Fähigkeiten ausrichten.

Neben Spielen, die vorwiegend expressive und kommunikative Aspekte der Bewegung zum Gegenstand haben, bietet die Psychomotorik vielfältige Lernsituationen, in denen soziale Wahrnehmung, Kooperation und Absprachen geübt werden können. Die Kleingruppe ermöglicht in besonderer Form die Vermittlung von sozialer Handlungskompetenz und den Aufbau von positiven Beziehungen (vgl. auch *Fischer* 1996 a, 108). Es geht dabei um die Fähigkeit, die Körpersprache und Mimik anderer Menschen wahrnehmen und verstehen zu können, eigene Wünsche und Bedürfnisse zu erkennen und angemessen durchzusetzen sowie die Bedürfnisse und Meinungen anderer zu respektieren und sich mit anderen abzustimmen.

Mit Affekten wie Angst und Wut umzugehen und Konflikte gewaltlos zu lösen, sind weitere bedeutende Ziele im Bereich Sozialerfahrung (vgl. *Hecklau-Seibert* 1990, 91).

Wenn Kinder lernen sollen, die Bedürfnisse anderer zu respektieren, müssen sie erfahren, dass ihre eigenen Bedürfnisse respektiert werden. Neben den Körpererfahrungen spielen die Erfahrungen zum Aufbau seines Selbstwertgefühls eine Rolle, die das Kind im unmittelbaren sozialen Umfeld macht. „Die Psychologie von der Entstehung des Selbstwertgefühls geht davon aus, dass die eigene Wertschätzung des Kindes, sein Selbstwertgefühl, ein Ergebnis der Wertschätzung seiner wichtigsten Bezugsperson ist.“... „Eine positive Selbstbewertung kann also nur dann entstehen, wenn eine positive Fremdbewertung vorliegt.“... „Die Wertschätzung, die Eltern und Erzieher dem Kind vermitteln, sollte ohne Bedingungen gegeben werden, d. h. das Kind sollte um seiner selbst willen und nicht um seiner Leistung willen (geachtet) geliebt werden“ (*Schmidtchen* 1989, 110).

Es wurde oben versucht, die Bereiche Körpererfahrung, Materialerfahrung und Sozialerfahrung analytisch zu trennen. In der (Bewegungs-)Handlung bilden sie aber eine Einheit.

Förderschwerpunkte

Die inhaltlichen Bereiche der Körper-, Material- und Sozialerfahrung bieten zwar für die

Raufen nach Regeln.

Planung psychomotorischer Förderstunden eine Orientierungshilfe, erweisen sich aber als ungenügend, wenn es um die Arbeit mit entwicklungs- und verhaltensauffälligen Kindern geht (vgl. *Quante* 1998, 53). Hier hat sich eine stärkere Ausdifferenzierung von Förderaspekten bewährt, die es ermöglicht, die Inhalte der Förderstunden auf die spezifischen Probleme der Kinder abzustimmen. Eine solche funktionell bestimmte Vorgehensweise birgt allerdings die Gefahr, nicht die Stärken sondern die Schwächen des Kindes in den Vordergrund zu stellen und die Bedürfnisse des Kindes ungenügend zu berücksichtigen. Die Reduzierung der kindlichen Problematik auf bestimmte funktionelle Defizite im Wahrnehmungs- und Bewegungsverhalten widerspricht dem Prinzip der Ganzheitlichen und der Salutogenese. Unter der Prämisse der Ganzheitlichkeit und Bedürfnisorientierung bieten die Formulierung von individuellen Förderschwerpunkten aber eine ergänzende Orientierungshilfe für die Gestaltung von psychomotorischen Übungsstunden.

Angelehnt an *Kiphard* (1992), *Eggert* (1995), *Ehrlich, Heimann* (1995) und *Beudels* u. a. (1996) sind in Tabelle 1 beispielhaft einige inhaltliche Schwerpunkte aufgezählt, die in der Literatur zur Strukturierung praktischer Übungsbeispiele herangezogen werden.

Didaktisch-methodische Prinzipien der psychomotorischen Förderung

Sowohl die Auswahl der Inhalte als auch das methodische Vorgehen müssen sich an übergeordneten pädagogischen Handlungsprinzipien orientieren, die den Maßstab für psychomotorisches Handeln bilden. Im folgenden werden die wichtigsten dieser Prinzipien kurz erläutert (vgl. *Quante* 1998).

Ganzheitlichkeit

Ganzheitlichkeit bezeichnet die Einheit von Körper, Seele und Geist. Anstelle von funktons- und symptomorientierten Übungen zum Ausgleich ganz bestimmter Schwächen soll das Kind in all seinen Sinnen angesprochen werden, seinen Körper erfahren und sich selbst als Mitglied einer Gruppe erleben (vgl. *Zimmer, Cicurs* 1987, 35).

Selbsttätigkeit

Selbst aktiv zu werden ist die Voraussetzung für die Entwicklung von Selbstvertrauen, das

Motorische Entwicklungsförderung	Perzeptive Entwicklungsförderung	Sozial-emotionale Entwicklungsförderung
• Gleichgewicht • Kraft • Ausdauer • Schnelligkeit • Gelenkigkeit • Grobmotorik • Feinmotorik	• visuelle, auditive und taktil-kinästhetische Wahrnehmung • Körperorientierung • Raumorientierung • Konzentration • Entspannung • Reaktion	• Psychomotorische Selbsterfahrung • Gefühlsausdrucksförderung • Pantomime und Urlaute • Rhythmisch-musikalische Kreativität • Kooperationsförderung
• Bewegungskontrolle		

***Tab. 1**: Motorische, perzeptive und sozial-emotionale Förderschwerpunkte.*

Vertrauen in das eigene Tun. „Eigeninitiative bedeutet, aus eigenem Antrieb und nach eigenem Ermessen sein Handeln selbst zu organisieren“ (*Stein* 1994, 30). Für die Übungsstunde bedeutet dies eine Abkehr von fertigen, leicht zu konsumierenden Angeboten, hin zu gemeinsamem Erleben, Erproben, Erfahren, wobei die Kinder ihre eigenen Vorstellungen umsetzen können und für ihr Handeln auch Verantwortung übernehmen. Sowohl *Montessori* als auch *Piaget* haben die Bedeutung der Selbsttätigkeit für die Entwicklung von Kindern hervorgehoben.

Offenheit und Flexibilität

Das Angebot sollte so offen gestaltet werden, dass die Kinder ihre Anregungen, Wünsche und Bedürfnisse einbringen können. Die Übungsstunde sollte zwar vorbereitet werden und einen Rahmen haben, der den Kindern Halt und Sicherheit gibt, es muss in der Durchführung aber genügend Raum für Veränderungen bleiben, um auf die situativen Interessen und Ideen der Kinder und veränderte Rahmenbedingungen (z. B. Gruppengröße, Wetter) flexibel eingehen zu können. Dies gilt sowohl für die Gesamtplanung der Psychomotorik-Stunde als auch für einzelne Bewegungsaufgaben, Spielformen oder gemeinsame Geräteaufbauten.

Freiwilligkeit und Wahlmöglichkeit

Das Prinzip der Freiwilligkeit hilft, die Gefühle und Bedürfnisse der Kindern zu respektieren (vgl. *Treeß* u. a. 1990). So hat jeder das Recht, sich entsprechend den eigenen Bedürfnissen zurückzuziehen, zu beobachten, Pausen einzulegen oder bei Spielsituationen auszusetzen. Ein Teilnahmezwang kann gerade wahrnehmungs- und bewegungsbeeinträchtigte Kinder unter Druck setzen und eine Abwehrhaltung auslösen.

Den Kindern sollten immer wieder bewusst Wahlmöglichkeiten zwischen annähernd gleichwertigen Alternativen angeboten werden, um sie in ihrer Entscheidungskompetenz zu bestärken. Die freiwillige Teilnahme und die Chance, selbst auszuwählen, bedeuten auch ein Stück Selbstbestimmung und geben Kindern die Verantwortung für das eigene Handeln.

Bedürfnisorientierung und Entwicklungsgemässheit

Ein psychomotorisches Angebot ist dann kindgemäß, wenn die Bedürfnisse, Interessen und Fähigkeiten der Kinder für die Gestaltung richtungsweisend sind.
Damit stellen die Grundbedürfnisse, wie sie *Schmidtchen* (1989, 104) als „Ziele zur Förderung einer gesunden seelisch-körperlichen Entwicklung und inneren Repräsentanz des Selbst" formuliert, ein wichtiges und nützliches Kriterium zur Beurteilung entwicklungsförderlicher Bedingungsfaktoren für Kinder dar.

Als Grundbedürfnisse der kindlichen Entwicklung nennt *Schmidtchen* (vgl. 1989, 1996, 20) *physiologische Bedürfnisse, Schutzbedürfnisse, Bedürfnis nach einfühlendem Verständnis und sozialer Bindung, Bedürfnis nach seelischer und körperlicher Wertschätzung und Eigenständigkeit, Bedürfnis nach Anregung, Spiel und Leistung sowie das Bedürfnis nach Selbstverwirklichung und Bewältigung existentieller Lebensängste* (vgl. ebd. 1989; 1996, 20).

Das Spiel- und Übungsangebot sollte dem Entwicklungsstand der Kinder entsprechen. Das betrifft die Form der Ansprache, die Formulierung der Bewegungsaufgaben, die Auswahl der lebensweltnahen Themen und Inhalte, die zeitliche Strukturierung der Übungseinheit sowie das Ausmaß, in dem die Kinder an Planung und Umsetzung beteiligt werden.

Vertrautheit

Der Aufbau einer vertrauensvollen Gruppenatmosphäre, in der sich jedes Kind mit seinen Stärken und Schwächen angenommen fühlt, ist von entscheidender Bedeutung bei der Planung. Sie ist nicht nur von einer annehmenden, akzeptierenden Haltung des Leiters, sondern auch von sicherheitsschaffenden Strukturen (Rituale), der Gestaltung des Raums (z. B. Rückzugsmöglichkeiten) und der Bereitstellung von Zeiten, Räumen und spielerischen Methoden zur angstfreien Kontaktaufnahme mit den anderen in der Gruppe abhängig.

Erlebnis- und Lebensweltorientierung

Die angebotenen Themen sollten möglichst Erlebnischarakter haben. Eine ansprechende Auswahl an Materialien und spielerische Anregungen in Form von Bewegungsgeschichten fordern das Kind zu Symbol- und Rollenspielen auf, in denen es Erlebnisse verarbeiten und Handlungsalternativen erproben kann.

Das selbständige kreative Tun der Kinder unterstützt ihre Phantasieentwicklung und lässt ihnen Raum, sich in selbstgeschaffenen Räumen mit sich selbst und anderen auseinander zu setzen (vgl. *Zimmer* 1996, 154f).

So kann die Turnhalle beispielsweise zum Dschungel oder Zoo werden, in dem die Kinder in der Rolle von Affen, Elefanten und Bären klettern, springen, sich verstecken, Freunde suchen, etc..

Verzicht auf Leistungsdruck und -vergleich / Bekräftigung von Erfolgen

Auf Leistungsvergleiche und Wettkampfformen, bei denen die Einzelleistung herausgestellt wird, sollte verzichtet werden. Im Vordergrund steht der intraindividuelle Vergleich, bei dem die persönlichen Lernfortschritte eines Kindes Beachtung finden. Auch kleine Erfolge und Lernfortschritte sollten bekräftigt werden, da in der Bewältigung von Bewegungsaufgaben und der Beachtung dieser Erfolge eine wesentliche Chance für den Aufbau eines positiven Selbstwertgefühls liegt.

In der psychomotorisch ausgerichteten Übungsstunde gilt es in erster Linie, Kindern ***Freude an der Bewegung*** zu vermitteln und ihre Neugier in bezug auf ihren eigenen Körper, den Umgang mit Materialien und das Spiel mit anderen zu unterstützen und gegebenenfalls neu zu wecken.

In der Praxis ergeben sich vielfältige Möglichkeiten, die Ziele und methodischen Prinzipien der Psychomotorik umzusetzen. Dabei ist es hilfreich, als Leiter/-in über ein breites Spielerepertoire zu verfügen. Wichtiger aber ist es, auf die Phantasie und den Ideenreichtum der Kinder zu vertrauen und deren Signale wie Fäden aufzunehmen und im gemeinsamen Spiel weiterzuspinnen. Psychomotoriker nehmen die Rolle von Spielhelfern - bisweilen auch Mitspielern - im Sinne des von *Montessori* geprägten Satzes „Hilf mir, es selbst zu tun“ ein. Es gilt, in der Übungsstunde die angemessene Balance zwischen Offenheit und Struktur zu finden, die die Kinder entsprechend ihrer Fähigkeiten und Vorerfahrungen weder über- noch unterfordert. Um diesem Ziel auch in einer heterogenen Gruppe gerecht zu werden, bieten sich der Erlebniswelt der Kinder entnommene Spielthemen wie *Zoo*, *Abenteuerspielplatz*, *Feuerwehr*, *Zirkus*, *Piraten*, *Raumfahrt*, *Inselabenteuer* (z. B. *Schatzsuche*), *Stadt*, *Wintersport*, *Urlaub*, *Autofahren*, etc. an.

Welches Thema einer Gruppe angemessen ist, hängt sowohl von dem Alter und den Entwicklungsvoraussetzungen der Kinder als auch von den angedachten Förderschwerpunkten ab.
Wenn es beispielsweise um das Thema „Wut und Aggressionen“ geht, bietet sich das Spielthema „Piraten“ an. Wenn koordinative Fähigkeiten im Vordergrund stehen sollen, wären Themen wie „Zirkus“, „Abenteuerspielplatz“ oder „Autofahren“ geeignet, bei denen sich Kinder Herausforderungen im motorischen Bereich suchen können.
Alle Themen sind aber so offen, dass sie in der Regel für verschiedene Bedürfnisse und Entwicklungsthemen der Kinder Chancen im Spiel eröffnen.

Das Thema *Im Urwald ist was los* eignet sich besonders für die Umsetzung in Kleingruppen und bietet sich deshalb für die gezielte Förderarbeit mit entwicklungs- und verhaltensauffälligen Kindern an.

Stundenstruktur

Für die Arbeit mit psychomotorischen Fördergruppen hat sich folgende Struktur der Stunden bewährt, die sich auf jedes Spielthema übertragen lässt:

1. Anfangsritual: Wie geht es Euch? Was braucht Ihr heute? - Smilies.
2. Evtl. Bewegungsspiel.
3. Einstieg ins Thema (Hier als Fantasiereise).
4. Gemeinsame Planung des Aufbaus.
5. Aufbau und freies experimentierendes Spiel in selbstgewählten Rollen.
6. Evtl. zusätzliche Spielanregungen durch die Leiterin oder einzelne Kinder (Arbeiten an Förderschwerpunkten).
7. Gemeinsamer Abbau.
8. Evtl. Entspannungsübung (auch vor dem Abbau denkbar).
9. Abschlussritual: Was war heute gut, was nicht? Wie geht es nächstes Mal weiter?
10. Das kleine Tschüß.

Im Urwald ist was los!

1. Smilies: ☺ 😐 ☹

Jedes Kind wird anhand von aufgemalten Smilies gefragt, wie es ihm geht und was es in der Stunde braucht, um sich wohl zu fühlen. Dieses Ritual dient zum einen der Bewusstmachung und Akzeptanz von Gefühlen, zum anderen werden hier wichtige Informationen ausgetauscht, die für die spätere bedürfnisorientierte Planung der Stunde (vielleicht auch für die Auswahl des Themas) von Bedeutung sind. Über dieses Ritual wird auch erreicht, dass eine vertrauensvolle Atmosphäre entsteht, in der sich jedes Kind angenommen fühlen kann.

2. Bewegungsspiel

Ob die Leiterin ein Bewegungsspiel vorschlägt oder die Gruppe eines auswählt, hängt davon ab, wie die Stimmung in der Smilie-Runde war. Wenn beispielsweise durch Müdigkeit oder starke Bewegungsunruhe das Bedürfnis nach intensiver Bewegungsaktivität vorhanden ist, bietet sich ein schnelles Bewegungsspiel (z. B. Fangspiele, Musik-Stop-Spiele) an.

Tierzauber
Ein Zauberer verwandelt die Kinder durch Anticken in Tiere des Dschungels. Die Verzauberten ahmen die Bewegungen (alternativ auch die Geräusche) des dargestellten Tieres nach. Sie sind wieder erlöst, wenn eines der noch Unverzauberten ein verzaubertes Tier spiegelbildlich nachstellt und dabei rät, was es darstellen soll.

Variation 1: Der Zauberer flüstert dem Kind ins Ohr, was für ein Tier es darstellen soll.
Variation 2: Jedes verzauberte Kind denkt sich selbst ein Tier aus, das es darstellen möchte.

3. Einstieg ins Thema: Phantasiereise zum Thema „Im Urwald ist was los“

(In der Geschichte sind die Worte hervorgehoben, die auf ein gestaltbares Element im Dschungel hinweisen. Es bleibt jedem überlassen, die Geschichte so zu kürzen, zu erweitern oder abzuwandeln, dass auch andere Elemente auftauchen können: z. B. ein Berg, eine Steilwand zum Klettern, ein See, etc.).

Die Kinder können diese Elemente natürlich auch dann als Inhalt vorschlagen, wenn sie nicht in der Geschichte vorkommen.

Macht es euch im Sitzen oder im Liegen bequem, so dass ihr in Ruhe der Dschungelgeschichte lauschen könnt. Schließt eure Augen, wenn ihr wollt. So könnt ihr mit eurem „inneren“ Fantasie-Auge besser sehen. Lauscht einfach der Geschichte und stellt euch vor, wie ihr gemeinsam mit guten Freunden dieses Dschungelabenteuer erlebt.

Bevor ihr die große Reise antretet, gibt es noch viel zu erledigen, zu planen und zu packen. So freust Du Dich, als es endlich so weit ist. Das ***Gepäck*** *ist im* ***Wasserflugzeug*** *verstaut, und ihr seid bereit, zu starten. Ein paar von euch haben sich entschieden, nicht zu fliegen, sondern mit dem* ***Schiff*** *zu fahren, weil sie das Meer und das Leben auf dem Wasser lieber mögen als so hoch oben durch die Luft zu fliegen.*

Ob per Schiff oder im Flugzeug, ihr kommt alle sicher und freudig erregt im Land des Dschungels an. Ihr seid auf einem ***breiten Fluss*** *gelandet und fahrt nun mit* ***kleinen Ruderbooten*** *und* ***Flössen*** *ans Ufer. Dir kommt der Gedanke, dass in diesem Fluss vielleicht Krokodile und andere wilde Tiere leben, und dir ist ein bisschen mulmig in deinem Boot. (Wie gut, dass du nicht allein bist und ihr ein*

***Gewehr** dabei habt, dass ihr bei Lebensgefahr benutzen könnt.)*

*Sicher am Ufer angekommen, macht ihr euch auf die Suche nach einem begehbaren Weg, der in das tiefgrüne Urwalddickicht hineinführt. Aber die **Büsche** stehen so dicht, dass du doch dein **Buschmesser** herausholen musst, um dir einen Weg zu bahnen. Vor euch, über und neben euch sind ineinander geschlungene grüne Pflanzen. Der Blick zurück erinnert dich an einen **Tunnel**, ganz dämmrig, und am Ende ist ein heller Punkt zu sehen. Das ist das Ufer, wo ihr hergekommen seid. Teilweise müßt ihr euch auf allen Vieren fortbewegen oder eure Kletterkünste beweisen, weil **dicke Äste** den Weg versperren. **Moos und weiche Blätter** streichen immer wieder über deine nackten Arme und Beine - ein ganz angenehmes Gefühl, wie du findest, nachdem du dich daran gewöhnt hast. Je weiter ihr in den Busch vordringt, um so lauter werden auch die Geräusche des Dschungels, die du teilweise noch gar nicht recht zuordnen kannst: Vögel zwitschern auf wunderbare Weise, helle laute Schreie deuten auf Affen hin, die du schon mal im Zoo gesehen hast. Manchmal hörst du aus der Ferne aber auch ein Grollen und Brüllen, das dir ein wenig Angst macht. Könnte das ein Löwe sein?*

*Du bist schon ganz erschöpft vom vielen Kriechen und Klettern und der schweißtreibenden Arbeit mit dem Buschmesser, als ihr plötzlich auf einer **Lichtung** steht. Ganz hell und freundlich ist es hier. Der **Rasen** unter deinen Füßen ist sattgrün und weich. Ein paar Schritte weiter fließt ein **klarer Bach**. So ziehst du deine Schuhe und Strümpfe aus, läufst über die Wiese und badest dich im kühlen Nass. Deine Freunde kommen nach und tun es dir gleich. Hier wollt ihr Euer **Lager** aufschlagen, **Zelte und Höhlen** bauen.*

*Als ihr Eure Pflichten im Lager erledigt habt, geht ihr allein oder zu zweit auf Erkundungstour. Dich zieht es in Richtung der hellen lauten Schreie, die du schon vorher gehört hast. Du willst unbedingt die Affenfamilie finden. Du stößt aber schon bald auf ein Hindernis. Der Boden wird weicher und matschiger, bis du immer tiefer im Schlamm versinkst. Wie sollst du bloß über diesen **Sumpf** auf die andere Seite gelangen? Du ziehst deine Schuhe aus. Jetzt macht es dir nichts mehr aus, dass du bis zu den Knien versinkst. Hinter dir hörst du ein Lachen. Dein Freund ist dir gefolgt und schwingt gerade an einer langen **Liane** an deiner Nase vorbei auf die andere Seite. Ja, so kann man es auch machen.*

*Auf der anderen Seite des Sumpfes kommt dir ein kleiner Affe entgegengesprungen, schaut dich an und läuft dann voran, bis ihr zu mehreren **großen, weitverzweigten Bäumen***

Sicher auf dem Dschungelfluss angekommen.

kommt, auf denen sich eine ganze Horde Affen tummelt. Sie klettern, schwingen, springen und jauchzen als hätten sie einen Riesenspaß dabei. Vom Zusehen bekommst du große Lust, einfach mitzumachen. Und so fühlst du dich bald wie ein richtiger Affe und kletterst genau wie die anderen, die dich nach anfänglichem neugierigen Beschnuppern als ihresgleichen akzeptieren.
Auf einmal hörst du ein lautes Gebrüll, das aus dem Wald kommt. Ehe du noch recht begriffen hast, was los ist, sind alle Affen vom Baum verschwunden. Sie sitzen eng zusammengekauert auf einem ***dicken Ast*** *gegenüber. Du folgst ihnen so schnell du kannst, denn gemeinsam seid ihr unbesiegbar, wenn der* ***Löwe aus seinem Revier*** *kommt. Als die Luft wieder rein ist, geht das geschäftige Affentreiben weiter. Du machst dich langsam auf den Heimweg zu eurer Lichtung.*

Ihr sitzt den ganzen Abend am ***Lagerfeuer*** *und erzählt euch Geschichten von diesem aufregenden Tag. Vorm Schlafengehen schrubbt ihr euch noch gegenseitig den Dreck vom Körper, was gleichzeitig eine wohltuende '****Massage*** *für eure müden Knochen' bedeutet. Mit dem Gedanken an ein besonders schönes Erlebnis schläfst du ruhig und friedlich ein. Bis zum nächsten Morgen ...*

Kommt jetzt langsam zurück in diesen Raum. Streckt und räkelt euch und öffnet dann die Augen.

4. Gemeinsame Planung des Aufbaus

Gemeinsam wird überlegt, wie man die Geschichte in der Turnhalle/Bewegungsraum umsetzen könnte (hierzu ist es notwendig, dass die Kinder einen Überblick über die vorhandenen Geräte und ihre Handhabung haben). Eine Raumskizze, auf dem die Ideen zur Umsetzung vermerkt werden, ist dabei hilfreich. So können auch Konflikte um benötigtes Material geklärt werden, ehe die Bauphase beginnt. Ob die Kinder allein, zu zweit oder zu mehreren ihren gewählten Anteil (z. B. Affenklettergerüst) gestalten wollen, hängt zum einen vom Ausmaß der gewählten Aufgabe, von der Sozialkompetenz der Kinder sowie den Bedürfnissen der einzelnen ab.
Die Leiterin ist in dieser Phase Planungshelferin und unterstützt bei der Lösung von Konflikten. Sie gibt dabei so wenig wie möglich vor. Wenn jeder eine für sich sinnvolle und reizvolle Aufgabe gefunden hat, beginnt die Bau- und Gestaltungsphase.

5. Aufbau und freies experimentierendes Spiel in selbstgewählten Rollen

In dieser Phase besteht für die Leiterin die Gelegenheit, die Kinder zu beobachten und sie je nach Bedarf und Zielsetzung in ihrem Tun zu unterstützen, Hilfen zu geben oder sich ihnen als Spielpartnerin anzubieten. Die Wahl einer Rolle oder Tätigkeit findet nicht zufällig statt. Sie steht immer im Zusammenhang mit der Persönlichkeit, der Lebensgeschichte, dem Lebensumfeld und der momentanen Bedürfnislage der Kinder. So bietet das Spiel die Möglichkeit, Erfahrungen zu verarbeiten und nachzuvollziehen sowie unterdrückte Gefühle zu zeigen und auf unschädliche Art auszuleben. Im Spiel können Handlungsalternativen erprobt werden. So können sich ängstliche Kinder in der Rolle des Löwen z. B. als stark und mutig erleben. Als Affe fällt es vielleicht leichter, Kontakt mit anderen in der Gruppe aufzunehmen.

Diese Phase ist eine der wichtigsten in der Psychomotorik-Stunde und nimmt auch zeitlich den größten Raum ein.

Vorsicht, Krokodile!!

o. ä. schwingen. Im Fluss können Krokodile lauern, die versuchen, die Schwingenden an den Beinen zu berühren oder ihnen etwas von ihrem Proviant (z. B. Ball/ Sandsäckchen/ Schaumstoffteile zwischen den Füßen) zu stehlen.

6. Zusätzliche Spielanregungen

Konkrete Spielvorschläge sind immer dann sinnvoll, wenn

- nach einer längeren Phase des Freispiels die Motivation sinkt und eigene Ideen zum gemeinsamen Spiel fehlen,
- die Stunde unter einem bestimmten Förder-Schwerpunkt stehen soll und diesbezüglich spielerische Übungen einfließen sollen (z. B. im Bereich Wahrnehmungsförderung oder koordinative Fähigkeiten),
- nur ein Teil der Gruppe ins Spiel eingebunden ist und einzelne ausgeschlossen sind bzw. sich selbst ausschließen. In diesem Fall ist es auch denkbar, nur für einzelne oder kleinere Gruppen eine Spielidee vorzuschlagen.

Die folgenden Spielideen sollen als Anregungen dienen und können beliebig erweitert und abgewandelt werden.

Fluss-/ Sumpfüberquerung mit Liane

Mit einem Tau über Matten auf eine Bank / Kasten

Hochwasser

Der Fluss steigt über die Ufer. Das Lager muss abgebrochen werden und der Proviant mit kleinen Booten (Rollbretter) in höheren Lagen in Sicherheit gebracht werden (z. B. oben auf dem Klettergerüst).

Nahrungssuche

Die Hälfte der Gruppe versteckt „Nahrungsmittel" (Reis- und Bohnensäckchen, Wäscheklammern, Tücher, Bälle o. ä. Kleinmaterial) im Dschungel. Die anderen gehen auf Nahrungssuche.

Die versteckten Gegenstände können vorher gezählt werden, damit die suchende Gruppe weiß, wann sie alles gefunden hat. Es können auch echte Nahrungsmittel versteckt werden. Dann kann im Anschluss daran ein Geschmacks- und Geruchsquiz mit geschlossenen Augen gespielt werden bzw. die Nahrungsmittel gleich mit geschlossenen Augen gesucht werden.

Krokodil im Nil

Die Kinder sitzen mit ausgestreckten Beinen

auf dem Boden und halten das Schwungtuch gespannt vor sich, so dass die Beine unter dem Tuch sind. Mit den Armen werden Wellenbewegungen imitiert. Ein Kind bewegt sich als Krokodil unter dem Tuch. Es reißt die anderen nach und nach in die Tiefe des Flusses, indem es sie an den Zehen berührt. Die vom Krokodil Gefassten stoßen einen herzzerreißenden Schrei aus und verschwinden unter dem Tuch, wo sie nun auch als Krokodil ihr Unwesen treiben, bis sich alle unter dem Tuch befinden.

Nacht im Dschungel

Die Kinder schließen die Augen und bewegen sich so im Dunkeln durch den Dschungel. Dies können sie allein oder paarweise tun. Die Kinder können bei diesem Spiel auch in Tierrollen schlüpfen und sich an den Tiergeräuschen der anderen orientieren. Dabei ist es möglich, zusätzlich Aufgaben zu stellen. Z. B.: *Holt Euch am Affenkletterbaum eine Banane ab* oder *Wälzt Euch einmal so richtig im Sumpf* oder *Versucht, die Höhle zu finden und laßt dort einen persönlichen Gegenstand zurück als Zeichen, dass ihr da wart.* Hier sind der Phantasie keine Grenzen gesetzt.

Verirrt im Dschungel

Die Kinder bewegen sich mit geschlossenen Augen im Dschungel (allein oder paarweise). Sie haben sich verirrt und müssen zur Gruppe zurückfinden. Da sie nichts sehen können, verlassen sie sich ganz auf ihr Gehör. Dazu wird vorher ein Signalgeräusch vereinbart (z. B. Rasseln, ein bestimmtes Wort oder ein Pfiff), das die Leiterin bzw. ein Gruppenmitglied macht. Dabei kann es eine feste oder sich bewegende Geräuschquelle geben. Auch die Art, sich fortzubewegen, kann vorgeschrieben sein (alternativ z. B.: *Löwenbabys suchen ihre Mutter*).

Wilde Tiere bei Nacht

Die Hälfte der Gruppe versammelt sich an einer Hallenseite und schließt die Augen. Sie sind die Urwaldforscher, die nachts nach einer langen Wanderung zurück zum Lager wollen (Signalgeräusch festlegen; siehe *Verirrt im Dschungel*). Die anderen verteilen sich im Raum und schlüpfen in die Rolle von verschiedenen Urwaldtieren (Geräusche nachahmen). An diesen wilden Tieren vorbei müssen die Urwaldforscher nun ihren Weg zurück zum Lager finden. Bei wenig ängstlichen Kinder kann den Urwaldtieren auch erlaubt werden, die Forscher beim Vorbeigehen zu berühren oder leicht zu zwicken.

Fotosafari

Die Kinder gehen paarweise zusammen. Ein Partner befindet sich auf einer Fotosafari und führt dazu den anderen Partner als „Kamera" durch den Dschungel. Die „Kamera" hat die Linse (die Augen) so lange geschlossen, bis der Tourist das Objektiv (Kopf) auf ein interessantes Motiv ausgerichtet und den Auslöser (z. B. Kopf oder Schulter) gedrückt hat. In diesem Moment öffnet die Kamera für eine kurzen Moment den Verschluss (die Augen), um das Bild zu speichern. Sobald der Film voll ist (2-6 Bilder), wird er entwickelt und die Kamera erzählt dem Tourist, was auf dem Film gespeichert ist. Wechsel.

Urwaldtrommeln

Die Bewohner/Besucher des Dschungels haben Notsignale vereinbart, die auf verschiedene Gefahren hindeuten. Sobald das entsprechende Signal für Hochwasser / Löwe in Sicht / Krokodile / Indianer / usw. ertönt, retten sich alle an einen vereinbarten Ort (z. B. auf eine Bank bei Hochwasser; in die Höhle, wenn der Löwe kommt; usw.).

Sumpfüberquerung

Die Kinder sollen versuchen, mit je zwei kleinen schwimmenden Inseln bzw. Steinen (Teppichfliesen, Zeitungsblätter, Schaumstoffteile, Holzklötze o. ä.) über den Sumpf zu kommen, ohne nasse Füße zu bekommen (Tipp: Die Inseln im Wechsel betreten und nach vorne umsetzen). Selbst Lösungen finden lassen!

Motorbootfahrt

Die Rollbretter als Motorboote nutzen! Einer sitzt im Boot und wird von jemand anderem geschoben.

Motorboot-Crash

Ein Kind sitzt auf einem Rollbrett, wird angeschoben und dann losgelassen. Es prallt an eine Matte und fällt auf diese. Aus Sicherheitsgründen vorher selbst ausprobieren!!

Kokosnussklau

Das Schwungtuch liegt ausgebreitet in der Mitte des Raumes. Eine große Zahl von Bällen und/oder Luftballons ist im Raum verteilt. Die Bälle (Kokosnüsse) sollen auf dem Schwungtuch gesammelt werden. Das Schwungtuch mit den Kokosnüssen wird dann von der Gruppe hochgehalten, damit sie nicht geklaut werden. Einige „Affen“ sind aber schlau und versuchen, die Nüsse von unten vom Tuch zu stoßen und in ihrem Revier zu sammeln. Wechsel.

Nilpferd- bzw. Elefantendusche

Die Nilpferde/Elefanten lassen sich gern richtig abschrubben (mit Igelbällen oder mit den Händen massieren), abduschen (mit Fingern imitieren) und trockenreiben (mit Tuch oder Händen Körper abreiben). Ein solches Bad kann als „Station“ in einem Teil des Dschungels (z. B. am Sumpf oder am Fluss) angeboten werden. So richtet sich die Inanspruchnahme nach dem Bedürfnis der Kinder.

Die Auswahl von Spielideen soll sich möglichst an dem vorherigen freien Spiel und den gewählten Rollen der Kinder orientieren und kann auch wieder in freies Spiel übergehen.

Die Elefantendusche.

7. Gemeinsamer Abbau

Gerade beim Spiel mit Rollen ist es wichtig, das Ende der Stunde früh genug anzukündigen, damit die Kinder Zeit haben, ihre Rollen wieder zu verlassen und sich auch am Abbau zu beteiligen. Eine andere Alternative besteht in der Einbindung des Abbaus in die Spielgeschichte (z. B. Lager auflösen, um die Heimreise anzutreten). Dabei muss die Leiterin dann allerdings akzeptieren, dass Kinder, die bereits in die Rolle von z. B. Löwen oder Affen geschlüpft sind, sich weigern könnten, dabei mitzumachen.

8. Entspannungsübung

(auch vor dem Abbau denkbar)

Nilpferd- oder Elefantendusche; Abschrubben und Massage vorm Schlafengehen; Dschungelgeschichte vorlesen; schlafend mit dem Schiff zurückfahren (Weichbodenmatte auf Rollbretter legen und durch die Halle schieben); etc.

9. Abschlussritual

Was war heute gut, was nicht? Wie geht es nächstes Mal weiter? - Dabei sollte jedes Kind einzeln zu Wort kommen, ohne von den anderen kommentiert zu werden.

10. Das kleine Tschüß

Die Kinder sitzen im Kreis und fassen sich an den Händen. Einer schickt das kleine Tschüß auf die Reise, indem er die Hand des Sitznachbarn drückt. Dieser drückt wiederum die Hand seines Nachbarn, bis das kleine Tschüß einmal die Runde gemacht hat. Die Ausgangsperson meldet dies mit einem *„Das kleine Tschüß ist angekommen“*.

Literatur

Beudels, W., Lensing-Conrady, R., Beins, H. J.: Das ist für mich ein Kinderspiel... Handbuch der psychomotorischen Praxis. Dortmund 1996.

Bielefeld, J.: Zur Begrifflichkeit und Strukturierung der Auseinandersetzung mit dem eigenen Körper. In: Bielefeld, J. (Hrsg.): Körpererfahrung - Grundlagen menschlichen Bewegungsverhaltens. Göttingen 1991, S. 3-33.

Eckert, R.: Psychomotorik - Geschichte und gegenwärtige Entwicklungen. Haltung und Bewegung, 15 (1995) 4, S. 4-10.

Eggert, D., Lütje-Klose, B.: Theorie und Praxis der psychomotorischen Förderung. Textband und Arbeitsbuch. Dortmund 1995.

Ehrlich, P., Heimann, K.: Bewegungsspiele für Kinder. Wie ein Kind in seiner Entwicklung gefördert werden kann. Dortmund 1995.

Fischer, K.: Das Psychomotorische Paradigma in der Frühförderung. In: Irmischer, T., Fischer, K. (Red.): Psychomotorik in der Entwicklung. Schorndorf 1993, S. 79-91.

Fischer, K.: Psychomotorik: Bewegungshandeln als Entwicklungshandeln. Sportpädagogik, 20 (1996 a) 5, S. 26-36.

Fischer, K.: Entwicklungstheoretische Perspektiven der Motologie des Kindesalters. Schorndorf 1996 b.

Fölling-Albers, M.: Kindheit heute. Weinheim, Basel 1992.

Grupe, O.: Zur Bedeutung von Körper-, Bewegungs- und Spiel-Erfahrungen für die kindliche Entwicklung. In: Altenberger, H., Maurer, F. (Hrsg.): Kindliche Welterfahrung in Spiel und Bewegung. Sportpädagogische Perspektiven. Bad Heilbrunn/Obb. 1992 Klinkhardt, S. 9-38.

Hecklau-Seibert, S.: Effizienzüberprüfung psychomotorischer Fördermaßnahmen bei Kindern mit „minimaler cerebraler Dysfunktion“. Dissertation. Frankfurt/Main 1990.

Irmischer, T., Fischer, K. (Red.): Psychomotorik in der Entwicklung. Schorndorf 1989 (Reihe Motorik; Bd. 8).

Irmischer, T.: Ursprünge. In: Irmischer, T., Fischer, K. (Red.): Psychomotorik in der Entwicklung. Schorndorf 1993, S. 9-18.

Kiphard, E. J.: Psychomotorik - Motopädagogik - Mototherapie. Fragen der Gegenstandsbestimmung und Abgrenzung. Editorial. Motorik, 7 (1984) 2, S. 49-51.

Kiphard, E. J.: Psychomotorik in Praxis und Theorie. Ausgewählte Themen der Motopädagogik und Mototherapie. Gütersloh 1989.

Kiphard, E. J.: Motopädagogik. Dortmund. 1992.

Liebisch, R., Quante, S.: Psychomotorik und Salutogenese – Schnittpunkte. Haltung und Bewegung, 19 (1999) 2, S. 13-20.

Maurer, F.: Leiberleben und Spiel als Selbst- und Weltbemächtigung. In: Altenberger, H., Maurer, F. (Hrsg.): Kindliche Welterfahrung in Spiel und Bewegung - Sportpädagogische Perspektiven. Bad Heilbrunn 1992, S. 165-178.

Mrazek, J.: Einstellungen zum eigenen Körper - Grundlage und Befunde. In: Bielefeld, J. (Hrsg.): Körpererfahrung - Grundlage menschlichen Bewegungsverhaltens. Göttingen 1991, S. 223-251.

Quante, S.: Psychomotorische Förderung von Kindern im Rahmen von Mutter-Kind-Kuren. Unveröffentl. Diplomarbeit. Göttingen 1998.

Scherler, K.: Sensomotorische Entwicklung und materiale Erfahrung. Begründung einer vorschulischen Bewegungs- und Spielerziehung durch Piagets Theorie kognitiver Entwicklung. Reihe Sportwissenschaft. Ansätze und Ergebnisse, Bd. 2. Schorndorf 1975.

Schilling, F.: Das Konzept der Psychomotorik - Entwicklung, wissenschaftliche Analysen, Perspektiven. In: Huber, G., Rieder, H., Neuhäuser, G. (Hrsg.): Psychomotorik in Therapie und Pädagogik. Dortmund 1990, S. 57-77.

Schilling, F.: Grundlagen der Motopädagogik. In: Clauss, A. (Hrsg.): Förderung entwicklungsgefährdeter und behinderter Heranwachsender. Erlangen 1981, S. 184-194.

Schmidtchen, S.: Kinderpsychotherapie. Grundlagen, Ziele, Methoden. Stuttgart 1989.

Seewald, J.: Der „verstehende Ansatz“ und seine Stellung in der Theorielandschaft der Psychomotorik. Praxis der Psychomotorik, 22 (1997) 1, S. 4-15.

Stein, G.: Kleinkinderturnen ganz groß. Aachen 1994.

Treeß, H., Treeß, U., Möller, M.: Soziale Kommunikation und Integration. Psychomotorische Entwicklungsförderung - Bd. 7. Dortmund 1990.

Zimmer, R., Cicurs, H.: Psychomotorik - Neue Ansätze im Sportförderunterricht und Sonderturnen. Schorndorf 1987.

Zimmer, R.: Handbuch der Bewegungserziehung. Freiburg 1996.

Zimmer, R.: Identitätsprobleme leistungsschwacher Schüler - Zur Neuorientierung des Sportförderunterrichtes. In: Zieschang, K., Buchmeier, W. (Hrsg.): Sport zwischen Tradition und Zukunft. (Kongreßbericht) Schorndorf 1992, S. 128-129.

Zimmer, R.: Leben braucht Bewegung - Förderung der ganzheitlichen Entwicklung durch Bewegung. Haltung und Bewegung, 15 (1995) 3, S. 4-14.

Zimmer, R.: Psychomotorik - Ein Ansatz zur ganzheitlichen Erziehung in der Grundschule. In: Altenberger, H., Mauer, F. (Hrsg.): Kindliche Welterfahrung in Spiel und Bewegung. Sportpädagogische Perspektiven. Bad Heilbrunn/Obb. 1992, S. 119-130.

Zeichnungen: *Maximilian*

Reinhard Liebisch / Gabi Dannhauer

„Schau mal, was ich kann“
Anregungen für eine kindgemäße Gleichgewichtsförderung

Welche Erzieherin hat noch nicht erlebt, wie lustvoll Kinder eine Rutschbahn hinunterrutschen, auf einer Schaukel schwingen, mit Hüpfbällen springen oder auf schmalen Flächen balancieren. Mit diesen Bewegungsformen werden u. a. starke Reize für den Gleichgewichtssinn gesetzt und dadurch die Gleichgewichtswahrnehmung gefördert. Dabei wird offenbar eine Stimulierung des Gleichgewichtsorgans als besonders reizvoll erlebt. Wie sonst könnte man sich erklären, dass Schaukeln, Rutschgelegenheiten oder Karussells für Kinder nie ihre Anziehungskraft verlieren.

Das Gleichgewichtsorgan liegt im Innenohr. Seine Sinneszellen (Rezeptoren) reagieren auf die Schwerkraft der Erde und Lageveränderungen des Kopfes. An der Gleichgewichtssicherung des Körpers im Stand und in der Bewegung sind jedoch auch andere Sinne beteiligt. Besonders der optische Sinn und der Muskelsinn spielt hierbei eine Rolle. „Der Gleichgewichtssinn ist dabei das alles vereinende Bezugssystem. Er formt die Grundbeziehungen, die ein Mensch zur Schwerkraft und seiner physischen Umwelt hat. Alle anderen Arten von Empfindungen werden unter Bezug auf diese grundlegende vestibuläre Information verarbeitet“ (*Ayres* 1984, 52). Diese elementare Stellung des Gleichgewichtssinns wird auch in der Entwicklung deutlich. So ist das Gleichgewichtsorgan beim Fötus bereits im 4. Monat in Funktion. Die entsprechenden Gehirnteile reifen mit am frühesten heran im Verhältnis zu anderen Sinnesbereichen. Die Informationen, die wir vom Gleichgewichtssystem erhalten, laufen meist unbewusst ab. Erst bei der Erzeugung eines Drehschwindels (sich schnell im Kreis drehen und dann plötzlich stehen bleiben) nehmen wir die Tätigkeit des Gleichgewichtsorgans bewusst wahr (vgl. *Vogel* 1987, 17).

Didaktisch-methodische Hinweise zur Förderung der Gleichgewichtsfähigkeit

Man unterscheidet drei Arten des Gleichgewichts:

1. Das ***statische Gleichgewicht***

Es ist die Fähigkeit eine bestimmte Stellung des Körpers beizubehalten z. B. regungslos auf einem Bein stehen. Für Vorschulkinder ist es oft schwierig ein statisches Gleichgewicht aus der Bewegung aufzubauen. Laufen und plötzlich anhalten, von einer Erhöhung herunterspringen und stehen bleiben fördert u. a. diese Gleichgewichtsart.

2. Das ***dynamische Gleichgewicht***

Hierunter ist die Gleichgewichtserhaltung des Körpers während der Bewegung gemeint, z. B. Gehen, Einbeinhüpfen, Rollschuhfahren, Balancieren usw. Dazu gehört auch, dass das Gleichgewicht bei einer Bewegung in der Luft gehalten werden kann, z. B. beim Herunterspringen von einer Mauer.

3. Das ***Objektgleichgewicht***

Dies ist die Fähigkeit einen Gegenstand im Gleichgewicht zu halten, z. B. eine Papprolle auf einer Hand balancieren.

Statisches Gleichgewicht.

Objektgleichgewicht.

Eine Verbesserung des Gleichgewichtsvermögens ist in Abhängigkeit von der Qualität der vestibulären Wahrnehmung zu sehen. Diese wird u. a. gefördert durch:

- Auf- und Ab-Bewegungen des Körpers (z. B. beim Springen auf einem federnden Untergrund, beim Wippen, beim Rutschen auf einer Rutschbahn),
- Schaukelbewegungen (z. B. an Tauen hin und herschwingen, auf einer Schaukel schwingen),
- Dreh- und Rollbewegungen um die Körperquer- und Längsachse (z. B. eine schiefe Ebene hinunterrollen, sich von anderen Kindern rollen lassen, in einer Röhre sitzend oder liegend gerollt werden),
- Drehbewegungen, bei denen Zentrifugalkräfte wirken (z. B. auf einem Karussell fahren),
- Balanceübungen (z. B. das Gleichgewicht auf beweglichem Untergrund halten: wippende Bank, bewegliche Matte, siehe später im Text).

Entsprechende Spielgeräte sollten in jedem Kindergarten vorhanden sein.

Wenn man Kinder beim Balancieren beobachtet, sieht man, dass sie immer wieder versuchen ihre Grenzen kennen zu lernen. Die Faszination des Balancierens liegt offenbar auch darin, das Gleichgewicht verlieren zu können. Durch beständiges Üben meistern sie schließlich immer schwierigere Situationen. Das Kind folgt dabei einem inneren Drang, seine Erlebniswelt zu entwickeln, Neues auszuprobieren. Durch diesen inneren Antrieb erweitert es seine Handlungsfähigkeit u. a. über eine bessere sinnliche Wahrnehmung und dem Hinzulernen neuer Bewegungsmuster (vgl. *Ayres* 1984, 19).

Deshalb müssen auch Gleichgewichtsanforderungen mit dem Lernzuwachs der Kinder erhöht werden. Ein einfaches Balancieren über die Breitseite der Bank unterfordert die meisten 5- und 6jährigen stark. Die Aufgabe wird langweilig, weil sie ihren Reiz für diese Kinder verloren hat.

Bei Gleichgewichtsübungen erleben die Kinder den Erfolg oder Misserfolg ihrer Bewegungshandlung direkt - ich kann schon über die umgedrehte Bank „balancieren", „ich falle dabei noch herunter".

Sie lernen die Fähigkeiten ihres Körpers und sich selbst richtig einzuschätzen, die Risiken zu kalkulieren und werden dadurch handlungsfähiger. Ein übertriebenes Sicherheitsdenken von Erziehern und Eltern steht diesem Lernprozess im Wege. Sehr oft sehen wir, dass die Kinder fast über die Bank getragen werden, um jegliches Sturzrisiko auszuschalten. Wie sollen die Kinder dabei lernen, Verantwortung für sich zu übernehmen?

Statt eine Balanciermöglichkeit für alle Kinder anzubieten, sollten mehrere Stationen mit unterschiedlichen Schwierigkeitsgraden bereitgestellt werden. (Schmalseite der Bank, Breitseite der Bank, Seile.) Die Kinder können sich entsprechend ihrer Leistungsfähigkeit die Geräte aussuchen. Die Erzieherin wird zur Beobachterin. Sie greift ein, wenn die Kinder Hilfe brauchen oder ihre Fähigkeiten total überschätzen und sich gefährden. Sie regt an, ermutigt. Durch Beobachtung der Kinder erkennt sie den Leistungsstand und kann die Bewegungsangebote entsprechend planen oder in der Stunde verändern, am besten zusammen mit den Kindern.
Veränderungen und damit verschiedene Schwierigkeitsstufen ergeben sich durch:

Wahl des Untergrundes:

- breit - schmal (Bank in der Normalstellung - umgedrehte Bank),
- unbeweglich - beweglich (Bank feststehend - Bank auf Stäben gelagert),
- ebenerdig - erhöht (Linien auf dem Boden - Bank, oder Bank schräg an die Sprossenwand gehängt),
- rutschfest - glatt (fester Boden - Plastikfolie, die mit Wasser befeuchtet ist).

Wahl der Bewegungsform und Richtung:

- Gehen, Hüpfen, auf Händen und Füßen laufen, auf einem Bein hüpfen, Rutschen, auf einem Bein stehen, auf dem Gesäß sitzen und die Beine und Hände in der Luft halten,
- vorwärts, seitwärts, rückwärts, zusätzlich mit Drehungen.

Wahl der Sozialform:

- allein, zu zweit, in kleineren und größeren Gruppen.

Hinzunahme von Geräten als Hindernisse:

- auf der Bank balancieren und über Schaumstoffteile steigen,
- durch einen Reifen schlüpfen.

Balancieren in Verbindung mit dem Objektgleichgewicht:

- während des Balancierens Gegenstände transportieren, wie senkrecht stehende Papprollen, die auf den Händen im Gleichgewicht gehalten werden.

Beim Springen im Gleichgewicht bleiben.

Hinzunahme oder Austauschen von Geräten:

- Teppichbodenstreifen, Balancierklötze, Bierdeckel, Sandsäckchen, Walzenstelzen, Leiter waagrecht gelegt, Wackelbrett, Therapiekreisel (Kunststoffscheibe mit einer geraden und gerundeten Fläche), Balancierbalken usw..

Hilfen für gleichgewichtsschwache oder ängstliche Kinder:

- Einfache Balanciergeräte anbieten und den Schwierigkeitsgrad nur in kleinen Schritten erhöhen (Balancieren auf Teppichbodenstreifen, die auf dem Boden liegen; auf der Breitseite der Bank balancieren; auf der umgedrehten Bank balancieren). Zur schwierigeren Stufe erst wechseln, wenn die vorherige sicher beherrscht wird!
- Die Bank oder andere Balanciermöglichkeiten parallel und nahe an der Wand aufbauen, damit sich die Kinder bei Unsicherheiten dort abstützen können.
- Bei den ersten Versuchen Hilfestellung geben, danach nur noch Sicherheitsstellung. Diese kann die Erzieherin aber auch die Kinder untereinander leisten lassen.
- Eine Absicherung durch Matten hilft im Einzelfall ängstlichen Kindern.
- Die Kinder sollen bei gelungenen Versuchen besonders bestärkt werden, damit ihr Selbstvertrauen zunimmt.

Spielideen:

Die Fantasie und Erlebniswelt der Kinder wird bei der Gleichgewichtsförderung u. a. durch folgende Spielideen angeregt:

- Die Kinder spielen **Zirkus**. Sie sind dabei Hochseilartisten, Balancekünstler oder Raubtiere, die über Stege, Wippen balancieren.
- Die Kinder reisen in den **Dschungel**, in die Berge. Dabei müssen schmale Pfade, Brücken und wacklige Stege passiert werden.
- Die Kinder sind Baumeister auf einer **Baustelle** und sollen einen Spielplatz zum Balancieren entwickeln.

Im folgenden werden Beispiele zur Förderung des Gleichgewichts in der Turnstunde und im Freispiel gegeben.

Stundenskizze für ein offenes Balancierangebot in der Turnstunde

Die Erzieherin wählt je nach Leistungsstand der Kinder und der Gruppengröße 3 bis 5 Balancierstationen aus, die gemeinsam mit den Kindern aufgebaut werden. Für unser Beispiel: Eine Bahn aus 20 Zentimeter breiten Schaumstoffteilen, ein Tau (wenn vorhanden ein Balanciertau), ein niedriger Balancierbalken, zwei normal stehende Langbänke.

Zur Erwärmung laufen die Kinder nach Musik um die Geräte. Bei Musikstopp:

- berühren sie die Geräte mit einem genannten Körperteil. Die Kinder nennen jeweils ein Körperteil, mit dem die Geräte beim nächsten Musikstopp berührt werden sollen,
- suchen sie sich ein Gerät aus und führen dort eine selbstgewählte Bewegungsform durch (z. B. über die Bänke ziehen oder unter ihnen hindurchkriechen, über die Schaumstoffteile springen usw.),
- nehmen sie statische Gleichgewichtspositionen auf dem Boden oder auf den Geräten ein (Einbeinstand, auf Zehenspitzen stehen, Schwebesitz usw.). Die Bewegungsformen werden vorgegeben; die Kinder wählen sich die Geräte aus, auf denen sie die entsprechende Körperhaltung einnehmen wollen.

Die Erwärmung dient zur Aktivierung des Herz-Kreislaufsystems. Aber auch andere Organbereiche werden beansprucht und gefördert, z. B. die Muskulatur beim Laufen und Springen oder beim Ziehen über die Bank. Die anderen Kinder, die Geräte, der Raum, die Musik usw. werden mit den verschiedenen Sinnen wahrgenommen. Eigene Ideen können in offenen Situationen ausprobiert werden.

Im weiteren berichten die Kinder in einer Gesprächsphase, was sie an den Stationen geturnt haben. Die Erzieherin greift das Beispiel des Balancierens auf und stellt die Aufgabe über die Geräte zu balancieren. Die Kinder sollen nun entsprechend ihrem Leistungsstand ausprobieren, wie sie auf den Geräten balancieren können. Sie sollen sich dabei gegenseitig beobachten, anregen und eventuell helfen. Nach dieser Übungsphase äußern die Kinder, was einfach oder schwer war, welche Station mehr und welche weniger Spaß gemacht hat. Gemeinsam wird überlegt wie die Stationen (Bewegungen) zu verändern sind, um sie schwieriger (eventuell leichter) und interessanter zu gestalten.

Die Schaumstoffteile nutzen die Kinder, um die Stationen miteinander zu verbinden. Die Teile werden mit Abständen hingelegt.

- Das Tau wird als „Berg- und Talbahn“ über einen Weichboden gelegt.
- Eine Langbank hängen die Kinder in die Sprossenwand, so dass eine Schräge entsteht, die an der Sprossenwand mit Matten abgesichert wird.
- Zusätzlich bekommen die Kinder Papprollen und Reifen, um das Balancieren zu erschweren.

Die Kinder haben nun die Möglichkeit, die verschiedenen Anregungen nach freier Wahl auszuprobieren.

Das Entwickeln und Erproben eigener Ideen, Absprachen treffen, gegenseitige Rücksichtnahme und Hilfe erhöht die Handlungsfähigkeit. Die neuen Balancierstationen bewirken aber auch eine Anpassung der Bewegungssteuerung an die veränderten Bedingungen und verbessern so die Leistungsfähigkeit des Nervensystems, indem neue Bewegungsmuster gelernt werden.

Balancieren in Situationen, die gerade noch gemeistert werden, erfordert eine hohe Konzentration. Wenn die Konzentration absinkt, sollten andere Inhalte angeboten werden. In unserem Beispiel dienen Gesprächs- und Umbauphasen dazu, die Konzentration wieder herzustellen.

Beim Abschlussspiel, eine „Kissenschlacht“ mit den Schaumstoffteilen, können sich die Kinder austoben. Die anderen Geräte werden vorher weggeräumt.

Dieses skizzierte Stundenbeispiel muss selbstverständlich auf die konkrete Situation abgestimmt werden.

Gleichgewicht auf beweglichem Untergrund halten

Das Experimentieren mit dem Gleichgewicht auf beweglichem Untergrund, hat für die Kinder eine große Motivation. Im Turnraum können labile Flächen aus vorhandenen oder leicht zu beschaffenden Geräten gebaut werden.

1. Bewegliche Matte

Eine feste Turnmatte wird auf ca. 30 bis 50 Tennisbällen gelagert und außen mit Matten abgesichert. Besitzt der Kindergarten 3 bis 4 Rollbretter, können diese unter die Matte gelegt werden. Die Kinder verteilen sich um die bewegliche Matte. Den Kindern auf der Matte stellen sich folgende Bewegungsprobleme: Welche Stellungen: Sitzen, Kniestand, Schwebesitz, Bankstellung (auf Knien und Händen) usw. kann ich auf der Matte einnehmen, wenn sie von den anderen Kindern bewegt wird, ohne umzufallen?

„Der fliegende Teppich."

Der Stand auf der Matte ist eine besondere Herausforderung für gleichgewichtssichere Kinder. Dabei soll ein Fallen nach hinten abgesichert sein (Sicherheitsstellung durch Kinder bzw. Erzieherin, Matten).

2. Wippe

Eine umgedrehte Langbank liegt quer auf einem Kastendeckel oder halbkreisförmigen Holzbalken von etwa 10 bis 15 Zentimeter Höhe, so dass eine Wippe entsteht. Unter den Enden der Bank liegt je eine Matte.

Sicherheitshinweis:

Die Wippe nahe und parallel zu einer Wand aufbauen, damit sich die Kinder bei Bedarf an der Wand abstützen können und die Bank nicht zur Seite wegdrehen kann. Vorsichtig auf- und absteigen. Die Matten nicht betreten, solange andere Kinder noch auf der Wippe sind.

Meistern von Bewegungsproblemen:

Kann man auf dieser Wippe genauso wippen, wie mit der auf dem Spielplatz? Schaffen wir es, die Wippe im Gleichgewicht zu halten, wenn wir darauf sitzen, liegen oder stehen? Wenn sich die Wippe dabei bewegt, können wir uns dann noch im Gleichgewicht halten? Wie kann ich über die Wippe balancieren?

Wann muss ich dabei besonders vorsichtig sein?
Die Kinder sollten zuerst auf der Breitseite, den Steg zwischen den Beinen, balancieren. Falls Kinder auf dem Steg über die Wippe gehen wollen, sollte die Erzieherin Sicherheitsstellung geben.

3. Rollende Bank

Unter eine umgedrehte Langbank werden 4 Holzstäbe gelegt, die ein Gleitlager bilden.

Das eine Ende der Bank ist etwa 10 Zentimeter von der Wand entfernt. Am anderen Ende steht in einem Abstand von ca. 10 Zentimetern ein kleiner Kasten, so dass die Bank nur einen maximalen Bewegungsspielraum von 20 Zentimetern hat. Es ist darauf zu achten, dass der Kasten nicht verrutscht; ein oder zwei Kinder sollten sich im Wechsel darauf setzen. Die Bank parallel und nahe zur Wand platzieren. Sicherheitshinweise: Hände und Füße nicht unter die Stäbe bringen.
Vorsichtig auf- und absteigen. Die Bank nicht bewegen, wenn ein anderes Kind auf- oder absteigt, oder es nicht darauf gefasst ist, dass die Bank bewegt wird. Die Kinder setzen sich zunächst auf die Bank, die von der Erzieherin hin- und hergeschoben wird. Die Kinder bekommen so ein Gefühl für die Bewegung der Bank.

Bewegungsprobleme:

- Kann ich auf der Bank sitzen bleiben, ohne aus dem Gleichgewicht zu kommen, wenn sie bewegt wird? (Längs und quer auf der Bank sitzen und stehen.)
- Kann ich mich auch im Stehen auf der Breitseite im Gleichgewicht halten?
- Schaffe ich es auch allein (zu zweit) die Bank im Sitzen, Stehen zu bewegen?
- Kann ich über die Breitseite der Bank balancieren, ohne den Steg greifen zu müssen? Gelingt es mir auch auf der Schmalseite? Letzteres nur für Kinder mit gutem Gleichgewichtsvermögen und am Anfang mit Sicherheitsstellung.

Förderung der Gleichgewichtsfähigkeit beim Freispiel auf den Außenanlagen

Mobile Materialien, die die Kinder selbständig transportieren und nach Wunsch für unterschiedliche Spiel- und Bewegungsanlässe einsetzen können, sind für ein kreatives Freispiel vor allem geeignet. Unter dem Aspekt des Gleichgewichts stehen in unserem Beispiel folgende Materialien zur Verfügung: Autoreifen, aufgeblasene Autoschläuche (Ventile dürfen nicht überstehen, mit Tesaband am Schlauch befestigen), Bretter oder Holzbalken, die stabil genug sind das Gewicht von Kindern zu tragen und keine Splitter aufweisen, sowie Getränkekisten.

Aus den vielfältigen Möglichkeiten, die die Kinder beim Umgang mit diesen Materialien finden, werden exemplarisch solche aufgezeigt, die Gleichgewichtshandlungen provozieren und den Vestibularapparat stimulieren:

- Mehrere Kinder sitzen auf einem Lkw - Schlauch und wackeln damit hin und her.
- Die Kinder versuchen auf den Reifen und Schläuchen zu stehen, zu federn, zu hüpfen, zu balancieren.
- Die Kinder bauen eine Reifen- und Schlauchbahn auf der sie balancieren.
- Getränkekisten dienen als Steine um einen Fluss zu überqueren.
- Die Kinder springen von den Getränkekisten in den weichen Sand.
- Die Kinder bauen sich mit den Getränkekisten Hügel, die sie vorsichtig überwinden.
- Die Kinder balancieren auf den Brettern.
- Sie bauen mit allen Materialien lange Balancierstraßen, die verschiedene Höhen und Schrägen aufweisen oder die wacklig sind.
- Die Kinder stellen mit den Brettern und Schläuchen oder Reifen Wippen her.

Solche und ähnliche Materialien sowie offene Situationen fördern die Entwicklung der Bewegungsphantasie, die Verbesserung von Bewegungsmustern durch ständiges Variieren (z. B. Balancieren bei unterschiedlichen Bedingungen) sowie das kooperative Verhalten und die Selbständigkeit.

Unter dem Gesichtspunkt des Gleichgewichts und des Freispiels eignen sich besonders folgende Geräte für den Einsatz im Freien (Auswahl): Hüpfbälle, Stelzen, Laufdosen, Rollschuhe, Roller, Pedalos, Säcke (Sackhüpfen), Federwippen, Balancierbalken verschiedener Breite und Höhe (Holzstämme), Rutschen, Schaukeln, für Kinder geeignete Minitrampoline oder gut federnde Matratzen.

Gleichgewichtsaufgaben sind u. a. Möglichkeiten für die Kinder, ihren Körper auch in kniffligen Situationen beherrschen zu lernen. Das Bewusstsein der eigenen Leistungsfähigkeit trägt wesentlich zu einer Steigerung des Selbstwertgefühls des Kindes bei.

Literatur

Ayres, J.: Bausteine der kindlichen Entwicklung. Berlin 1984.

Stübing, A.: Offene Bewegungsangebote im Kindergarten - dargestellt am Beispiel des Balancierens. In: Motorik 8 (1985) 3, S. 113 - 121.

Zimmer, R.: Weil es schön ist zu schaukeln ... In: Grundschule 22 (1990) 1, S. 12 - 14.

Vogel, G.: Wahrnehmung und Bewegung. In: Haltung und Bewegung (1987) 4, S. 7 - 21.

Regina Weimann

Spiel- und Übungsformen zur Förderung koordinativer Fähigkeiten

Didaktische Besinnung

Für das Kind im Vorschulalter, das nach *Meinel/Schnabel* (1987) den Zeitraum vom 4.-7. Lebensjahr umfasst, spielt die Förderung koordinativer Fähigkeiten im Rahmen einer Haltungs- und Bewegungserziehung (Grundthema der Fortbildungsveranstaltung) eine wesentliche Rolle.

„Das Kind braucht Bewegungsmöglichkeiten. Ein Kind, das sich im Freien nur in Form von Spaziergängen bewegt, ist in seiner Bewegungsentfaltung behindert" (*Matthiaß* 1970, 110).

Motorische Auffälligkeiten und z. T. eng verknüpfte psycho-soziale Fehlverhaltensweisen werden durchaus auch im Vorschulalter deutlich und können u. a. in einem Mangel an Bewegungsreizen und -erfahrung ihre Ursache haben.

Die Bedeutung der Bewegung für das heranwachsende Kind ist demnach sowohl für eine körperliche als auch psychische und intellektuelle Entwicklung nach wissenschaftlichen Erkenntnissen unbestritten (vgl. *Müller, Decker, Schilling* 1975).

Aus einer Wechselbeziehung zwischen Bewegung und Wahrnehmung und deren Zusammenwirken entwickeln sich persönlichkeitsbezogene Leistungen wie das Beobachten, Vergleichen, Vorstellen, Erkunden, Abstrahieren und Fähigkeiten wie Erinnerung, Voraussicht, Neugier usw.. Daraus folgernd sollte sich für den (die) Vorschulpädagogen(in) im institutionellen Rahmen von Kindergarten und Verein die Notwendigkeit ergeben, dem Kind Bewegungs-, Spiel-, Lern- und Übungsräume zu eröffnen und zu gestalten, wo es seine Bewegungsfähigkeiten entdecken, entwickeln, erproben und erweitern kann. Für die motorische Entwicklung des Kindes ist die Koordinationsfähigkeit von großer Bedeutung. Während es im Säuglingsalter „noch von den Bewegungen beherrscht wird" (*Matthiaß* 1970, 110), lernt es später immer mehr die Bewegung auf der Grundlage von Reifung und Differenzierung des sensoneuro-muskulären Funktionsgefüges zu beherrschen. „Koordination besitzen, bedeutet geschickt sein, reaktionsbereit, im richtigen Augenblick das Richtige tun und sachgemäß handeln" (*Diem* 1986, 31).

Ein vielseitiges Bewegungsangebot entwickelt und steigert die Leistungen der visuellen sensorischen Erregungsleitung (z. B. in der Hand-Auge-Koordination), des Lage und Gleichgewichtsempfindens (vestibuläre System) und der kinästhetischen Empfindung (Muskel- und Bewegungssinn). Koordinative Fähigkeiten sind u. a. Leistungsfaktoren für Bewegung. Sie stellen beispielsweise die Leistungsvoraussetzung für Bewegungshandlungen dar.

Bei den im Übungsteil vorgestellten Aufgaben zur Gleichgewichtsschulung wird beim Ausbalancieren des eigenen Körpers auf den labilen Untergrundflächen eine ganz bestimmte Steuerung der Bewegung erforderlich. Die notwendige Gleichgewichtsfähigkeit erweist sich als eine Leistungsvoraussetzung für diese ganz konkrete und spezifische Bewegungshandlung. „Koordinative Fähigkeiten sind als relativ verfestigte und generalisierte Verlaufsqualitäten spezifischer Bewegungssteuerungsprozesse zu charakterisieren“ (*Hirtz* 1985, 17).

Balancieren auf einem Ball.

Sie sind integrierender Teil einer Haltungs- und Bewegungserziehung im Vorschulalter. Diese wiederum ist Bestandteil der Förderung der Gesamtpersönlichkeitsentwicklung des Kindes, d. h. Förderung im persönlichen, im sozialen und im sachlichen Bereich.
Diese Persönlichkeitsbereiche finden ihren Niederschlag in der besonderen Zielsetzung für die Förderung des Kindergartenkindes (vgl. *Ministerium für Familie und Soziales*, Rheinland-Pfalz, 1989, 34).

Die anschließend ausgewählten Spiel- und Übungsformen können im einzelnen für die Förderung im persönlichen Bereich stehen:

- Entwicklung von Ich-Stärkung und Selbstwertgefühl durch Bewältigung der Bewegungsaufgaben mit Erfolgsgarantie, z. B. die Balancierproben auf den unterschiedlichen labilen Balancegeräten.

- Differenzierung von Eindrücken, Wahrnehmungen, Erfahrungen und Kenntnissen durch die Auseinandersetzung mit unterschiedlichen Materialien und Geräten, durch Bewegungserleben in verschiedenen Bewegungs- und Spielräumen, durch das Spiel mit anderen; hier beispielsweise beim "Rückschlagspielen" usw.

- Entwicklung und Verfeinerung des Körpergefühls und der motorischen Fähigkeiten durch vielfältiges Bewegen an und mit Geräten in einer ständigen Auseinandersetzung mit dem. eigenen Körper in unterschiedlichen Bewegungsräumen (wie umbaute oder naturbelassene Räume) und hier im speziellen bei den Formen zur Stimulation des vestibulären Systems.

Für die Förderung im sozialen Bereich kann folgendes gelten:

- Förderung der Kommunikationsbereitschaft durch die Spielformen zur Sozialwahrnehmung wie "Begrüßen" oder das

"Gruppenfahren" in einem kleinen Kasten auf dem Rollbrett bzw. beim gemeinsamen Aufbau der Balancierlandschaft.

- Förderung der Fähigkeit, sich mit anderen Kindern verbunden zu fühlen und Verantwortung zu übernehmen. Dieses kann durch gemeinsam erfahrene Bewegungserlebnisse im Spiel, beim Erproben, wo ein Kind dem anderen beim Balancehalten hilft oder durch Übernahme von Aufgaben, wie den anderen im "Rollbrettwagen" sicher durch den Raum steuern, geschehen.

- Förderung der Fähigkeit, kindliche Bedürfnisse, Wünsche, Interessen und Gefühle anderen mitzuteilen durch jeweilige verbale Reflexionen von Erlebtem, Erfühltem, zukünftigem Wollen, Bevorzugtem usf. nach den gemeinsamen motorischen Handlungen.

Förderung im Sachbereich vollzieht sich im Bewegungslernen, im begrifflichen Erfassen von Bewegungen und Umfeld, durch Erleben und entsprechende Artikulation.

Praktische Umsetzung

Die Spiel- und Übungsformen beschränken sich auf drei Schwerpunkte:
- Sozialwahrnehmung auf der Basis optischer Wahrnehmungsfähigkeit,
- Gleichgewichtsfähigkeit,
- kinästhetische Differenzierungsfähigkeit.

Erster Formenkomplex „Begrüßen“

Im Vorschulalter befindet sich das Kind noch in einer Entwicklungsphase, wo es sich vorwiegend mit sich selbst beschäftigt Partner und Gruppe sind wohl beteiligt, spielen aber eine untergeordnete Rolle.

Eine gezielte Anbahnung von Gruppenprozessen kann erst dann ansetzen, wenn das Kind sicher im Umgang mit sich selbst und Materialien (Geräten) ist. Das schließt jedoch nicht aus, das Kind innerhalb einer „Bewegungsgruppe“ bewusst auf seine Spielpartner zu lenken. Auf den anderen zugehen und ihn bewusst wahrnehmen, kann in Spielformen zum „Begrüßen“ freudvoll erlebt werden. Auch kann das Kind durch Mimik und Gestik eine nonverbale Kontaktaufnahme anbahnen und ein Gefühl des Angenommenseins (wichtig für Gruppenneulinge und Ausländerkinder) erlebbar werden lassen.

- Die Kinder laufen (nach Musik) durch den Raum; wenn die Musik aussetzt, gehen sie auf ein anderes Kind zu und begrüßen es. (Begrüßungsgesten wurden anfänglich mit den Kindern erörtert, die sie nun im Spielverlauf anwenden, z. B. Händeschütteln, Kopfnicken, Umarmen usw.).

- Die Kinder bewegen sich im Raum und bleiben auf Signal stehen. Ein Kind nennt einen Körperteil, der zur Begrüßung genutzt werden soll (Hände oder Knie). Hiernach berühren sich die Kinder paar- oder gruppenweise mit den aufgerufenen Körperteilen.

- Nach einer Bewegungsphase sollen die Kinder auf Signal beim Begrüßen verschiedene Stimmungen darstellen (lustig, traurig usw.). Hier ist der emotionalen Äußerung in Mimik und Gestik dem Kind freien Raum gegeben.

- Begrüßungsformen können auch den Charakter einer Funktionsübung (z. B. Beweglichkeit) haben; die Kinder stehen z. B. Rücken an Rücken und reichen sich die Hände durch die gegrätschten Beine; danach verabschieden sie sich durch Reichen der Hände über dem Kopf.

- Die Kinder laufen durch den Raum. Auf ein Signal finden sie sich in Gruppen zusammen. Signale können Zahlen (von Vorschulkindern 3 max. 4 umsetzbar), Merkmale (z. B. rote Schuhe, Haarfarbe usf.) oder vorher bestimmte Tiergruppen sein; nach dem Zusammenfinden Begrüßung oder gemeinsame Lösung einer Aufgabe (z. B. in der Gruppe bei gefassten Händen gemeinsam hinsetzen und aufstehen).

- „Kaffeeklatschlaufen“: die Kinder finden sich paarweise zusammen und erzählen sich beim Gehen oder Laufen „Neuigkeiten“.

- „Aus-dem-Wege-Gehen“: Auf begrenzter Fläche laufen die Kinder umher und dürfen sich nicht anstoßen. Ein Kind passt am „Flächenrand“ auf. Beobachtet es einen Zusammenstoß, gibt es ein akustisches Signal; die beiden Kinder, die sich berührt haben, sollen nun in gemeinsamer Berührung zusammen laufen. (Entweder gibt es beim Spielablauf neue Paare oder es wird an schon bestehende angehängt.)

- „Vorzeiger“: die Kinder bilden einen Kreis Ein Kind läuft in die Mitte und verkündet seinen Namen oder begrüßt die Gruppe; danach die Frage: „Könnt Ihr das auch?“; dabei demonstriert es eine Bewegung. Die Gruppe erwidert den Gruß und antwortet: „das können wir auch“.

Zweiter Formenkomplex „Fahrzeugsteuern“

Hierbei geht es um kooperatives Handeln. Mit den bereitgestellten Rollbrettern und kleinen Kästen sollen die Kinder in Zweier- oder Dreiergruppen ihr „Fahrzeug“ bauen mit jeweils einem Brett und einem Kasten. Sie agieren nun als eine „kleine Einheit“ zusammen; dies bedeutet: Abstimmung bei der „Konstruktion“ und bei der Rollenverteilung (wer schiebt, wer wird gefahren). Durch gezielte und frei gewählte Aufgaben arbeiten die Kinder auf ein gemeinsames Ziel hin. Jedes Kind ist für die Erreichung des Ziels und vor allem in jeder Situation für den Spielpartner verantwortlich.

- Die Kinder bilden 2er oder 3er Gruppen und bauen ihr Fahrzeug. (Voraussetzung ist, dass die Kinder bereits Erfahrungen mit dem Rollbrett gemacht haben). Zwei Aufbaumöglichkeiten werden gefunden: der kleine Kasten wird einmal mit dem Polster nach oben auf das Brett gestellt, so dass man sich darauf setzen kann oder umgekehrt; das Polster wird auf das Brett gestellt, und das Kind kann sich in den kleinen Kasten setzen (letzteres empfiehlt sich insbesondere für das Vorschulalter).

- Ein oder zwei Kinder, die im Kasten sitzen, werden von einem anderen durch den Raum geschoben; dabei darf es den Kasten aus Sicherheitsgründen nie loslassen.

- Das Kind im Kasten gibt die Steuerrichtung durch Worte oder durch Gestik mit den Armen an: z. B. die Kurven, die Richtung, das Ziel. Ist ein Ziel erreicht, werden die Rollen getauscht.

- Jede Gruppe wählt sich ihre „eigene Straße“, auf der sie mit Wendungen hin- und herfahren; dabei dürfen sie andere Straßen nicht kreuzen.

- Innerhalb eines „Fahrparks“ werden Hindernisse, die geschickt zu umfahren sind, von den Kindern aufgestellt. Die Fahrgeschwindigkeit muss dadurch verringert werden, um die Gefahr eines Zusammenstoßes auszuschalten.

- „Wer kann während der Fahrt die Augen schließen?" (Dies setzt Vertrauen zum „Steuermann" voraus.)

Balancieren auf einer Rolle.

Dritter Formenkoplex „Balancierspielplatz

Auf „bewegten" Balanceflächen soll die Gleichgewichtsfähigkeit durch statische Gleichgewichtsproben zum einen und zum anderen durch das Balancieren über die labilen Flächen (dynamische Gleichgewichtsproben) gefördert werden. Geübt wird in einer gemeinsamen Gruppe oder schon in selbständigen Kleingruppen (ca. 5 Kinder). Hierbei ist ein Kind auf der „bewegten" Fläche, die die anderen (oder zwei Kinder wie bei der Langbank) bewegen. In der Variation können weitere Kinder gleichzeitig auf der labilen Fläche sein. Die „Beweger" dürfen dabei nie das Balancegerät loslassen! Nur behutsames, rücksichtsvolles Verschieben der Untergrundflächen gibt dem gleichgewichtshaltenden Kind Sicherheit und nimmt ihm die eventuell auftretende Angst.

- Mit den Kindern wird der „Balancierspielplatz" aufgebaut. Der Aufbau kann in gebundener (z. B. im Kreis) oder in offener Organisationsform (d. h. frei verteilt im Raum) erfolgen.

Aufbauten:

1. Eine Turnmatte liegt auf zwei Rollbrettern.

2. Eine Langbank ist in einem verknoteten Tau kniehoch eingehängt, mit der Sitzfläche nach oben gerichtet, und das stützende Bankende steht auf der darunter liegenden Mattenbahn.

3. Eine feste Turnmatte liegt auf mehreren Gymnastikbällen.

4. Eine umgedrehte Langbank liegt auf 4 bis 5 Holzstäben, wobei 2 kleine beschwerte Kästen (z. B. ein Kind sitzt drauf) oder eine Wandfläche eine Begrenzung der Hin- und Herbewegung bilden (um unkontrolliertes Weiterrollen zu vermeiden).

- Ein Kind nimmt verschiedene Körperlagen auf den Flächen ein (im Liegen, im Sitzen, im Stehen); die Gruppe bewegt.

- Beim Aufbau 4 bewegen zwei Kinder die Bank (am besten eine Erzieherin und ein Kind); die Gruppe sitzt erst auf der Schwebekante, mit den Füßen auf der Unterseite der Sitzfläche; über mehrere variierte Proben auf dieser Fläche gelangen die Kinder bis zum sicheren Stand auch auf der Schwebekante.

- Ehe zu einem nächsten Balanceaufbau gewechselt wird, werden gewonnene Erfahrungen verbal ausgetauscht.

Balancierspielplatz.

- Zur Schulung des dynamischen Gleichgewichts sollen die Kinder von Station zu Station „Wege“ mit Bierdeckeln und Springseilen auslegen, über die sie zusätzlich balancieren können.

- Partnerschaftliches Balancieren sowohl über die beweglichen Flächen als auch über die am Boden ausgelegten Wege; entweder begleitet ein Kind das balancierende und gibt Hilfe oder beide gehen zusammen über die Geräte.
(Während des Übungsprozesses hat die Erzieherin lediglich die Aufgabe zu steuern, zu ermutigen, zu sichern und anzuregen. „Spielideen“ in die solche gleichgewichtsschulenden Aufbauten eingebunden sind, fordern die Kinder immer wieder neu zu Proben heraus und erhöhen ihre Motivation z. B. „wir überwinden ein Sumpfgelände ohne nasse Füße zu bekommen“, oder „die Erde bebt, und wir wollen sicher von eine Ort in den anderen gelangen“.)

Vierter Formenkomplex „Rückschlagspielen“

Das Spielen des Luftballons mit Körperteilen sowie mit einem Schlaggerät beinhalten das typische Element des Rückschlagspiels, nämlich das sofortige Rückschlagen eines Flugobjektes zum Gegenüber, das kann auch eine Wand sein. Neben anderen Fähigkeiten wird dabei insbesondere die kinästhetische Differenzierungsfähigkeit und der koordinierende Einsatz von der Auge-Handsteuerung gefördert (nähere Ausführung, vgl. *Breithecker* 1989, 19 - 25). Neben einer sensomotorischen Förderung erfährt das Vorschulkind seine Spielfähigkeit, d. h. auch mit anderen zu interagieren und kooperieren. Einem Kind, das auf Partnerschaft und Kommunikation vorbereitet ist, fällt es leichter, sich in einem Gemeinschaftsspiel individuell einzubringen, d. h. vom Spiel mit sich selbst zum Spiel mit anderen zu kommen.

Der Luftballon (Lftb.) als leichtes Flugobjekt ist von jedem Vorschulkind spielerisch zu bewältigen. Als Schlaggeräte eignen sich für dieses Alter Bierdeckel, Holzlineale, selbstgebastelte Zeitungsstäbe und Tischtennisschläger. Voraussetzung ist, dass das Kind bereits mit dem Luftballonspielen Erfahrungen, wie das fortlaufende Hochschlagen, gemacht hat.

- Die Kinder schlagen den Lftb. mit Handwechsel (rechte-linke Hand) hoch.

- Die Kinder sollen versuchen, einmal mit der „Körperfläche“ oberhalb der „Hose“ den

den Lftb. hochzuschlagen und den „Rückschlag" mit einer „Körperfläche" unterhalb der „Hose".

- In der Rückenlage schlagen sich die Kinder selbst den Lftb. mit den Händen und Füßen über den „Bauch" zu.

- Paarweise spielen sich die Kinder mit der Hand, dem sogen. „Schlagarm", den Lftb. zu (wichtig ist, dass die Kinder ein festgestelltes Handgelenk erspüren).

- Jedes Kind nimmt sich ein Schlaggerät nach Wahl (Geräteangebot s. o.) und versucht damit, den Lftb. hochzuschlagen.

- Das Kind soll verschiedene Möglichkeiten von „Schlagflächen" ausprobieren (Seiten, Kanten, Ecken); danach: „Versucht vor jedem Schlag eine Geschicklichkeitsprobe" (z. B. mit dem Schläger auf den Boden tippen usf.).

- „Wir spielen Luftballon-Tennis": die Kinder schlagen sich mit dem Schläger paarweise einen Lftb. zu.

- Die Kinder spielen sich den Lftb. Über „eine Grenze" zu; dabei werden solche „Grenzbildungen" erarbeitet (z. B. über Linien, über ein gespanntes Seil, über eine Stuhlreihe, durch einen Reifen).

Stets kommt es auf einen genau dosierten und gezielten Schlag an. In 4er Gruppen kann die Spielsituation dahingehend erweitert werden, dass gesteigertes soziales Verhalten gefordert ist, z. B. wenn zwei Kinder die Aufgabe übernehmen müssen, die „Überspielgrenze" zu halten (Seil, Reifen) während zwei spielen.

Diese Auswahl von Spiel- und Übungsformen ist überwiegend von den Teilnehmern auf der Fortbildungsveranstaltung erprobt worden und erhebt keinen Anspruch auf Vollständigkeit. Sie sollte stets vor Ort den Bedürfnissen der Kinder, den örtlichen Gegebenheiten und nach dem jeweiligen Entwicklungs- und Leistungsstand der Kinder angepasst und entsprechend variiert und erweitert werden.

Literatur

Breithecker, D.: Qualifizierung des Freizeitverhaltens unter Berücksichtigung rückschlagspielorientierter Erfahrungen. In: Haltung und Bewegung (1989) 3, S. 19-25.

Diem, L.: Auf die ersten Lebensjahre kommt es an. Aachen 1986.

Hirtz, P.: Koordinative Fähigkeiten im Schulsport. Berlin 1985.

Matthiaß, H. H.: Die Haltungsentwicklung im Kleinkind und frühen Schulkindalter. In: Das Kind in der Leistungsgesellschaft. Freiburg 1970, 3, S. 102 - 110.

Meinel, K. / Schnabel, G.: Bewegungslehre - Sportmotorik. Berlin 1987.

Ministerium für Soziales und Familie, Rheinland-Pfalz: Erziehungs- und Bildungsarbeit im Kindergarten. Empfehlungen für flexible Öffnungszeiten, Kindergartengesetz. Speyer 1989, S. 32 - 48.

Müller, H.-J. / Decker, R. / Schilling, F. (Red.): Motorik im Vorschulalter. Bundesinstitut für Sportwissenschaft, 1. Stuttgart 1975.

Reinhard Liebisch / Gabi Dannhauer

Kooperatives Spielen - Hilfen und Anregungen für das Bewegungsspiel im Kindergarten

Das Spiel nimmt eine zentrale Rolle im Leben der Kinder ein. Im Spiel erkunden sie ihre Umwelt, entwickeln ihre Phantasie, Kreativität und körperlichen Fähigkeiten, verarbeiten sie Erlebnisse und Probleme, lernen sie Absprachen zu treffen und Konflikte zu lösen. Das Kind lernt beim Spielen, aber es spielt ohne äußeren Zweck, einfach weil es Spaß an der Tätigkeit empfindet (vgl. *Zimmer* 1990). Das Spiel gibt Einblick in die Erlebnisweit des Kindes. Kinder drücken beim Spielen ihre innere Befindlichkeit aus. Sie spielen entsprechend ihrem Entwicklungsstand.

Die zentrale Stellung des Spiels für die Entwicklung der Kinder ist unbestritten. Dabei besitzen Bewegungsspiele eine besondere Bedeutung, da Bewegung für Kinder das zentrale Medium ist, Selbst-, Umwelt- und Sozialerfahrungen zu sammeln.

Gerade im Familienkreis werden Bewegungsspiele aber oft als störend empfunden, da sie zuviel Raum in Anspruch nehmen, zuviel Unordnung schaffen, zu laut sind oder der Aufwand, mit den Kindern ins Freie zu gehen, zu groß erscheint. Akzeptiert sind dagegen ausgesprochene "Sitzspiele" wie Brett- oder Computerspiele, die wenig Krach machen und kaum Platz benötigen (vgl. *Müller / Oberhuemer* 1986, 18-28).

Dem Kindergarten kommt in dieser Hinsicht oft Ausgleichs- und Aufklärungsfunktion zu. D. h. aufgrund der räumlichen Gegebenheiten vieler Familien in den Städten muss der Kindergarten Angebote machen, die dem Bewegungsdrang der Kinder gerecht werden. Darüber hinaus sollte er die Eltern über die Bedeutung der Bewegung für die Entwicklung der Kinder informieren.

Die Beispiele in diesem Artikel zeigen exemplarisch, welche Auswirkungen verschiedene Arten von Bewegungsspielen auf die Entwicklung von Selbstwertgefühl und sozialen Verhaltensweisen haben können. Zudem werden kooperative Spielvorschläge gemacht.

Betrachten wir beispielhaft ein Spiel, das häufig am Ende der Turnstunde durchgeführt wird - "Reise nach Jerusalem". Die Kinder laufen um Reifen (ein Reifen weniger als Kinder mitspielen), die in der Halle verteilt auf dem Boden liegen. Auf ein akustisches Zeichen stellt sich jedes Kind möglichst schnell in einen Reifen. Das Kind, das keinen Reifen mehr findet, setzt sich auf die Bank oder "darf" sich schon umziehen. Nach und nach werden immer mehr Reifen entfernt, d. h. es hört jedes mal ein Kind mehr auf, mitzuspielen.

Welche Kinder scheiden bei diesem Spiel meist zuerst aus? - Es sind häufig dieselben, die jüngeren, ungeschickteren, langsameren, gerade die Kinder, die eine besondere Förderung nötig hätten, aber durch das Ausscheiden noch weniger Bewegungsreize erhalten. Die Kinder möchten im Spiel dabei sein, nicht abseits stehen. Müssen sie ausscheiden, werden sie abgehängt oder ignoriert, fühlen sie sich oft zurückgewiesen, und verlieren dadurch an Selbstwertgefühl und Selbstachtung (vgl. *Orlick* 1982, 11-17). Auch die leistungsstärkeren Kinder verstärken durch ihr Verhalten die geringe Selbsteinschätzung der leistungsschwächeren ("ich kann das viel besser!", "Du bist schuld, dass wir verloren haben!"). Dabei können die Kindergartenkinder noch nicht erfassen, wie sich der Schwächere durch ihr Verhalten fühlt, weil sie noch nicht in der Lage sind, einen anderen als ihren eigenen Standpunkt einzunehmen (vgl. *Zimmer* 1989, 109-117). Ausscheidungs- und Wettspiele können demnach Konflikte und gemeinschafts**feindliches** Verhalten fördern, besonders dann, wenn Sieg und Niederlage für die Kinder eine wichtige Rolle spielen.

Das Wetteiferverhalten beginnt mit ca. 4 Jahren. Vorher ist es für die Kinder nicht bedeutsam, ob sie gewinnen oder verlieren (sie drehen sich z. B. bei einem Wettlauf um, fassen sich an der Hand und laufen gemeinsam durch das Ziel). Wettspiele haben durchaus ihren Sinn, wenn die Wertschätzung der eigenen Person nicht an Gewinnen und Verlieren gekoppelt wird; z. B. lernen die Kinder ihre Stärken kennen und ihre Schwächen akzeptieren. Die verschiedenen Spiele sollten dabei so ausgewählt sein, dass jedes Kind auch einmal die Chance hat, zu gewinnen. Das Bloßstellen von Verlierern ist zu vermeiden. Deshalb sind Spiele, bei denen ein oder wenige Verlierer am Ende herausgestellt werden oder Staffelspiele, bei denen Leistungsschwächere ihrer Mannschaft sichtlich Nachteile bringen, ungeeignet.

Gemeinsam eine Matte transportieren.

Wer gerade auch die leistungsschwächeren und jüngeren Kinder fördern und ihnen die Chance geben will, von den anderen akzeptiert zu werden und ein positives Selbstbild aufzubauen, sollte deshalb beim Spielen den Schwerpunkt auf das Miteinander legen. Vielen bekannten Spielen kann man durch die Abwandlung der Regeln einen kooperativen Charakter geben.
Für unser Beispiel "Reise nach Jerusalem" kann dies wie folgt geschehen: Kein Kind scheidet aus. Alle Kinder sollen gemeinsam in den weniger werdenden Reifen Platz finden. Das Spiel ist beendet, wenn so viele Kinder in einem Reifen stehen, bis kein Platz mehr für ein weiteres ist.

Kooperative Spiele zeichnen sich u. a. durch folgende Merkmale aus (vgl. *Liebisch* 1983):

- Die Kinder spielen gemeinsam, zu zweit oder in größeren Gruppen. Dabei sind leistungsschwächere Kinder gleichermaßen beteiligt.
- Die Aufgabenstellungen erfordern gemeinsame Lösungen und lassen Platz für Phantasie und Absprachen.
- Konkurrenz- und Wettkampfsituationen, bei denen das Individuum im Mittelpunkt steht, werden vermieden.
- Die Spiele ermöglichen Lösungen, die den Fertigkeiten, Fähigkeiten und Vorerfahrungen der Mitspieler entsprechen. Sie vermitteln allen, auch den Schwächeren Erfolgserlebnisse.
- Die Spiele sollen den Kindern Spaß und Freude bereiten. Die Kinder dürfen deshalb keine Angst vor Versagen oder Zurückweisung haben.
- Die Gruppenbildung muss so organisiert werden, dass es nicht zu einer Diskriminierung der Schwächeren kommt (vgl. *Atomspiel*).

Bei der Auswahl der Spiele für die eigene Gruppe sollte man u. a. folgende Gesichtspunkte beachten:

- Welche Kenntnisse, Fähigkeiten, Fertigkeiten, Eigenarten und Defizite besitzen die verschiedenen Kinder? Gibt es z. B. besonders ängstliche oder ungeschickte Kinder? Können diese die Aufgabe bewältigen? Sind die Kinder mit Spielen, die eine Absprache zwischen mehreren verlangt noch überfordert, so dass die Abstimmung erst in der Zweiergruppe geübt werden sollte?
- Welche Aspekte sollen neben der Kooperation gefördert werden? Wenn z. B. die Ausdauer verbessert werden soll, Laufspiele mit längerer Laufdauer wählen.
- Welche Bedürfnisse, Wünsche, Erwartungen haben die Kinder? Haben sie z. B. lange Zeit im Sitzkreis verbracht und wollen sich jetzt austoben?
- Welche Spiele sind bekannt? Kann man darauf aufbauen, sie erweitern oder mit anderen Materialien spielen?
- Gibt es Berührungsängste in der Gruppe? Wenn ja, dürfen Körperkontakte zunächst nur kurz und spielerisch sein.
- Können die Kinder die Spiele auch in ihrer "Freizeit" durchführen? Es ist wünschenswert, auch Spiele aufzugreifen, die die Kinder zu Hause spielen können.

Bei der Vermittlung von Spielen ist folgendes zu berücksichtigen:

- Kurze anschauliche Erklärungen geben.
- Eventuell Teile vormachen.
- Den Kindern Möglichkeiten zur Materialerfahrung geben, bevor ein Gerät als Spielgegenstand eingesetzt wird.
- Komplexe Spiele vereinfachen und erst nach und nach alle Regeln einführen.

Beispiel:

Es soll folgendes Fangspiel vermittelt werden:

Wer vom Fänger berührt wird, bleibt versteinert stehen und ruft um Hilfe. Das Kind kann wieder mitspielen, wenn zwei andere mit Handfassung einen Kreis um das versteinerte Kind bilden.

Schritt 1: Wer vom Fänger berührt wird, bleibt sofort versteinert stehen. Das Spiel ist zu Ende, wenn alle gefangen sind.

Schritt 2: Wer vom Fänger berührt wird, bleibt stehen und ruft um Hilfe. Das Kind wird erlöst, wenn es ein anderes Kindes umarmt.

Schritt 3: Zielspiel.

Folgende Spielprobleme (vgl. *Thiesen* 1986, 22) treten häufig auf und bedürfen besonderer Aufmerksamkeit:

- Spielunlust,
- Schwierigkeiten beim Einhalten der Regeln,
- Angst,
- sich nicht ausdrücken können,
- Aggressionen,
- starkes Konkurrenzverhalten,
- nicht verlieren können,
- "mogeln",
- sich aus der Gruppe zurückziehen.

Somit kommen während des Spiels der Erzieherin u. a. folgende Aufgaben zu:

- Eine angstfreie ausgeglichene Spielatmosphäre schaffen, in der sich die Kinder wohlfühlen.
- Die Kinder während des Spiels beobachten, Ideen aufgreifen und mit den Kindern weiterentwickeln, Regeln evtl. so ändern, dass der Spielfluss erhalten bleibt (z. B. Größe des Spielfeldes, Anzahl der Fänger, Art der Spielgeräte).

Die Sitzschlange bewegt sich fort.

- Spielprobleme bei den Kindern erkennen und ihnen helfen, die Ursachen zu überwinden, z. B. durch Ermutigung oder Aufzeigen von Handlungsalternativen.
- Gefühle der Kinder, die im Spiel auftreten können, wie Ärger, Wut, Schmerz, Trauer ernst nehmen, aber kein übertriebenes Mitgefühl zeigen.
- Bei Konflikten Einfühlungsvermögen zeigen und die Wünsche und Beweggründe der verschiedenen "Parteien" offen aufnehmen. Bei Konflikten, die die Kinder auch selbst lösen können, nicht eingreifen.
- Die Kinder auf Gefahren aufmerksam machen und mit ihnen Sicherheitsvorkehrungen besprechen und treffen lassen.

Im weiteren werden exemplarisch kooperative Spielformen beschrieben, von denen viele auch im Freien gespielt werden können. Die Erzieherin sucht je nach Situation, Interesse und Entwicklungsstand der Kinder die passenden Spiele aus. Danach wird ein Stundenbild skizziert, bei dem kooperatives Handeln im Mittelpunkt steht. Die Spielanweisungen verstehen sich als Vorschläge. Abwandlungen durch die Kinder sind wünschenswert.

Begrüßungsspiel

Die Kinder laufen oder hüpfen nach Musik.
Auf Musikstopp:

- begrüßen sich möglichst viele Kinder nacheinander (wie sie wollen),
- haken sie sich zu zweit ein und tanzen miteinander,
- fassen sie sich mit beiden Händen an und tanzen im Kreis,
- denken sich zu zweit etwas aus ...

Atomspiel

Die Kinder bewegen sich nach Musik im Raum. Auf Musikstopp nennt (zeigt) die Erzieherin (ein Kind) eine Zahl. Die Kinder finden sich in Gruppen der entsprechenden Zahl zusammen (bilden einen Kreis, tanzen ...).

Sitzschlange

Die Kinder sitzen hintereinander. Die Beine sind gespreizt; jedes umfasst die Hüften des vorderen Kindes. Die Schlange soll sich im Sitzen fortbewegen.

Tausendfüßler

Die Kinder stellen sich hintereinander in Bankstellung auf und umfassen die Fußknöchel des vorderen Kindes. In dieser Stellung versucht sich die Gruppe (zuerst 2 Kinder) zu bewegen.

Schildkröte

Die Kinder gehen zu zweit (dritt, viert) nebeneinander in die Bankstellung und bekommen eine leichte Turnmatte (Teppichläufer) als "Panzer" auf den Rücken gelegt. Die Schildkröte kann sich vorwärts, rückwärts, seitwärts bewegen, sich verstecken, über Hindernisse klettern, etc.

Spirale oder die Schlange wickelt sich um den Baum

Die Kinder bilden einen Innenstirnkreis und fassen sich an den Händen. An einer Stelle öffnet sich der Kreis. Der letzte in der Kette bleibt da, wo sich der Kreis geöffnet hat, als Mittelachse stehen. Das erste Kind (die Erzieherin) wickelt die Kette wie eine Spirale um das stehende Kind. Der Spieler in der Mitte bückt sich nun und kriecht ohne die Hände loszulassen durch die Beine der Mitspieler nach außen. Die Hände werden dabei nicht losgelassen.

Wetter

Die Kinder laufen durch den Raum. Wird eines der folgenden Worte gerufen, nehmen sie möglichst schnell die entsprechende Stellung (Bewegung) ein.

- Sonne: Die Kinder freuen sich, haken sich zu zweit ein und tanzen.
- Kälte: Je 2 Kinder umarmen sich, um sich gegenseitig zu wärmen.
- Regen: Ein Kind baut ein Haus (Vierfüßlerstand). Das andere Kind sucht darin Schutz vor dem Regen.
- Wind: Ein Kind bildet einen Windschutz (Stand). Das andere setzt sich davor.

Zunächst mit zwei Begriffen beginnen, erst wenn diese Aufgaben beherrscht werden, einen, später einen vierten hinzufügen. Haben die Kinder noch Schwierigkeiten mit der Gruppenbildung, können die gleichen Kinder als Paare zusammenbleiben. Später sollten sie bei jeder Ansage einen neuen Partner finden.

Klebriges Popcorn

Die Kinder laufen zu Beginn als einzelne "klebrige Popkörner" durch die Halle. Auf ein Signal kleben sie mit einem anderen "Popkorn“ zusammen (z. B. Rücken an Rücken) und bewegen sich gemeinsam fort. Dies wird solange gespielt, bis alle zusammengeklebt sind und ein riesiger "Popcornball" entstanden ist.

Roter Stummelschwanz

Ein Kind hat ein rotes Tuch so in der Hose stecken, dass es nur wenig herausschaut. Der Jäger will dieses Häschen fangen. Alle anderen Hasen versuchen, dies zu verhindern. Sie tun z. B. so als hätten sie auch einen Stummelschwanz, um den Jäger abzulenken.

Freund hilf

Dies ist ein Fangspiel mit wechselndem Fänger. Fassen sich zwei Kinder an, dürfen **sie** nicht gefangen werden. Das Kind, welches vom Fänger verfolgt wird, ruft "Freund hilf", um einen Partner zu finden. Hat es keinen Erfolg und wird gefangen, ist es der neue Fänger. Die Kinder dürfen sich nur kurz berühren, so dass der Fänger eine Chance hat.

Als Vorbereitung für dieses Spiel sollte vorher das oben genannte Fangspiel mit Erlösen (2 Kinder bilden einen Kreis um das "versteinerte Kind") durchgeführt werden.

Mit der Kutsche zum See.

Wie ein Stundenbild, in dem kooperatives Verhalten im Mittelpunkt steht, aussehen kann, wird nachstehend skizziert. Das Stundenbild steht unter der Spielidee: Was kann an einem See oder in einem See alles los sein? Der See wird durch ein Schwungtuch oder aneinandergenähte Bettlaken dargestellt.

Bei den Vorschlägen ist zu beachten, dass den Kindern Gelegenheit gegeben wird zu experimentieren und bei Bedarf u. a. über ihre Erfahrungen und Gefühle zu sprechen. Z. B.: "Wie könnt ihr große und kleine Wellen erzeugen?" "Was müsst ihr tun, damit der See ganz ruhig da liegt?" "Was empfindet ihr in der Tauchglocke?"

- Die Kinder kommen z. B. mit Kutschen, Bus oder Fahrrad an den See und fahren zunächst außen herum (Kind A sitzt auf einem großen Handtuch oder einer Teppichfliese, Kinder B und C ziehen die Kutsche). Dabei ist jedes Kind mal Kutscher und mal Pferd. Kind A hält sich an einem Springseil fest.
- Die Kinder stellen ihre Kutschen auf dem Parkplatz ab (Rand), verteilen sich rund um den "See" und fassen das Tuch mit beiden Händen am Rand an.
- Der See liegt ruhig da. Langsam kommt immer mehr Wind auf bis die Wellen sehr hoch sind. (Die Kinder bewegen das Tuch zunächst wenig, später immer stärker und schneller im eigenen Rhythmus.)
- Die Kinder schwingen das Tuch im gleichen Rhythmus auf und ab. Es entsteht eine große Welle.
- Die Erzieherin (ein Kind) nennt jeweils ein Kennzeichen (z. B. blaues T-Shirt). Die Kinder mit diesem Kennzeichen tauchen durch den See (laufen unter dem Tuch hindurch, das hochgeschwungen wird) auf einen anderen Platz und begrüßen sich unter Wasser.
- Die Kinder schwingen das Tuch gleichzeitig ganz hoch, machen eine halbe Drehung und ziehen es auf den Boden. So entsteht eine "Tauchglocke", die ein Gefühl von Geborgenheit und Zusammengehörigkeit vermittelt.
- Die Kinder halten das Tuch gespannt und lassen ein Schiff (Ball) durch vorsichtiges Bewegen des Tuches am Ufer (Rand des Schwungtuches) entlang fahren.
- Das Schiff fährt quer über den See von einem Hafen (Kind) zum anderen. Der Kapitän (Kind bei dem der Ball liegt) gibt vorher bekannt, wohin das Schiff fahren soll.
- Das Schiff kommt in einen Sturm, der immer stärker wird. Die Wellen schleudern das Schiff durch die Luft.

- Die Kinder setzen sich in den Langsitz und halten das Tuch in Brusthöhe. Niemand darf unter das Tuch schauen. Im See (unter dem Tuch) befindet sich ein Krokodil (1 Kind), das umherschwimmt (kriecht) und ab und zu ein Kind "frisst". Das Krokodil zieht dabei das Kind an den Beinen unter das Tuch. Dieses Kind wird auch zum Krokodil und frisst mit. Das Spiel ist zu Ende, wenn alle Kinder unter dem Tuch sind.

Außer kooperativem Verhalten werden mit den aufgezeigten Inhalten u. a. auch die Rhythmusfähigkeit, Anpassung an die Gruppe oder einen Partner und z. T. die Ausdauer gefördert. Die Schultergürtelmuskulatur wird mit vielen Aufgaben gekräftigt. Bei den meisten Kindern ist eine große emotionale Beteiligung zu beobachten.

Kooperatives Handeln ist selbstverständlich nicht nur mit speziellen Geräten möglich, sondern kann sich in vielen Spielsituationen ereignen. Gerade kooperative Spiele leisten einen wertvollen Beitrag, das soziale Miteinander der Kinder beim Spielen zu fördern und auch leistungsschwache, weniger selbstbewusste sowie ängstliche Kinder in das Spielgeschehen zu integrieren. Sie sollten deshalb verstärkt im Kindergarten berücksichtigt werden.

Literatur

Liebisch, R.: Kooperative Spiele. Haltung und Bewegung. 1983. S. 17 - 21.

Müller, H., Oberhuemer, F: Kinder wollen spielen. Freiburg 1986.

Orlick, T: Kooperative Spiele. Weinheim 1982.

Thiesen, F: Schönwetterspiele. Freiburg 1986.

Zimmer, R.: Kreative Bewegungsspiele –Psychomotorische Förderung im Kindergarten. Freiburg 1989.

Zimmer, R.: Spiel und Spielen - Spielverhalten und Spielerleben des Kindes. Lernbrief 4. In: Deutsche Sportjugend (Hrsg.): Bewegung, Sport und Spiel mit Kindern. Lehr- und Lernmaterialien der Deutsche Sportjugend zur "Frühkindlichen Bewegungserziehung". Aachen 1990.

Andreas Neumann

Abenteuer- und Erlebnisstationen für Vorschulkinder

Vorbemerkungen

Geräte- und Bewegungslandschaften haben große Bedeutung für das spielerische Anwenden von Grundtätigkeiten. Sie bieten einen hohen Erlebniswert und schaffen Räume für experimentelles Handeln. Spannung, Wagnis und kalkulierbares Risiko sind Faktoren, die für Kinder einen hohen Aufforderungscharakter haben sich zu bewegen.

Die folgenden Beispiele sind ein Versuch, Abenteueratmosphäre in die Turnhalle zu bringen. Der Aufforderungscharakter der Aufgaben animiert zum oftmaligen Ausprobieren und führt so zu einer spielerischen Verbesserung der Grundtätigkeiten.

Den Bedürfnissen der Kinder nach Mitbestimmung und Mitgestaltung wird Raum gegeben, da die Aufgaben und Aufbauten durch kreative Ideen der Kinder verändert werden können.
Das erfolgreiche Bewältigen der Stationen gerade durch motorisch schwächere Kinder kann zu einer Stärkung des Selbstvertrauens führen.

Ängstliche Kinder dürfen auf keinen Fall überfordert oder verunsichert werden. Es gelten die didaktischen Handlungsprinzipien:

- Freiwilligkeit
- Veränderbarkeit
- Zwanglosigkeit und Wahlmöglichkeit.

Spiel- und Abenteuerstationen animieren zur Selbsttätigkeit und fordern zum aktiven Handeln auf.

Durch den relativ hohen organisatorischen Aufwand ist es unbedingt notwendig, die Kinder von Beginn an in den Geräteaufbau einzubeziehen. Neben dem partnerschaftlich-gemeinsamen Handeln stehen dabei Elemente wie Tragen, Ziehen und Schieben im Vordergrund. So wird bereits in der Aufbauphase sinnvolles soziales und motorisches Handeln möglich.
Auffallend ist dabei, dass Kinder schnell an das Gerätehandling herangeführt werden kön-

„Affenschaukel".

nen, wenn es in eine für sie interessante Spielsituation eingebunden ist, z. B. *Materialtransport im Dschungel*. Bereits jetzt beginnt die Bewegungsgeschichte zu „leben“. Der Aufbau wird zum Einstieg in das Unterrichtsthema genutzt. Für die Kinder wird somit der Geräteaufbau durch die phantasievolle „Verpackung“ zum Erlebnis und nicht zur lästigen Pflichtübung.
Es empfiehlt sich die Aufbauten mit Hilfe kleiner Skizzen darzustellen und diese gemeinsam mit den Kindern zu erläutern. Hilfreich ist es, für die einzelnen Geräte stets die gleichen Symbole und Zeichnungen zu benutzen, z. B. aus Karton gefertigte Teile, deren Bedeutung die Kinder schnell behalten.
Beim Transport schwerer Geräte ist der Einsatz von Rollbrettern und Mattenwagen vorteilhaft.

„Abenteuer - Safari“

Für die Station werden 1-3 Recks aufgebaut und um die Reckstange lange Ziehtaue mit unterschiedlich langen Schleifen geknotet. Hierzu können die Recks auch in unterschiedlichen Höhen aufgebaut werden.
In den Seilschleifen finden viele Kinder nebeneinander Platz zum Schaukeln, Hangeln und Klettern. Auch hier ist ein seitliches Überqueren möglich.

Flussüberquerung

2-3 Ringepaare werden bis kurz über den Boden heruntergelassen. Darunter liegen Turnmatten oder Weichböden. Jeweils die andere Seite des „Flusses“ ist das Kletterziel.
Die Kinder versuchen nun mit den Füßen in den Ringen stehend von einem Ring zum nächsten zu kommen. Keine leichte aber sehr interessante Aufgabe!
Zur phantasievollen Unterstützung liegen Krokodile (Schwimmtiere) auf der Lauer.

Dschungel-Seilbahn

Eine echte Attraktion für die Kinder ist die Seilbahn. Hierzu wird ein langes Ziehtau mit einem Ende am oberen Rand einer Sprossenwand oder einem Reckpfosten festgebunden. Ein Holzring, der zuvor aus den Ringen entfernt wurde, wird über das Ziehtau gezogen. Anschließend wird das Seil gespannt und in 6-10 m Entfernung bodennah an einem Reckpfosten, schweren Barren oder der Sprossenwand festgeknotet. Der Verlauf des Seiles wird mit Turnmatten abgesichert und dort wo die Seilfahrt endet, liegt ein Weichboden.
Ein Kind klettert zum oberen Teil des Seiles, greift mit beiden Händen den Ring und rutscht nach unten auf die Matte. Um den Transport des Ringes nach oben zu erleichtern, kann ein dünnes Springseil am Ring befestigt werden. So kann der Ring zum Start leicht von anderen Kindern nach oben befördert werden.

Backsteinfluss

Auf einen Weichboden werden große und kleine Medizinbälle in kurzen Abständen zueinander gelegt.
Die Aufgabe besteht darin, den „Fluss“ auf Händen und Füßen auf den Medizinbällen zu überqueren. Damit die Bälle mehr Stabilität erhalten, empfiehlt es sich, einen Tennisring darunter zu legen. Eventuell kann auch unterwegs mit einer Hand ein „Schatz“ (Pappdeckel) mitgenommen werden.

Schluchtüberquerung

Zwischen kleine Kästen werden Reckstangen gelegt, die von den Kindern barfuss überquert werden sollen.
Hierbei bieten sich Variationen an wie vorwärts, rückwärts oder auf Händen und Füßen. Ängstlichen oder sehr ungeübten Kindern

kann durch Handfassung geholfen werden. Alternativ dazu können die Kästen an die Wand gestellt werden, die Reckstangen liegen ca. 20 cm von der Wand entfernt, so dass ein Überqueren nur durch enges Anschmiegen an die Wand möglich wird.

Ein Sprungbrett wird quer so auf einem Barren befestigt, dass es auf einem Holm aufliegt, und der andere Holm zwischen der Ober- und Unterseite des Sprungbretts verläuft. Zur Sicherheit wird das Sprungbrett mit einem Springseil festgebunden. Darunter befindet sich eine Weichbodenmatte zur Absicherung.
Durch die Elastizität des Barrenholmes federt das Sprungbrett leicht, die Kinder springen in den „Abgrund“ und landen sanft auf dem Weichboden.
Zur Angstreduzierung können beim Springen die Hände des Kindes gehalten werden.

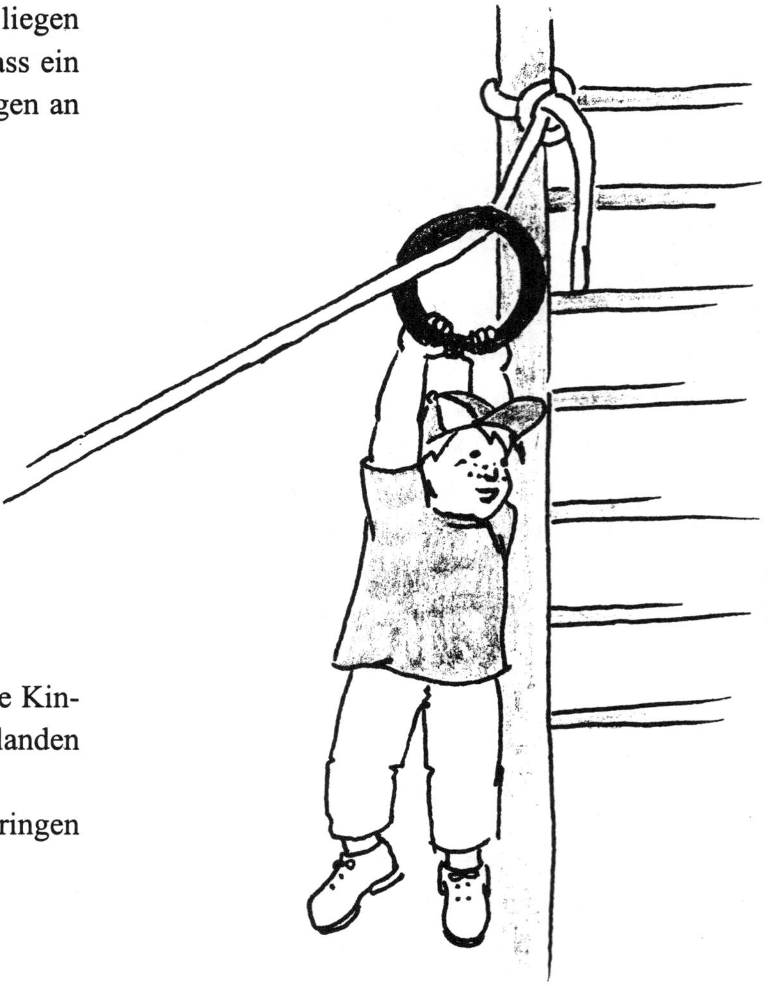

Die Dschungel-Seilbahn ist die Hauptattraktion.

Schatzbergung

Ein Lüneburger Stegel wird mit drei Balken aufgebaut. Zwei davon parallel zueinander auf einer Ebene und einen etwas höher zur Unterstützung. Am Ende des Stegels liegt der Schatz (Medizinbälle), der nun zur anderen Seite transportiert werden muss. Diese Aufgabe ist koordinativ anspruchsvoll, da im dynamischen Gleichgewicht (Vorwärtsgehen) gleichzeitig der Ball transportiert werden muss.

Literatur

Neumann, A., Liebisch, R.: Bergsteigen in der Turnhalle - Abenteuer für Kinder. Haltung und Bewegung, 13 (1993) 3, S. 23 - 26.

Susanne Meyer

Tierfütterung - Ein Bewegungsangebot zur Ausdauerförderung für Kinder im Alter von 5 – 8 Jahren

Vorüberlegungen

Bewegungsmangel bedroht heute immer mehr Kinder, was zu psychomotorischen Auffälligkeiten führen kann. Unter anderem können auch Ausdauerschwächen entstehen. Diesen gilt es, durch geeignete Maßnahmen vorzubeugen bzw. sie zu kompensieren. Unter gesundheitlichen Aspekten sollte vorwiegend die *allgemeine dynamische aerobe Ausdauer* gefördert werden.

Dabei können körperlich-authentische Grunderfahrungen gemacht werden, die in engem Zusammenhang mit der psychischen Befindlichkeit stehen (z. B. Stressabbau). Ausdauerbelastungen schaffen weiterhin eine breite konditionelle Grundlage für sportliche Bewegungshandlungen überhaupt. Auch schwächere Kinder können Ausdauerleistungen in zunächst begrenztem Ausmaß erbringen. Erfolgserlebnisse stellen sich relativ schnell schon nach wenigen Unterrichtsstunden ein und bewirken damit einen zusätzlichen Motivationsschub.

Es gilt, grundsätzlich eine positive Einstellung zu Ausdauerleistungen zu schaffen. Durch den Einsatz *erlebnisorientierter Spielformen* kann zum Laufen angeregt und allgemein *Freude am Sporttreiben* geweckt werden.

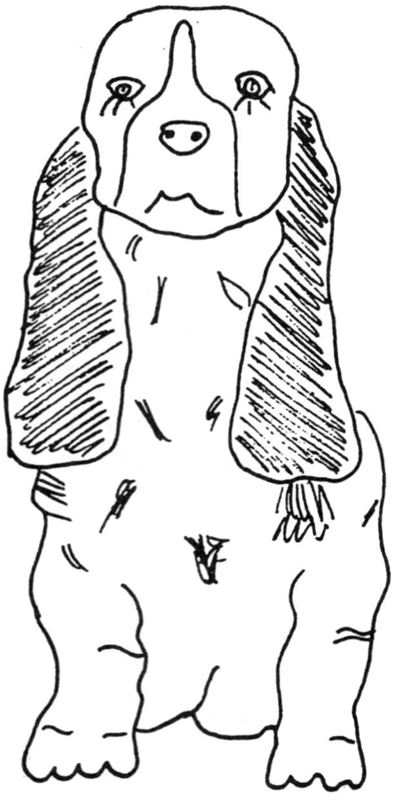
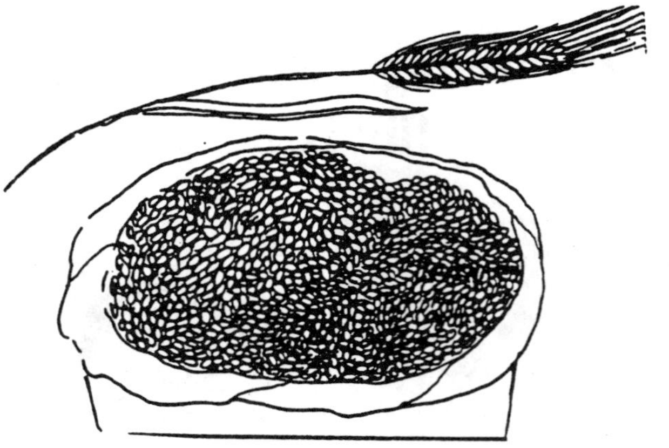
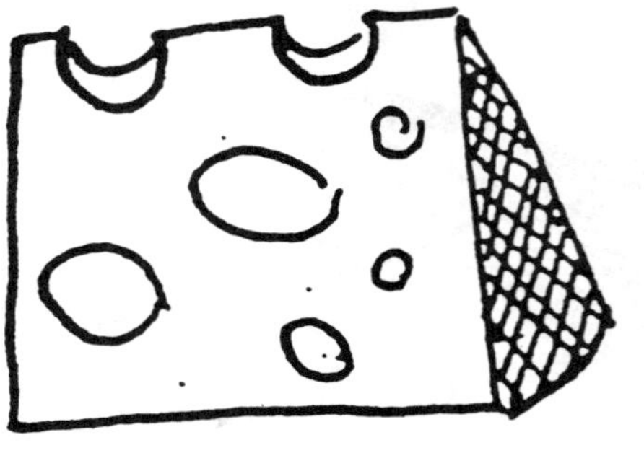
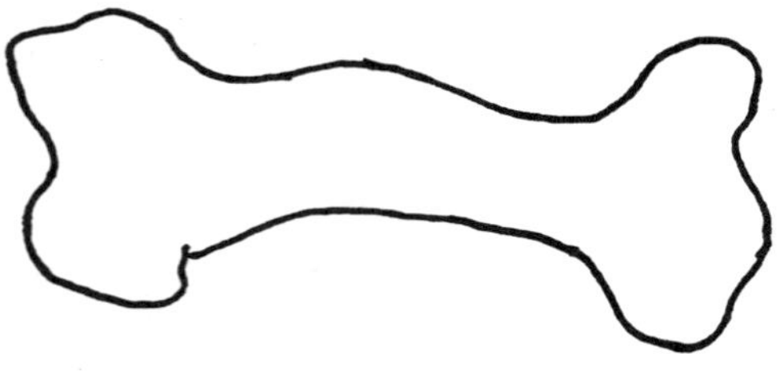
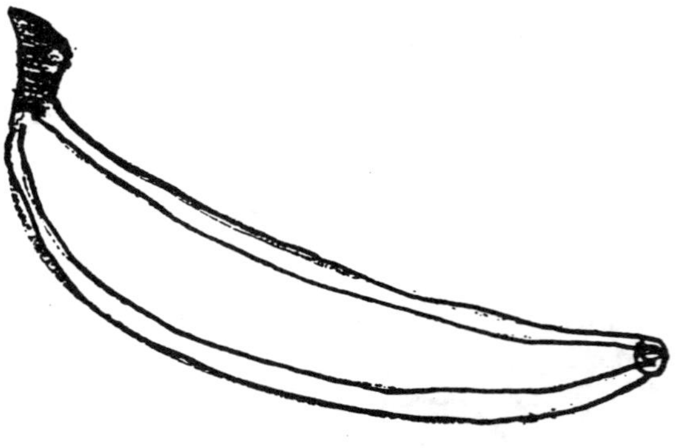
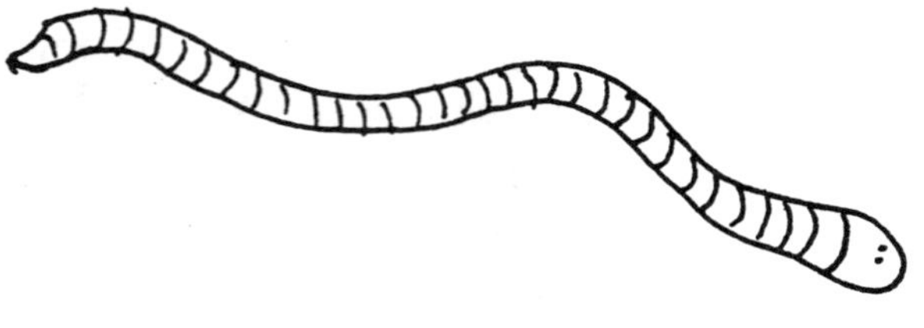
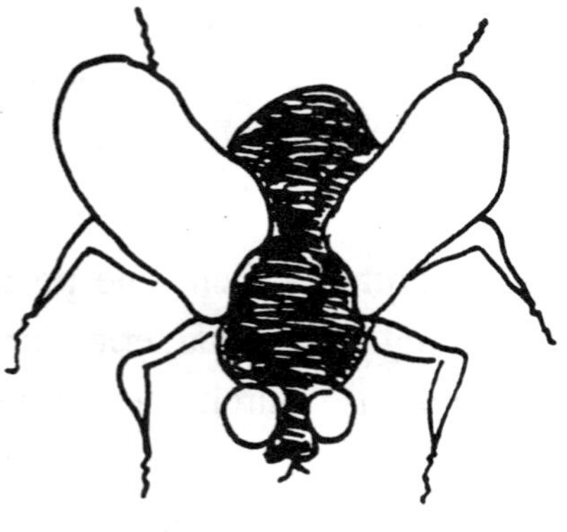

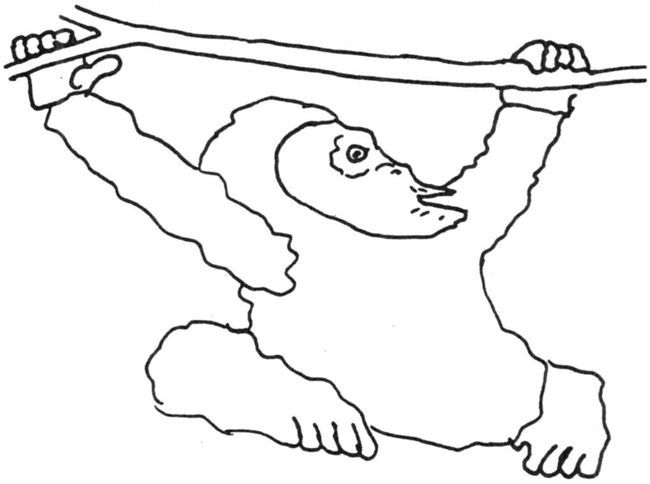

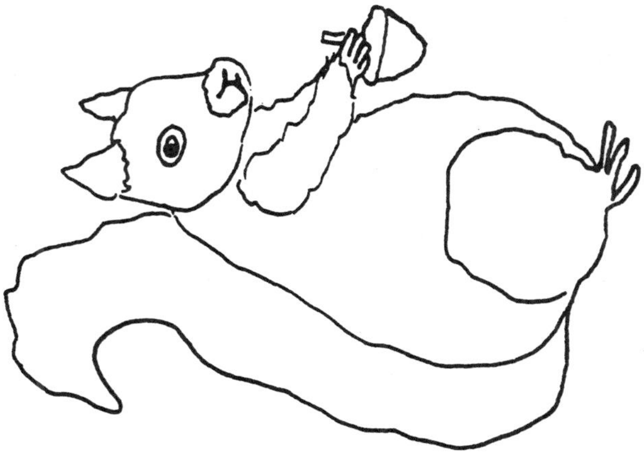

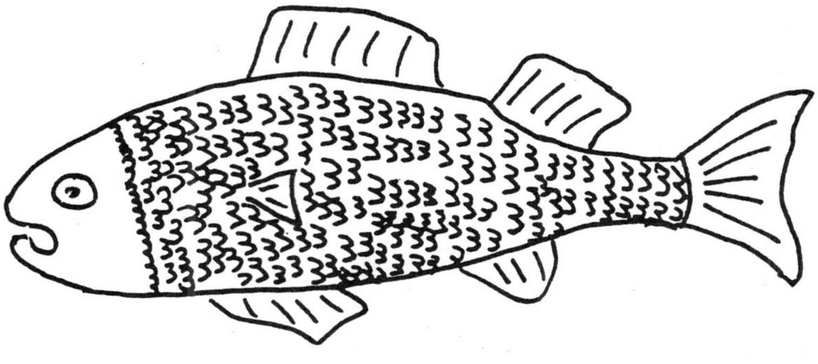

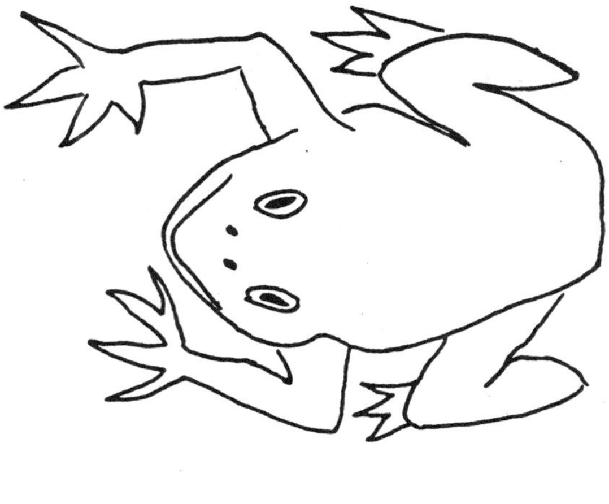

Dies kann zu einem überdauernden Interesse an sportlicher Betätigung als Grundlage einer gesunden Lebensführung beitragen.
Ausdauerförderung bedeutet auch, sich längeren ausdauernden Belastungen auszusetzen. Dies kann geschehen, wenn Ausdauerbelastungen von Kindern als freudvoll erlebt werden.

Dem entgegen steht eine langweilige nicht abwechslungsreiche Ausdauerförderung (z. B. Rundenlaufen). Ausdauerförderung muss im Sportunterricht methodisch so verpackt sein, dass den Kindern der eigentliche Belastungsumfang nicht so bewusst wird. Hier trägt unter anderem der Einsatz von Kleingeräten, von Musik, von motivierenden Spielen und Spielformen dazu bei.

Spiel *Tiere füttern*

Bei der hier ausgewählten Spielform zur Ausdauerförderung geht es um die *Fütterung von „Tieren"*. Dabei sollen die Schüler Tiernahrung von bestimmten Plätzen in der Halle zu den entsprechenden „Tieren" bringen. Die Gehege der Tiere sind in der Halle verteilt.

Spielbeschreibung

Es gibt unterschiedliche Tierbilder und sogenannte Futterkarten, auf denen das Futter, das die Tiere fressen, abgebildet ist; z. B. *Tierbild*: *Frosch - Futterkarte*: *Fliege*. (Die Tierbilder und Futterkarten stehen als Kopiervorlage hier zur Verfügung).
In der ganzen Halle verteilt werden „Gehege" für die Tiere gebaut (ein kleiner Kasten oder großer Kasten bzw. eine Matte usw. können ein Gehege darstellen). An jedem Gehege wird ein Tierbild befestigt.
Die Futterkarten werden an die Kinder verteilt (pro Kind mindestens 2 Futterkarten für jedes Tier). Jedes Kind deponiert seine Futtervorräte auf dem Boden in einem Reifen oder in einem Karton in der Nähe der Hallenwand. Von dort aus beginnen die Kinder jetzt die Tiere zu füttern, indem sie im Laufen immer nur eine Futterkarte zu dem jeweiligen Gehege bringen und dort ablegen.
Im Sinne einer individuellen Differenzierung wählt jedes Kind sein eigenes Dauerlauftempo.

Methodische Hinweise

- Die Belastungsdauer beträgt bei 11 Tiergehegen in einer Turnhalle mit einem Satz Futterkarten ca. 2 bis 3 Minuten. Hierbei ist zu berücksichtigen, dass die Kinder nicht immer den direkten Weg vom Futterlager bis zum Gehege laufen. Die Dauer kann wie folgt variiert werden:
  - durch die Anzahl der Tiere;
  - durch die Anzahl der Futterkarten;
  - durch die Gruppenform z. B. einzeln, paarweise, zu dritt;
  - durch Tragen jeweils einer Futterkarte - durch Tragen mehrerer Futterkarten;
  - durch das Laufen zusätzlicher Wege z. B. nach jeder Fütterung erst eine Runde um die Gehege laufen.
  - Um den Gesamtumfang der Belastung / Laufdauer zu erhöhen, können die Kinder, nachdem sie die Gehege aufgebaut haben, im Laufen die räumliche Anordnung der Gehege erkunden. (Diese Übungsform lässt sich auch mit der Darstellung der Tiere verbinden, indem die Kinder bei Musikstopp zum nächst gelegenen Gehege laufen und sich wie das jeweilige Tier bewegen.)
- Kinder, die weit vor den anderen alle Nahrungsmittel verteilt haben, können zum

Verteilen „Zusatzfutter" erhalten oder werden als „Hilfsfütterer" für andere Kinder eingesetzt. Somit haben ausdauerstärkere Kinder eine zusätzliche Aufgabe und ausdauerschwächere erhalten eine eine Entlastung. Die Helfer fragen allerdings zuerst, ob sie helfen sollen.

- Im Sinne eines *bewegten Lernens* können Sachkunde (Kenntnisse über Tiere) und Bewegung verknüpft werden. Als Themen bieten sich z. B. an: *Tiere im Wald, Tiere im Feld, Tiere in der Savanne* usw...
- In einer Stunde können auch 2 Themen gespielt werden, z. B. *Tiere im Wald und Tiere im Zoo*.
- Das Spiel kann bei einer Laufbelastung bis ca. 6 Minuten als Erwärmungsphase zu Beginn einer Stunde stehen (eventuell verbunden mit dem Darstellen der Tiere, siehe vorher) oder einen eigenständigen Schwerpunkt mit längerer Laufbelastung im zweiten Teil einer Stunde bilden.
- Neben der Ausdauer wird insbesondere auch die räumliche Orientierungsfähigkeit gefördert.

Zuordnung des Futters		
Affe	⇒	Banane
Eichhörnchen	⇒	Haselnuss
Frosch	⇒	Fliege
Katze	⇒	Maus
Maus	⇒	Käse
Hund	⇒	Knochen
Seehund	⇒	Fisch
Hai	⇒	Seehund
Pferd	⇒	Hafer
Hase	⇒	Gelbrübe
Hahn	⇒	Regenwurm

Futterzuordnung.

Zeichnungen: Sinya Schieb (11 Jahre)

Anke John

Der kleine Eisbär – Erlebnisorientierte Förderung der Gleichgewichtsfähigkeit für Kinder von 5 bis 8 Jahren

Einleitung

Die meisten Kinder lassen keine Gelegenheit aus, ihr Gleichgewicht in unterschiedlichen Situationen zu erproben. Sie balancieren auf Bordsteinen, auf umgestürzten Bäumen, hüpfen auf einem Bein, fahren begeistert Tretroller oder Inliner usw.. Kinder lieben dabei das Spiel mit dem Risiko. Das Gelingen einer gestellten Aufgabe gibt ihnen eine Rückmeldung über ihre Leistungsfähigkeit und kann somit zur Erhöhung ihres Selbstwertgefühls beitragen. Das Nicht-Gelingen kann Herausforderung sein, es von Neuem zu probieren. Kinder können so auch ihre motorischen Möglichkeiten einschätzen lernen.

Ziele des Praxisbeispiels

In diesem Praxisbeispiel sollen die Kinder an unterschiedlich schwierigen Stationen ihr Gleichgewicht erproben. Dieses soll bei unterschiedlichen Fortbewegungsarten und auf verschiedenem Untergrund (fest, labil, erhöht, schräg) aufrechterhalten werden.

Über die Geschichte bzw. die Bilder soll die Fantasie der Kinder anregt werden, Gleichgewichtsstationen nach ihrem Leistungsniveau zu gestalten.
Dabei sind Absprachen und gegenseitiges Helfen (z. B. beim Aufbau oder eventuell beim

Lars rutscht auf dem Eis.

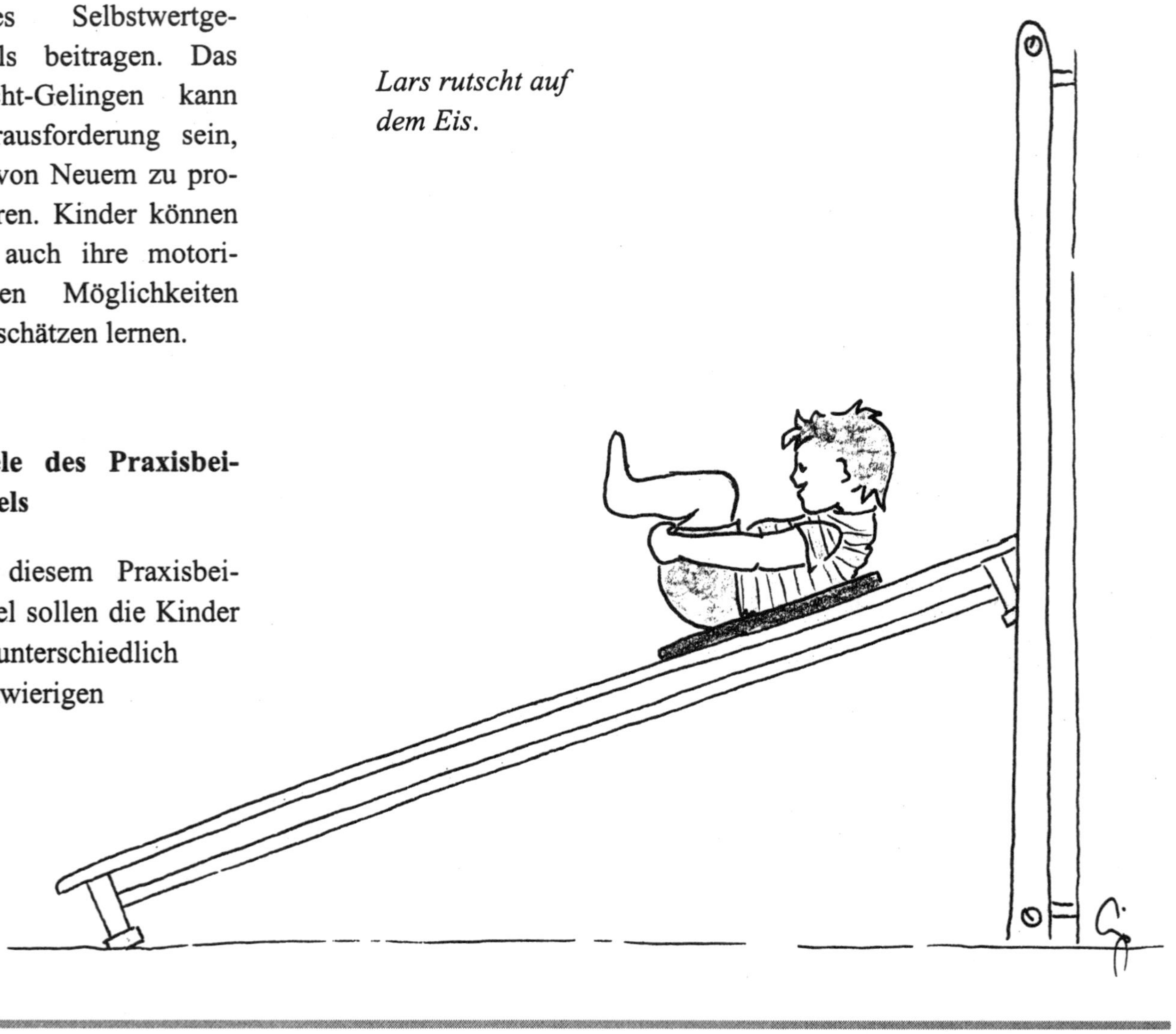

Bewältigen der Stationen) erforderlich. Somit können in diesem Beispiel neben personalen Erfahrungen auch soziales Handeln geübt und soziale Kompetenz erhöht werden.

Kinder von 5 bis ca. 8 Jahre schlüpfen gern in andere Rollen. In diesen Rollen trauen sie sich meist mehr zu und fühlen sich stark. Durch die Einbettung in eine Geschichte soll der Erlebnischarakter verstärkt werden.

Durchführung

Der Einstieg in das Thema wird mit dem Bilderbuch „Kleiner Eisbär, komm bald wieder!“ gestaltet (*De Beer* 1988). Den Kindern wird das Bilderbuch vorgestellt. Kennt ein Kind die Geschichte, so wird es aufgefordert, den anderen die Geschichte anhand der Bilder zu erzählen.
Ist das Bilderbuch nicht bekannt, erzählt die Lehrkraft die Geschichte und zeigt die Bilder.

Die Kinder bilden pro Bild eine Gruppe. In der Gruppe wird überlegt, wie die einzelnen Bilder mit den zur Verfügung stehenden Materialien umgesetzt werden können.
Je nach Alter der Kinder sind eventuell Hilfen notwendig. Nach Aufbau der Übung wird in der Gruppe ausprobiert und experimentiert.

Dabei können Veränderungen durchgeführt werden. Ist die Experimentierphase abgeschlossen probieren die Kinder die anderen Stationen aus.

Kleiner Eisbär komm' bald wieder!

Der kleine Eisbär Lars wohnt mit seinen Eltern am Nordpol. Hier klettert er gerne auf Eishügel und rutscht ins Meer.

Lars klettert im Bauch des Schiffes die Leiter hinauf.

Einmal schwimmt Lars weit hinaus und plötzlich passiert es. Er kann weder vor noch zurück und wird in einem großen Fischnetz gefangen. Das Netz wird hoch in die Luft gezogen und im nächsten Moment landet er in einem Schiffsbauch, um sich herum lauter Fische.
Wie soll er hier nur wieder herauskommen? Da entdeckt er an der Schiffswand eine Leiter und klettert die Sprossen hinauf. Lars

Lars geht über den Steg von oder an Bord.

schleicht an Deck, wo er dem Schiffskater Nemo begegnet. Er erzählt ihm die Geschichte, dass er Angst habe und nach Hause wolle. Nemo wusste, dass das Schiff schon weit vom Nordpol entfernt ist. „Hab' keine Angst kleiner Eisbär, im nächsten Hafen gehen wir zu meinen Freunden den Schiffskatzen und fragen, ob jemand zurück zum Nordpol fährt."

Als das Schiff im Hafen anlegt, schleichen Nemo und Lars über den schwankenden Steg an Land. Sie laufen durch Gassen und Hinterhöfe. Lars geht hinter Nemo her, was nicht immer leicht ist. Er muss über Zäune klettern und auf Mauern balancieren. Nemo hält an und sagt zu Lars: „Wir sind da!"

Der kleine Eisbär blickt in viele funkelnde Augen und bekommt ein bisschen Angst. „Du brauchst keine Angst zu haben, dieses sind alles meine Freunde, sie tun dir nichts," ruft Nemo und erzählt den Katzen, was Lars zugestoßen ist. Johnny, ein schwarz-weißer Kater, würde Morgen mit dem Schiff zurück zum Nordpol

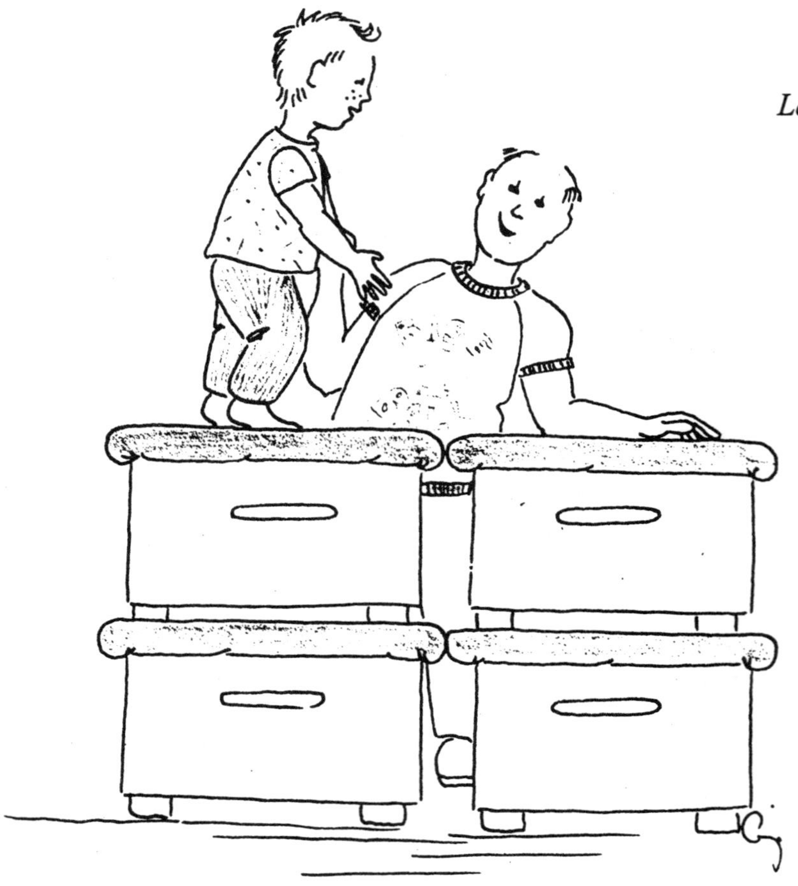

Lars geht über Mauern.

Lars steht an der Reling des schaukelnden Schiffes und hält Ausschau.

fahren. Er wolle Lars mitnehmen. So laufen Nemo, Johnny und Lars zum Hafen. Johnny und Lars schleichen an Bord. Auf dem Steg blickt sich Lars noch einmal nach Nemo um und verabschiedet sich.

In der Nacht steht der kleine Eisbär an der Reling und hält Ausschau. Endlich sieht er die weißen Eishügel vor sich auftauchen und wird ganz ungeduldig. Lars wartet, bis das Schiff den Anker wirft, verabschiedet sich von Johnny und rutscht die Ankerkette hinunter.

Vergnügt schwimmt er ans Ufer und läuft durch den Schnee nach Hause. Von Weitem ruft er schon seine Eltern und begrüßt sie. Aufgeregt erzählt er ihnen die Geschichte seiner Reise und von den Schiffskatzen Nemo und Johnny.

Literatur

De Beer, H.: Kleiner Eisbär komm bald wieder. Gossau / Zürich 1988.

Benno Schomaker

Erlebnisorientierte Förderung der akustischen Wahrnehmung

Vorüberlegungen

Nach *Eggert* (1992, 13) muss der „gesamte Bereich der Wahrnehmung als komplexe geistige Konstruktion angesehen werden: Wahrnehmung ist eine allgemeine und umfassende Bezeichnung für den Prozess des Informationsgewinnens aus Umwelt und Körperreizen (...) einschließlich der damit verbundenen emotionalen Prozesse und der durch Erfahrung (...) und Denken erfolgenden Modifikationen".

Unter auditiver Wahrnehmung wird nach *Fritze* (in *Reinartz* u. a. 1994, 228) die Fähigkeit verstanden, „Hörphänomene jeglicher Art (Musik, Sprache, Umweltschall) differenziert wahrzunehmen, sich vorzustellen, erlebnismäßig-emotional zu erfassen, zu verbalisieren und selbst zu produzieren".
Die Förderung der auditiven Wahrnehmung zählt zur elementaren Wahrnehmungsschulung, die als Grundlage der komplexen Wahrnehmungsförderung gilt. Vor allem zwei Elemente bestimmen die Qualität der akustischen Wahrnehmung:

1. Die *Entfernungsschätzung* mittels differenzierter Wahrnehmung von Unterschieden der Lautstärke und des Frequenzspektrums sowie
2. die *Richtungsbestimmung* durch beidseitiges Hören, wobei der minimale Zeitunterschied des ankommenden Schalls und die Intensitätsdifferenz zwischen linkem und rechtem Ohr eine wichtige Rolle spielen (vgl. *Vogel* 1987, 16).

Die Fernsinne „Hören" und „Sehen" sind für das Leben in unserer Welt von besonderer Bedeutung, da wir uns den Objekten unseres Interesses zunächst auf Entfernung nähern. Die differenzierte Wahrnehmung der auditiven Reize unserer Umgebung ist häufig lebenswichtig, wenn man z. B. an den täglichen Straßenverkehr denkt.

Die Wahrnehmung und Unterscheidung von Schallquellen unserer Umgebung ist die Voraussetzung für die Wahrnehmung, Unterscheidung und schließlich Anbahnung von Sprachlauten und damit der gesprochenen Sprache. Des weiteren ist die richtige Einordnung auditiver Wahrnehmungen - insbesondere der Richtungsbestimmung - die Voraussetzung für die Raumorientierung (vgl. *Eggert* u. a. 1995, 136).

Auditive Wahrnehmung ist im Alltag kein isoliertes Phänomen. Deshalb sollte auch eine Förderung der auditiven Wahrnehmungsfähigkeit im Rahmen einer ganzheitlichen Förderung stattfinden (vgl. *Eggert* 1992, 22). Diese grundlegende Sichtweise sieht vor, nicht mehr symptomorientiert einzelne Schwächen isoliert zu kompensieren, sondern ganzheitlich die Stärkung der Persönlichkeit des Kindes in den Vordergrund zu stellen (vgl. *Gaschler*, *Breithecker* 1994, 24).

Das heißt, die Übungsinhalte zur akustischen Differenzierung werden den Kindern zum Beispiel eingebunden in die Rahmenhandlung einer Bewegungsgeschichte dargeboten. Bewegungsgeschichten entsprechen dem kindlichen Bedürfnis, in für sie subjektiv empfundenen Sinnzusammenhängen zu handeln. Kinder in der Primarstufe sind begeisterungsfähig für Phantasiespiele, in denen sie in verschiedene Rollen schlüpfen können. Dadurch erhält die Übungsstunde einen hohen Erlebniswert mit besonderem Aufforderungscharakter für die Kinder. Dynamische Übungsformen, wie im folgenden dargestellt, lassen keine isolierte Förderung zu. In Bewegungsspielen zur Förderung der akustischen Differenzierungsfähigkeit werden somit immer auch koordinative Fähigkeiten angesprochen.

Verlauf der Übungsstunde

Einstieg

Wenn die Kinder in die Sporthalle kommen, laufen vom Band Urwaldgeräusche (aus: *Soundeffects for movies and videos*). Die Kinder versammeln sich mit dem Lehrer im Sitzkreis neben einem „Zelt", welches aus einem Schwungtuch, einer Fahnenstange und 4 kleinen Kästen erbaut worden ist. Sie äußern Vermutungen über die gehörten Geräusche.

Die verzauberten Affenkinder.

Methodische Überlegungen

Die Urwaldgeräusche sollen die Kinder auf die Unterrichtssequenz einstimmen und gleichzeitig neugierig machen.
Da das Sammeln im Sitzkreis in der Regel eine den Kindern bekannte Organisationsform darstellt, bietet sie gerade ängstlichen Kindern Sicherheit. Zudem ermöglicht diese Form den Kindern gegenseitigen Augenkontakt, was ein „Wir-Gefühl" aufkommen lässt und zusätzlich Sicherheit bietet.
Grundsätzlich reicht die Geräuschquelle als „stummer Impuls", so dass Kinder von sich aus ihre Assoziationen äußern. Ansonsten werden sie aufgefordert, zunächst zu verbalisieren, was sie hören und wie sie es zuordnen. Damit können ihnen erste sachbezogene Sprechanlässe geboten werden und gleichzeitig kann eindeutig das Thema der Stunde geklärt werden.

Hinführung (vgl. Einstieg)

Die Kinder werden mittels des ersten Teils einer Dschungelgeschichte **(1)** in die Rahmenhandlung der Stunde eingeführt. Weiterhin werden ihnen die Signale „Löwe" (Klang einer Handtrommel) und „Affenbaum" (das aufgebaute Zelt) erklärt.

(1) *Dschungelgeschichte*

Ich möchte heute mit Euch eine phantastische Geschichte spielen.
Wie Ihr merkt, befinden wir uns im tiefen Dschungel (Urwald). Ein Zauberer hat uns hierher gezaubert und Euch in lustig spielende Affenkinder verwandelt. Dort hinten befin-

det sich die Affenmama auf dem großen Affenbaum und beschützt die Affenkinder bei Gefahr.

Gefahr droht den kleinen Affen besonders durch einen gefährlichen Löwen, der hin und wieder um den Affenbaum schleicht. Doch die Affenkinder sind nicht dumm. Der Löwe lässt immerzu Laute von sich hören. Wenn die Affenkinder den Löwen leise hören, ist er weiter weg und ungefährlich (leises Schlagen der Handtrommel). Dann spielen die Affenkinder ohne Angst und wagen sich auch weiter von der Mutter und dem Affenbaum weg.
Wenn der Löwe lauter zu hören ist, ist er ganz nahe, es droht Gefahr, so dass die Affenkinder in der Nähe des Affenbaumes spielen.
Macht der Löwe ganz laute Geräusche, laufen alle zur Affenmama unter den Affenbaum.

Methodische Überlegungen

Die Geschichte lässt die Kinder in eine phantastische Welt eintauchen. Die anschließenden Übungen bekommen dadurch für sie einen subjektiven Sinngehalt innerhalb des Spiels.

Da das Schwungtuch „blickdicht" ist, werden die Kinder unter dem Affenbaum das Geschehen außerhalb nicht visuell erfassen können. Dadurch wird erreicht, dass sie sich leichter auf akustische Signale konzentrieren können.

Das Signal des Löwen wird mit einer Handtrommel erzeugt, da ein isolierter Ton in seiner Schalleigenschaft leichter zu differenzieren ist.

Anwendung (vgl. Einstieg)

Die Lehrkraft erzeugt mit der Handtrommel Töne unterschiedlicher Lautstärke. Die Kinder laufen entsprechend der Lautstärke der Handtrommel um den „Affenbaum" herum. Zunächst wird die Handtrommel isoliert geschlagen. Nach angemessener Spielzeit wird die „Urwaldmusik" wieder eingeblendet. Dabei wird weiterhin in differenzierter Lautstärke die Handtrommel geschlagen.
Zum Schluss suchen die Schülerinnen und Schüler bei dem entsprechenden Signal (sehr lautes Schlagen der Handtrommel) Schutz unter dem Affenbaum. Die „Urwaldmusik" wird ausgeblendet.

Nun wird der nächste Teil der Dschungelgeschichte erzählt (**2**). Es werden im folgenden Töne aus verschiedenen Richtungen erzeugt. Die Kinder zeigen (entsprechend den individuellen Bedürfnissen mit geschlossenen oder geöffneten Augen im Zelt sitzend) in Richtung der Klangquelle.
Später werden die Urwaldgeräusche vom Band langsam lauter werdend eingespielt.

Geräusche aus dem Urwald.

Gleichzeitig werden die Klänge mit der Handtrommel aus den verschiedenen Richtungen erzeugt. Die Kinder zeigen weiterhin in Richtung der Klangquelle.

Die Geschichte wird dann weitererzählt (**3**). Die Kinder kommen unter dem „Affenbaum" hervor und spielen, wobei sie sich nach Schallfrequenzen (hoch-tief) entweder auf Zehenspitzen wie ein „Stelzvogel" und tief auf dem Boden wie eine „Schildkröte" bewegen.
Auch hier werden zunächst die Töne isoliert angeboten und in einem zweiten Teil die „Urwaldmusik" zusätzlich eingeblendet.

(**2**) *Wie ihr seht, ist der Affenbaum so dicht mit Blättern bedeckt, dass die Affen den Löwen nicht sehen können. Um ihn besser hören zu können, schließen sie die Augen. Wenn sie den Löwen jetzt hören, zeigen sie mit dem Finger in die Richtung, aus der das Geräusch kommt.*

(**3**) *Nachdem die Affenkinder sicher sind, dass der böse Löwe nicht mehr da ist, trauen sie sich aus ihrem Affenbaum heraus und fangen an, zu spielen, nämlich das Spiel „Affen machen alles nach". Das geht so! Wenn sie einen hohen Ton hören, spielen sie einen „Stelzvogel" und wenn sie einen tiefen Ton hören, kriechen sie wie eine „Schildkröte".*

Methodische Überlegungen

Die Handtrommel als Schallerzeuger für die Differenzierung der akustischen Wahrnehmung über die Lautstärke bietet sich an, da mit ihr die Lautstärke stufenlos reguliert werden kann.
Die offene Gestaltung der Spielsituation lässt zu, dass sich die Kinder gemäß ihrem individuellen Leistungsvermögen unterschiedlich einbringen können. Kinder, die keine Schwierigkeiten in der Differenzierung der akustischen Signale haben und sich in der Gruppe und der ungewohnten Situation sicher bewegen, werden sich mehr auf die Signale einlassen können als Kinder, die unsicher sind und sich oft an ihren Klassenkameraden orientieren. So können alle Kinder mit ihren individuellen sozialen, emotionalen, kognitiven und motorischen Bedürfnissen an diesem Spiel mit Freude teilnehmen.
Die Situation unter dem Schwungtuch ist unter ähnlichen Gesichtspunkten arrangiert worden. Kinder, die sich darauf einlassen können, die Augen zu schließen und sich so intensiver auf die akustische Wahrnehmung konzentrieren, werden dieses auch tun, da es für sie spannender sein wird als Richtungshören mit visueller Unterstützung.

Durch die Geräuschquelle vom Band erfährt das Hören im jeweiligen zweiten Durchgang eine zusätzliche Qualität, indem die akustische Figur-Grund-Wahrnehmung gefordert wird. Zur eindeutigen Differenzierung der Schallfrequenzen ist es sinnvoll, anstatt der Handtrommel eine Triangel und eine Holzblocktrommel einzusetzen. Die beiden Schallquellen lassen im direkten Vergleich eine eindeutige Zuordnung in „hoch" und „tief" zu. Die Zuordnung unterschiedlicher Frequenzen erfahren die Kinder so mit allen Sinnen. Die arrangierte Situation lässt wiederum die oben genannten individuellen selbständigen Differenzierungen der Kinder zu.

Ausklang

Die Kinder kriechen alle unter den Affenbaum und werden leise.
Der nächste Teil der Geschichte wird erzählt (**4**).

Die Lehrkraft dreht einen Gymnastikreifen, der auf dem Hallenboden ein rollendes Geräusch erzeugt. Die Kinder lauschen dem Geräusch, das schließlich abrupt endet. Sie verhalten sich vollkommen ruhig unter dem Affenbaum und nehmen die Stille eine Zeit lang bewusst wahr.

Nach einer Zeit der Stille wird die Geschichte zu Ende erzählt (**5**).
Die Kinder verlassen den Affenbaum wieder als Menschenkinder und gehen in die Umkleidekabine zum Umziehen.

(**4**) *Zum Schluss ruft die Affenmama alle Affenkinder ins Affenhaus zurück, denn nun müssen sie schlafen. Damit die Kinder besser einschlafen können, hat die Mama einen Affeneinschlaftrick. Sie dreht einen Reifen und wenn die Kinder diesen nicht mehr hören, sind sie eingeschlafen.*

(**5**) *Wenn Ihr gleich die Augen wieder aufmacht, merkt ihr, dass der Zauberer Euch wieder in Kinder verwandelt hat, die unter einem Tuch liegen und jetzt affenschnell in die Umkleidekabine verschwinden.*

Methodische Überlegungen

Durch das Sammeln unter dem Schwungtuch haben die Kinder nun die Möglichkeit, in eine abschließende Ruhephase einzutreten. Das Einfinden unter dem Schwungtuch hat den Charakter des Neuen verloren, so dass es auch den ängstlicheren Kindern jetzt leichter fallen wird, sich auf den akustischen Reiz von außen einzulassen. Die zunächst ganz leise auftretenden rollenden Geräusche implizieren ein genaues und konzentriertes Hinhören. Dadurch fällt es den Kindern gleichzeitig leichter, zur inneren Ruhe zu finden, die dann in eine meditative Stille übergehen kann.

Dadurch erfahren sie den Schluss der Stunde als beruhigendes Element und können so ruhiger in den weiteren Tagesablauf eintreten.

Durch die Rückverwandlung der „Affenkinder“ in Menschenkinder erfährt die Geschichte für die Kinder einen „sinnvollen“ und logischen Abschluss.

Literatur

Eggert, D.: DIAS - Diagnostisches Inventar auditiver Alltagshandlungen. Dortmund 1992.

Eggert, D.: Theorie und Praxis der psychomotorischen Förderung -Arbeitsbuch. Dortmund 1995.

Gaschler, P., Breithecker, D.: Sportförderunterricht, NLI-Drucksache. 1994.

Reinartz, A. u. a.: Wahrnehmungsförderung behinderter und schulschwacher Kinder. Berlin 1994.

Vogel, G.: Wahrnehmung und Bewegung.: Haltung und Bewegung, 7 (1987) 4, S. 7-21.

Auditive Medien

SOUNDS OF MOVIES AND VIDEOS: 12-bändige CD-Sammlung ohne weitere Angaben

Gabi Dannhauer

Einführung in einfache Tanzformen

Der Tanz bietet hervorragende Möglichkeiten, die Vorschulkinder in ihrer ganzheitlichen Persönlichkeitsentwicklung zu unterstützen. Es werden Reize für die Organsysteme gesetzt, so dass sich diese leistungsfähig entwickeln können. Kindgemäße Tänze beinhalten zum großen Teil Lauf- und Hüpfphasen, die bei entsprechender Zeitdauer das Herz-Kreislauf-Atemsystem fördern. Das Nervensystem erhält u. a. Entwicklungsreize durch die gezielte akustische Wahrnehmung, durch Anpassung an den Rhythmus, Raum und Partner. Der Tanz bietet aber auch hervorragende Möglichkeiten, das Haltungsgefühl zu verbessern und die Muskulatur zu kräftigen.

Des weiteren werden die Kinder auch im kognitiven Bereich gefördert; Konzentration und Merkfähigkeit sind gefragt. Nicht zuletzt verbessern sie ihre Ausdrucksfähigkeit, empfinden sie Spaß und Freude, lernen sich mit dem Partner abzustimmen und sich in eine Gruppenform einzuordnen. Zusammenfassend lassen sich folgende Ziele festhalten:

- Verbesserung der optischen und akustischen Wahrnehmung
- Entwicklung der räumlichen Orientierungsfähigkeit
- Verbesserung der Reaktionsfähigkeit
- Schulung der Rhythmusfähigkeit
- Erweiterung des Bewegungsrepertoires
- Ausdauerschulung
- Verbesserung von Körper- und Haltungsgefühl
- Anpassung an Partner und Gruppe
- Verbesserung sozialer Verhaltensweisen
- Schulung von Merk- und Konzentrationsfähigkeit
- Förderung kreativer Fähigkeiten
- Darstellen von Gefühlen, Wünschen, "verbotenen" Verhaltensweisen in legitimierter Form
- Spaß und Freude

Es geht bei diesen Praxisanregungen weniger darum, fertige, stilisierte Tanzformen zu vermitteln, sondern aufzuzeigen, wie man gemeinsam mit den Kindern Tanzformen selbst entwickeln kann, die dem Leistungsstand der Kinder entsprechen. Dabei sollten Gestaltungselemente Schritt für Schritt eingeführt werden und die Aufgabenstellungen so offen sein, dass die Kinder die Möglichkeit haben, ihre eigenen Ideen einzubringen. Kindgemäße Bewegungsformen, wie z. B. Laufen oder Hüpfen sind zu wählen.

Eine Möglichkeit Kindertänze zu gestalten, liegt in einem Wechsel von Einzel- und Gruppenformen. Da Vorschulkinder diesen Wechsel nicht auf Anhieb beherrschen, sollte er zunächst in spielerischer Form erarbeitet werden:

- Die Kinder bewegen sich auf eine kindgemäße Lauf- oder Hüpfmusik (z. B. Ponypferdchen). Wenn die Musik stoppt, gehen sie zu zweit zusammen.
- Die Kinder hüpfen abwechselnd allein und zu zweit. Der Wechsel wird durch Musikstopp angezeigt. Haben die Kinder genügend Zeit zur Erprobung, finden sie meist verschiedene Formen, sich zu zweit zu bewegen wie z. B. nebeneinander, hintereinander laufen, sich im Kreis drehen, eingehakt oder mit Doppelhandfassung. Die Ideen einzelner Kinder sollten nach einem gewissen Zeitraum aufgegriffen und von allen durchgeführt werden.

Variationen:

- Die Kinder suchen sich immer wieder denselben Partner.
- Der Wechsel erfolgt nicht bei Musikstopp, sondern auf Gong oder auf Wechsel von A- und B-Teil der Musik (schwieriger, da weniger Zeit zum Wechsel zur Verfügung steht).
- Die Kinder hüpfen zu viert (im Kreis, in einer Schlange, mit und ohne Handfassung).

Die o. g. Spielformen sollten nicht alle in einer Stunde durchgeführt, sondern über einen längeren Zeitraum immer wieder eingebracht werden. Dabei sind bei der Auswahl der Übungsanregungen das Alter und die Fähigkeiten der Kinder zu berücksichtigen. Durch die oben beschriebenen Spielformen lernen die Kinder:

- schnell auf ein akustisches Signal zu reagieren, wie es später auch bei dem Wechsel von verschiedenen Musikteilen notwendig ist,
- die Anpassung an Partner und Gruppe,
- den Wechsel von Einzel- zu Partnerformen,
- selbst verschiedene Formen zu entwickeln, wie man sich zu zweit oder in Gruppen bewegen kann.

Wer ist jetzt mein Nachbar?

Wichtig für die Gestaltung von Kindertänzen sind auch Kenntnisse und Erfahrungen mit verschiedenen Aufstellungsformen. Dazu folgende Spielformen:

- Die Kinder stellen sich im Kreis auf. Sie merken sich genau, wo sie stehen und wer ihr rechter und linker Nachbar ist. Auf Musik bewegen sie sich im Raum, auf Musikstopp nehmen sie wieder ihren Platz im Kreis ein und kontrollieren, ob die Nachbarn stimmen.

Variationen:

- Statt ein Kreis werden andere Aufstellungen eingenommen, wie z. B. Dreieck oder Gasse. Evtl. müssen schwierige Formen zunächst mit Klebeband am Boden vorgegeben werden.
- Beherrschen die Kinder die verschiedenen Aufstellungen, können auf Musikstopp unterschiedliche genannt werden.

Mit diesen Spielformen wird vor allem auch die Raumorientierung geschult.

Eine Grundlage für das Tanzen stellt aber auch die Rhythmusschulung dar. Während es manchen Kindern noch schwer fällt im Takt der Musik zu laufen, klappt es beim Klatschen schon recht gut, besonders wenn das Klatschen durch Sprechreime begleitet wird.

Für die folgenden Anregungen sitzen die Kinder im Kreis:

Es wird gefragt, welchen Nachtisch sie gerne essen, z. B.: Wackelpudding, Erdbeeren und Quark.

Gemeinsam wird mehrmals das Wort "Wackelpudding" genannt und zu den Silben geklatscht. Das gleiche wiederholt sich mit den beiden anderen Worten. Nun können sie kombiniert werden, z. B.

//: *Wackelpudding,* *Erdbeeren* ://

oder

//: *Wackelpudding, Wackelpudding,*

Erdbeeren, *Quark* ://

Es ist auch möglich, ein Orchester zu bilden. Ein Dirigent gibt die Einsätze. Es werden drei Gruppen gebildet. Jede Gruppe nennt und klatscht ihren Nachtisch solange, bis der Dirigent ein Zeichen gibt und die nächste Gruppe am Zuge ist.

- Ein Wort wie "Hampelmann" oder eine Wortfolge wie "Edith, Philipp, Sina, Marc" wird gebildet. Einer fängt an, zu den Begriffen zu klatschen und nach jedem Wort (Wortfolge) klatscht einer mehr, bis alle klatschen. Dann hören die Kinder nacheinander wieder auf.
- Rhythmusschulung kann auch in Form eines Vorstellungsspiels erfolgen. Die Erzieherin (ein Kind) nennt ihren Namen und klatscht dabei

"Ich bin die Anne"

Je nach Fähigkeit antwortet die Gruppe im gleichen Rhythmus

"Du bist die Anne"

oder im anderen Rhythmus

"Hallo Anne"

und klatscht dabei.

Das Klatschen sollte dabei variiert werden, z. B. auf andere Körperteile klatschen oder auf den Boden, leise oder laut werden. Die Erzieherin kann wiederholen lassen, indem sie anschließend fragt:

"Wie heißt Du?"

Auch lustige Sätze können gebildet werden, wie:

"Löwe hat Angst, buh!".

Die Kinder nennen und klatschen diesen Satz. Es wird probiert, wie man das "Buh" am besten darstellen kann. Zum Beispiel: vorher klatschen, auf "Buh" stampfen oder "Buh" laut rufen. Auf ein Zeichen der Erzieherin wird der Satz nun abwechselnd genannt und geklatscht oder nur geklatscht.

Oben genannte oder ähnliche Rhythmusübungen (vgl. *Sachs* 1989) sollten in fast jeder Stunde durchgeführt werden, in denen es um Rhythmusschulung und Tanz geht.

Im folgenden sollen fünf Anregungen für Tanzformen gegeben werden. Bei der Auswahl der Musik ist darauf zu achten, dass sie einen klaren Rhythmus und ein kindgemäßes Tempo aufweist sowie bei einem untergliederten Stück, die Teile sich gut voneinander unterscheiden. Das erste Beispiel "Maruschka" fordert zum Laufen auf und ist in einen Gesangteil und einen Klatschteil unterteilt, die sich 5 x wiederholen. Bei der Gestaltung des Tanzes können wir das bisher Gelernte

Auf Keksdosen lässt sich prima trommeln.

zugrunde legen: auf den Klatschteil in verschiedenen Variationen klatschen, auf den Gesangteil in Einzel-, Partner- und Gruppenformen laufen.

- Da Vorschulkinder am besten im tätigen Handeln und durch ein optisches Vorbild lernen, sollte die Erzieherin zunächst mitmachen. Die Aufgabe an die Kinder lautet: Macht nach, was ich tue. Wenn ich laufe, lauft ihr auch, wenn ich klatsche, klatscht ihr auch.
- Nachdem die Kinder die Untergliederung des Stückes auf diese Weise erfahren haben, kann das Lied gemeinsam angehört und die beiden Teile erkannt werden.
- Nun sollen die Kinder im Sitzen das Lied begleiten, z. B. während des Gesangteils auf den Boden, während des Klatschteils in die Hände klatschen.
- Auf den Gesangteil laufen die Kinder allein im Raum herum, auf den Klatschteil klatschen sie auf unterschiedliche Körperteile. Die verschiedenen Klatschmöglichkeiten der Kinder können zu einer Folge zusammengestellt werden (z. B. 1. Klatschteil in die Hände, 2. Klatschteil auf die Beine).
- Auf den Gesangteil laufen die Kinder zu zweit im Raum herum. Auf den Klatschteil klatschen sie auf ein Körperteil des Partners.

Auch aus dieser Aufgabenstellung lässt sich eine Folge entwickeln (z. B. 1. Gesangteil hintereinander laufen. 2. Gesangteil nebeneinander mit Handfassung. 3. Gesangteil zu zweit im Kreis drehen). Generell ist bei der Anzahl der Variationen der Fähigkeitsstand der Kinder zu berücksichtigen.

- Die Kinder laufen auf den 1. Gesangteil allein,
- auf den 2. Gesangteil zu zweit,
- auf den 3. allein, etc.

Variationen des Gesangteils, die in der Gesamtgruppe oder in mehreren Kleingruppen von 6-8 Kindern durchgeführt werden können:

Die Kinder laufen

- in einer Schlange,
- im Kreis mit Handfassung,
- mit Handfassung in die Kreismitte und zurück,
- Kombination der o. g. Formen.

Generell sollten die Kinder die Möglichkeit haben, Ideen frei zu entwickeln (z. B. die Art des Klatschens), die dann aufgegriffen und für die Gestaltung des Tanzes mit herangezogen werden.

Durch die o. g. Tanzformen werden neben der Anpassung an den Partner und die Raumorientierung auch Rhythmusgefühl, Ausdauer sowie Konzentration und Merkfähigkeit geschult. Anhand der Tanzform "Maruschka" wurde exemplarisch aufgezeigt, wie man Tänze methodisch mit Vorschulkindern entwickeln kann. Im folgenden werden methodische Wege nur angerissen.

Beim nächsten Tanzbeispiel kommt es hauptsächlich auf das Finden unterschiedlicher Bewegungsmöglichkeiten an. Das Lied "Wenn der Elefant in die Disco geht" gliedert sich in einen Instrumentalteil, einen Singteil und den Refrain (vgl. *Dannhauer / Liebisch*, 1988).

Auf den Instrumentalteil hüpfen die Kinder durch den Raum, auf den gesungenen Teil stellen sie das Tier dar (Elefant, Bär, Affe, Stinktier), das im Text genannt wird. Soll eine feste Tanzform entstehen, werden Bewegungen von den Kindern herausgegriffen und von allen geübt. Dabei sind die Bewegungen so auszuwählen, dass sie unterschiedliche Muskelbereiche ansprechen. Zum Beispiel aufrecht tanzen, mit erhobenen, angewinkelten Armen und beim nächsten Teil in Vierfüßlerhaltung. Damit das Üben der ausgewählten Bewegungen nicht zu langweilig wird, können Zusatzaufgaben gestellt werden, z. B.:

- mindestens zwei Hallenwände berühren,
- in einer Schlange hintereinander bewegen,
- zwei Gruppen bilden: eine Gruppe fängt an, auf akustisches Zeichen setzt die zweite ein und die erste hört auf.

Eine weitere Variante zur Gestaltung dieses Liedes ist folgende: Auf den Instrumentalteil hüpfen alle Kinder im Kreis, während des Gesangteils zeigt ein Kind (zwei Kinder) eine Bewegung, auf den Refrain machen sie die anderen Kinder nach.

Durch das Tanzbeispiel "Wenn der Elefant in die Disco geht", wird im wesentlichen die Kreativität gefördert und das Bewegungsrepertoire erweitert. In der letzten Variante wird auch das Darstellen vor einer Gruppe eingeübt.

Während die Kinder bei o. g. Tanz durch den Text des Liedes Anregungen für die Entwicklung von Bewegungen bekommen, sollten sie auch die Gelegenheit erhalten, sich auf ein Instrumentalstück frei nach einem Thema zu bewegen. Spielideen sind z. B. „Vögel“ oder Schneeflocken. Gerade nach Phasen, die viel Konzentration erfordern, ist diese Arbeitsweise entlastend für die Kinder und kann die Kreativität fördern.

Tanzformen bieten den Kindern aber auch die Möglichkeit, Gefühle auszudrücken. Beim "Rüpeltanz" können die Kinder Gefühle der Wut in legalisierter Form zeigen und durch rüpelhaftes Verhalten ausdrücken (vgl. *Weimann* 1988). Das Musikstück umfasst drei Teile, bei der erste durch akzentuierte Abschnitte gekennzeichnet ist, der zweite ein Tempo aufweist und der dritte im Galopprhythmus gehalten ist.

Nachdem im Gespräch geklärt ist, was rüpelhafte Bewegungen sind, werden diese auf den 1. Teil ausgeführt (l. Teil mehrere Male auf Kassette hintereinander schneiden) und über die entstandenen Gefühle geredet. Im weiteren kann methodisch vorgegangen werden, wie beim Tanz "Maruschka".

Für den 2. Teil bietet sich ein Hüpfen allein durch den Raum an. Dabei suchen die Kinder einen Partner.

Auf den 3. Teil hüpfen sie mit dem Partner im Kreis herum. Die rüpelhaften Bewegungen, auf den nun folgenden 1. Teil, werden zum Partner hin ausgeführt, ohne diesen zu berühren.

Der Einsatz von Handgeräten bei Tanzformen bringt neue Akzente und motiviert die Kinder. Im Folgenden wurden Krepppapierstreifen in den vier Grundfarben (blau, gelb, rot, grün) gewählt, da sie günstig zu beschaffen sind und optisch gut wirken. Der Musiktitel "Party-Polonaise" zeichnet sich durch einen eindeutigen, durchlaufenden Rhythmus aus:

- Die Kinder experimentieren auf Musik mit den Krepppapierbändern,
- von den Ideen der Kinder werden vier verschiedene aufgegriffen und von allen durchgeführt,
- je eine Bewegung wird einer Farbe zugeteilt und ein Name dazu ausgedacht, z. B.:

blau - Wellen vor dem Körper - "Wasser"
gelb - Kreis über dem Kopf - "Sonne".

Die Erzieherin nennt eine Farbe, die entsprechende Gruppe führt ihre Bewegung aus.

- Die Gruppen gehen nach Farben getrennt in vier Ecken. Wenn die Erzieherin ein Krepppapierband ihrer Farbe hochhält, laufen die Kinder, das Band auf die Art der Gruppe schwingend, durch die Diagonale auf die andere Seite. Je nach Können der Kinder kann die Erzieherin den zeitlichen Abstand verändern, zwei oder mehr Gruppen gleichzeitig laufen lassen.
- Die Erzieherin hält jeweils zwei Bänder hoch. Die entsprechenden Gruppen sollen die Plätze wechseln.

Durch die o. g. Spielformen lernen die Kinder das Warten auf ihren Einsatz, verbessern ihre Farbwahrnehmung, Reaktionsfähigkeit, Raumorientierung und haben die Möglichkeit, sich eigene Bewegungen mit dem Band auszudenken.
Durch die Auswahl des Handgerätes Band, werden vorwiegend Bewegungen der Arme provoziert, wobei der Rumpf mit einbezogen ist. Zum Ausgleich sollten zwischendurch auch Sprünge über die Bänder eingebaut werden.

Die hier beschriebenen Tanzbeispiele sind nur als Anregungen gedacht, die variiert und auf die jeweilige Gruppe abgestimmt werden müssen.
Zusammenfassend kann gesagt werden, dass es bei der Gestaltung von Tanzformen wichtig ist:

- kindgemäße Musik auszusuchen,
- die Ideen der Kinder mit einzubeziehen,
- kindgemäße Bewegungsformen anzuregen bzw. auszuwählen,
- die Tanzformen Schritt für Schritt zu entwickeln
- und den Schwierigkeitsgrad dem Könnensstand der Kinder anzupassen.

Literatur

Dannhauer, G., Liebisch, R.: Zirkus, "Sonturzzo" Sportförderunterricht ein Ort für zirzensische Lerninhalte?". Haltung und Bewegung (1988) 3, S. 4 - 30.
Sachs, S.: Förderung rhythmischen Bewegungsverhaltens bei koordinationsschwachen Kindern. Haltung und Bewegung (1989) 1, S. 22 - 30.
Weimann, R.: Tanzen im Sportförderunterricht. Haltung und Bewegung (1988) 1, S. 26 - 29.

Musiktitel

Maruschka und Ponypferdchen (Kassette "Kinderlieder'), Fidula Verlag, Boppard.
Wenn der Elefant in die Disco geht (Kassette: gleicher Titel), Klaus W. Hoffmann Verlag.
Vögel (Kassette "Tierlieder"), Fidula Verlag.
Rüpeltanz (Platte FF 1176), Fidula Verlag.
Kinder-Polonaise (Kassette "Kinderparty"), Fidula Verlag.

Reinhard Liebisch

Spiel- und Übungsformen mit *Schleuderhörnern* zur auditiven Wahrnehmung und Wassergewöhnung

„Oh, was ist denn das?“ fragte Sebastian den Lehrer, der einen Plastiksack mit Schleuderhörnern in die Turnhalle trägt. „Das sind Schleuderhörner, mit denen turnen wir heute“, sagte der Lehrer. „Mit denen kann man turnen?“ Skeptisch verzog Sebastian das Gesicht. Im Umkleideraum verkündete er lautstark: „Wir turnen heute mit so komischen bunten Röhren“. Die Spannung auf die kommende Sportstunde war bei den Kindern geweckt.

In der Tat vermutet man *Schleuderhörner* - gerippte, biegsame Plastikrohre von etwa einem Meter Länge und 3 cm Durchmesser - eher im Spielzeugladen oder im Schaufenster als Dekoration oder als Material zum von Verlegen Elektrokabeln als in der Turnhalle. Als unübliches „Sportgerät“ und durch ihr Aussehen wecken sie die Neugier der Kinder.

Wie beim Turnen mit Gebrauchsmaterialien werden mit Schleuderhörnern Freiräume für kreatives Spielen geschaffen, da sie nicht sofort mit normierten Bewegungen in Verbindung gebracht werden. Neue Erfahrungen werden dadurch erleichtert und alle Kinder haben eine gewisse Chancengleichheit bezüglich des Gerätes.

Schleuderhörner regen zum Erkunden an, können dem Spielbedürfnis der Kinder angepasst werden und erleichtern den Transfer zum Spielen in der Freizeit oder umgekehrt zur Sportstunde. Somit sind günstige Voraussetzungen für motivierende, freudbetonte Sportstunden geschaffen.

Schleuderhörner, auch Heulrohre genannt, wurden zunächst in psychomotorischen Übungsgruppen, im Sportförderunterricht zur Förderung bei auffälligen Kindern eingesetzt, finden aber mehr und mehr Eingang auch im Sportunterricht der Primarstufe bzw. im Kindergarten, wozu der günstige Preis von ca. 3 DM pro Schleuderhorn ebenfalls beiträgt (erhältlich beim Sportgeräteversand).

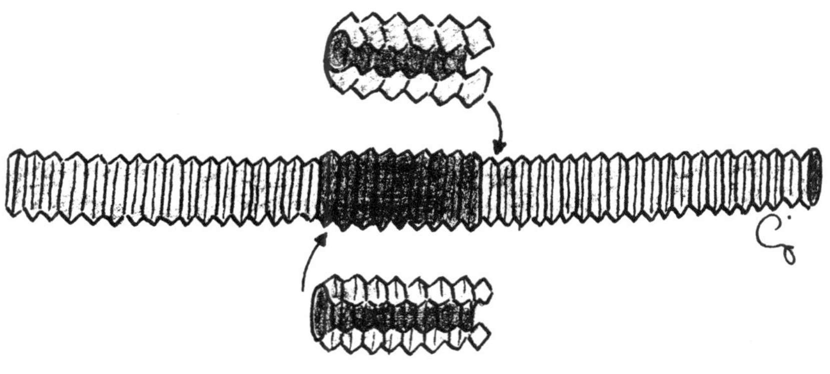

Verbindung zweier Schleuderhörner mit „Schleuderhorn-Muffen“, Doppelsicherung.

Für jedes Kind sollte ein Schleuderhorn vorhanden sein. Die Einsatzmöglichkeiten werden erhöht, wenn man zusätzlich noch Verbindungsstücke (Muffen) herstellt (Schleuderhorn in etwa 15 bis 20 Zentimeter lange Stücke schneiden und diese Stücke der Länge nach aufschneiden, s. Abbildung).

Im folgenden werden unter den Zielperspektiven *Auditive Wahrnehmung*, *Wassergewöhnung* und *Seilspringen* Spiel- und

Übungsformen mit dem Schleuderhorn dargestellt. Didaktisch-methodische Anmerkungen stehen, soweit dies notwendig erscheint, kursiv gedruckt.

Auditive Wahrnehmung

Bei der auditiven Wahrnehmungsförderung spielen insbesondere Übungen eine Rolle, die die Konzentration auf Gehörtes (auditive Aufmerksamkeit), die Fähigkeit bestimmte akustische Reize, trotz vorhandener Nebengeräusche, zu erkennen (auditive Figur-Grund-Wahrnehmung) und die Fähigkeit Ähnlichkeiten zwischen Tönen und Lauten zu erkennen und zuzuordnen (auditive Diskrimination) sowie die Fähigkeit, Geräusche räumlich richtig zu orten (auditive Lokalisation) fördern. Darüber hinaus ist das Wiedererkennen von Gehörtem (auditive Merkfähigkeit) und das Verstehen von Sinnbezügen bei den Übungen von Bedeutung.

Geräusche und Töne erzeugen

Die Kinder probieren aus, was für Geräusche man mit dem Schleuderhorn erzeugen kann:

- Das Schleuderhorn mit beiden Händen fassen und mit einem Teil quer zu den Rippen auf dem Schleuderhorn reiben.
- Das Schleuderhorn mit beiden Händen fassen und die Endbereiche parallel aneinander reiben.
- Das Schleuderhorn mit beiden Händen fassen und die Endbereiche aufeinander schlagen.
- Das Schleuderhorn in der Luft drehen oder schnell hin und her pendeln. [Dabei werden Luftschwingungen erzeugt, die je nach Drehgeschwindigkeit als tiefe (langsames Drehen) oder hohe Töne (schnelles Drehen) zu hören sind].
- Die Kinder halten ein Ende des Schleuderhorns an ihr Ohr und erzeugen am anderen Ende mit dem Mund (leise!!) Geräusche.

Die Kinder probieren aus, stellen jeweils einzeln ein gefundenes Geräusche vor und alle probieren, das gehörte Geräusch zu erzeugen.

Richtungshören

Die Kinder sitzen mit Abstand in einem Teil der Turnhalle und haben die Augen geschlossen. Der Lehrer (oder ein anderes Kind) erzeugt mit dem Schleuderhorn ständig ein vorher abgesprochenes Geräusch. Die Kinder zeigen auf die Geräuschquelle. Wenn das Geräusch für ca. 5 Sekunden nicht mehr zu hören ist (die Kinder zählen still bis fünf), öffnen die Kinder die Augen und kontrollieren, ob der Finger genau auf die Geräuschquelle zeigt.

Variationen

- Die Geräuschquelle wandert in der Turnhalle umher und die Kinder sollen den Weg des Geräuschs danach beschreiben.
- 2 bis 4 Kinder erzeugen mit dem Schleuderhorn unterschiedliche Töne und Geräusche. Die Kinder zeigen auf ein vorher vereinbartes Geräusch auf die Geräuschquelle soll gezeigt werden.
- Die Kinder kriechen / gehen vorsichtig auf die Geräuschquelle zu.
- Die Kinder gehen auf die Geräuschquelle zu (verfolgen sie), wobei ein Partner aufpasst, dass das Kind, das die Augen geschlossen hat, nicht irgendwo anstößt.

Die Lehrkraft kann bei obigen Übungen erkennen, ob Kinder akustische Wahrnehmungsprobleme haben.

„Errate, wer ich bin, dann komme ich zu dir hin!“

Weitere Spielideen zur auditiven Wahrnehmung

Bahnhofshalle

Die Kinder halten sich die Enden ihres Schleuderhorns an die Ohren und unterhalten sich dabei miteinander oder nehmen Umgebungsgeräusche wahr.
Die eigenen und die Stimmen anderer bzw. Umgebungsgeräusche werden dabei verfremdet und sind daher schwieriger einer bestimmten Person zuzuordnen bzw. zu erkennen.

Stimmen erraten

Die Kinder gehen zu viert zusammen und verbinden ihre Schleuderhörner (oder mehr) mit den Muffen zu einer Telefonleitung. Ein Kind steht an einem Ende der Leitung und hat die Augen geschlossen; es soll die Kinder, die mit ihm telefonieren, an der Stimme erkennen.

Spion spielen

Eine lange Telefonleitung wird gebaut (s. o.). Zwei Kinder gehen an die Enden der Telefonleitung und tauschen sich geheime Botschaften aus (leise!). Die anderen Kinder der Gruppe legen ihr Ohr auf die Telefonleitung und versuchen, die Geheimbotschaft zu erlauschen.
Bei beiden Spielen muss es in der Halle still sein, damit sich die Gruppen nicht gegenseitig stören.

U-Bahn

Mehrere Schleuderhörner werden mit Muffen (doppelt) zu einem Kreis verbunden. Zuvor wird eine Glasmurmel in den Schleuderhornschlauch gegeben.
Die Kinder verteilen sich gleichmäßig und halten den Schlauch fest. Die Murmel soll nun in dem Schlauch wandern, indem dieser entsprechend bewegt wird.

Variationen

- Mit geschlossenen Augen.
- Ein Kind steht in der Mitte hält die Augen geschlossen und soll immer auf die wandernde Glasmurmel zeigen. Die außen stehenden Kinder können den Laufweg der Murmel beliebig verändern.

Fanfarenzug

Die Kinder gehen in Gruppen zusammen. Jede Gruppe wählt ein bestimmtes Geräusch heraus, z. B. Gruppe A: ins Schleuderhorn blasen, Gruppe B: die Enden der Schleuderhörner aneinander schlagen. Bei jedem Ton berühren die Gruppenmitglieder den Boden mit dem Fuß. Die Gruppe denkt sich einen bestimmten Rhythmus aus und bewegt sich entsprechend.
Die Gruppen stellen sich ihre Lösungen gegenseitig vor. Eventuell kann auch die Lehrkraft den Rhythmus vorgeben. Förderung der Rhythmusfähigkeit in Verbindung mit der auditiven Wahrnehmung.

Haltung verändern

Die Kinder vereinbaren bestimmte Übungen, die beim Ertönen eines bestimmten Geräusches/Tones ausgeführt werden sollen. Z. B. bei hohen Tönen sich nach oben strecken und bei tiefen Tönen sich ganz klein machen, beim Ertönen eines Reibegeräusches in die Bankstellung gehen und einen Arm und ein Bein ausstrecken usw.

Spielerisch können Elemente der Haltungsförderung / Muskelschulung in Verbindung mit der auditiven Merkfähigkeit verbunden werden.

Mit dem Schleuderhorn im Schwimmbecken

Viele Kinder haben Angst vor dem Wasser. Motivierende Materialien, die sich zum Spielen im und mit dem Wasser eignen, erleichtern insbesondere ängstlichen Kindern den Einstieg ins nasse Element.

„Die U-Bahn kommt von rechts!“

Dusche

Die Kinder füllen ihre Schleuderhörner mit Wasser und schütten sich das Wasser auf den Körper.

Zunächst alleine, dann bei einem Partner. Mutige können es sich auch über den Kopf schütten.

Qualle

Die Kinder halten ein Ende des Schleuderhorns ins Wasser und lassen durch Pusten in das Schleuderhorn Luftblasen verschiedener Größe entstehen.

Der Wal

Die Kinder füllen das Schleuderhorn mit Wasser und versuchen, durch Pusten in das Schleuderhorn eine möglichst hohe Wasserfontäne zu erzeugen.

Bei ängstlichen Kindern keine Spritzschlacht!

Irrgarten

Die Schleuderhörner liegen verteilt im Wasser. Die Kinder gehen/laufen zwischen den Schleuderhörnern umher. Auf Zuruf einer Farbe

- berühren sie ein Schleuderhorn entsprechend der Farbe mit bestimmten Körperteilen, z. B. dem Fuß, der Hand, dem Kopf usw.;
- tauchen sie unter einem Schleuderhorn hindurch;
- sammeln sie sich bei einer bestimmten Farbe.

Tore

Ein Teil der Kinder steht sich paarweise gegenüber. Das jeweilige Paar hält ein Schleuderhorn so zwischen sich, dass ein Torbogen entsteht. Die anderen Kinder gehen durch die Torbogen.

Die Höhe der Torbogen kann variieren. Die Kinder können so aussuchen, wie tief sie den Kopf ins Wasser eintauchen wollen.

Reifentauchen

Zwei Schleuderhörner werden mit Muffen zu einem „Reifen“ verbunden. Mehrere davon werden auf das Wasser gelegt. Die Kinder tauchen von unten in die Reifen.

- Ein Teil der Kinder hält die Reifen senkrecht oder waagrecht unter Wasser, die anderen Kinder tauchen hindurch.

Schifftransport

Zwei Kinder stehen sich paarweise gegenüber und halten zwei Schleuderhörner so zwischen sich, dass eine Trage entsteht. Ein Kind legt sich in Rückenlage mit Körperspannung auf die Trage (quer zu den Schleuderhörnern) und wird vorsichtig im Wasser transportiert.

Das liegende Kind muss Körperspannung aufbauen bzw. Gleitlage beibehalten.

Kooperative Staffel

Eimer füllen

3 bis 4 Gruppen werden gebildet. Jede Gruppe erhält einen Eimer, dieser wird am Beckenrand abgestellt. Die Aufgabe ist, den Eimer möglichst schnell zu füllen; das Wasser darf nur mit dem Schleuderhorn transportiert werden.

- Die Eimer stehen an einer Seite des Beckens. Schleuderhörner werden mit Muffen verbunden (doppelt), so dass Schläuche entstehen, die bis zum gegenüberliegenden Beckenrand reichen. Mit Plastikbechern füllen nun die Kinder Wasser in den Schlauch, das von anderen Kinder durch Bewegen des Schleuderhornsschlauches in den Eimer transportiert wird.

Das Schleuderhorn als Hilfe beim Seilspringen

Seilspringen setzt von den Kindern ein hohes

Koordinationsvermögen voraus. Viele Kinder haben Probleme, das Seil richtig anzuschwingen, weil es instabil ist. Zieht man ein Sprungseil durch das Schleuderhorn wird das Seil stabiler, die Schwungmasse in der Seilmitte erhöht und der Abstand zwischen den Seilseiten etwa schulterbreit gehalten. Außerdem dreht es etwas langsamer, ist optisch besser wahrzunehmen, und man erhält eine akustische Rückmeldung beim Aufschlagen des Schleuderhorns auf dem Boden. Insbesondere die höhere Stabilität erleichtert Anfängern das Seilspringen.

Durch die Verbindung der Schleuderhörner mit den Muffen (doppelt!) lassen sich auch „Sprungseile" verschiedener Länge herstellen, die sich für zahlreiche Varianten eignen u. a.:

- Zwei Kinder bewegen das „Seil" über dem Boden hin und her. Die anderen laufen / springen darüber, ohne dass sie von den Schleuderhörnern berührt werden.
- Zwei Kinder schlagen das „Seil". Die anderen laufen hindurch (auch mehrere Seile parallel hintereinander).
- Zwei Kinder schlagen das „Seil". Ein Kind springt oder mehrere springen.

Die Verbindung der Schleuderhörner auf ihre Festigkeit prüfen!

Literatur

Butte, A.: Unterrichtsidee „Schleuderhorn". Haltung und Bewegung. 6 (1986) 1, S. 39-42.

Mertens, K.: Lernprogramm zur Wahrnehmungsförderung. Dortmund 1983.

Regina Turmann

Wassergewöhnung mit entwicklungsrückständigen bzw. entwicklungsverzögerten Kindern im Alter von 5 bis 8 Jahren – ein Erfahrungsbericht

1. Protokollauszug aus der Nachbereitung zweier Schwimmbadstunden

Jürgen (7 Jahre) hat sich während der Stunde wieder allein "abgesetzt" und die größte von unseren Plastikschüsseln mitgenommen. Er steht bis zum Bauchnabel im Wasser und spielt mit der Schüssel: füllt sie mit Wasser, schüttet es aus, lässt sie schwimmen und schöpft dabei mit den Händen Wasser hinein, dreht sie um und drückt sie unter Wasser, füllt sie immer wieder von neuem, schüttet sich den Inhalt mehrmals über die Schultern und anschließend - erst zögerlich, dann mit wachsender Begeisterung - über den Kopf! Man sieht ihm an, dass er mit jedem Mal mehr Freude an diesem "Spiel" empfindet und gar nicht mehr aufhören möchte.

Bei Elvira (6 Jahre) ist das "Wasserspringen" sehr gut angekommen. Sie beginnt auf der 1. Treppenstufe und hüpft auf die nächste, wiederholt den Vorgang, springt noch eine Stufe tiefer. Man merkt ihr an, dass sie noch tiefer ins Wasser möchte. Sie wiederholt das Springen, nach einigen Minuten hat sie es geschafft sie springt hinab bis zur 5. Stufe (steht jetzt schon bis zu den Schultern im Wasser), steigt wieder hoch und beginnt von vorne.

2. Vorbemerkungen

Elvira und Jürgen gehörten einer psychomotorischen Übungsgruppe (8 Kinder und 2 Übungsleiterinnen) an, die eine Wassergewöhnung bei entwicklungsrückständigen bzw. entwicklungsverzögerten Kindern im Alter von 5 bis 8 Jahren durchführte.

Der Gruppe stand hierzu ein Lehrschwimmbecken mit langsam zunehmender Wassertiefe und einer breiten Treppe an einer Längsseite des Beckens zur Verfügung.

Darüber hinaus erhielten die Kinder wöchentlich noch eine weitere psychomotorisch orientierte Bewegungsstunde in der Halle. Die Zusammensetzung der Gruppe war in beiden Fällen gleich. Die Betreuung erfolgte immer durch dieselben Personen.

3. Charakterisierung der Kinder (insbesondere von Elvira und Jürgen)

Bei Elvira wurde, wie bei den meisten Kindern dieser Gruppe, eine leichte frühkindliche Hirnschädigung (minimal cerebral dysfunction = MCD) diagnostiziert, die sich u. a. in einem motorischen Entwicklungsrückstand äußert. Ziel der psychomotorischen Bewegungsgruppe ist es, solche Rückstände aufzuholen bzw. aufzuheben. Im Rahmen dieser Arbeit nimmt die Wassergewöhnung deshalb einen breiten Raum ein, weil neben den Aktivitäten in der Halle, hier zusätzliche Möglichkeiten bestehen, Sozial-, Material- und Körpererfahrungen zu sammeln.

Jürgen dagegen, ein schüchterner, zurückgezogener, gehemmter Junge, hatte seine Rückstände in der motorischen Entwicklung aufgrund mehrerer längerer Krankenhaus-

Erlebnisse bei der Wassergewöhnung.

aufenthalte im Kleinkindalter. Die (gut gemeinten) schützenden Reaktionen seiner zur Überbehütung neigenden Mutter begrenzten den Erfahrungsraum für Jürgen wesentlich. Hier war es also weniger nötig, vielfältige Bewegungsangebote zu machen, vielmehr stand die Stärkung seines Selbstbewusstseins im Vordergrund, so dass er Bewegungsreize und Bewegungsaufgaben selbst anzupacken und zu lösen vermag.

Die Wassergewöhnung unterstützte den Weg dorthin zumal die Erfahrung in der Gruppe ihn besonders motivierte.

Wenn in der folgenden Schilderung die Entwicklung von Elvira und die von Jürgen im Vordergrund stehen, so sind sie dennoch nicht losgelöst von der gesamten Gruppe zu sehen. Viele soziale Bezüge und Interaktionen haben alle Kinder wechselseitig beflügelt und in ihrer Entwicklung unterstützt. Elvira und Jürgen werden deshalb hier genauer geschildert, weil sie, im Gegensatz zu den anderen Kindern, absolut wasserscheu waren. Um die sehr vorteilhaften Wirkungen von Bewegungsübungen im Wasser zur Behebung oder Milderung der Schwächen von Elvira und Jürgen nutzen zu können, war es notwendig, zuerst diese Wasserscheu zu beseitigen.

4. Inhaltliche und methodische Aspekte der Planung und Durchführung von Übungen zur Wassergewöhnung mit Diskussion der Ergebnisse

Die Praxis hat gezeigt, dass Bewegung im Wasser einen sehr positiven Einfluß auf die motorische und auf die gesamte Entwicklung von Kindern hat. Besonders entwicklungsrückständige Kinder profitieren von den vielfältigen Wirkungen des Wassers.

a) Übergang zum Übungsfeld Schwimmbad

Um den Kindern eine erste Orientierungshilfe zu geben, ihnen ein wenig die Scheu vor dem für sie neuen Übungsfeld zu nehmen und den Übergang von der Turnhalle ins Schwimmbad zu erleichtern, hat sich folgendes als günstig erwiesen:

Zum Zeitpunkt des Schwimmbadbesuches (einmal wöchentlich je eine Zeitstunde) kannte sich die Gruppe seit 6 Monaten, wodurch die Kinder untereinander und mit den Übungsleiterinnen vertraut waren. So konnte den Kindern zunächst vermittelt werden, dass aus der Turnhalle bekannte Regeln und Prinzipien ihre Gültigkeit beibehalten:

Die Kinder mussten nicht ins Wasser gehen, wenn sie nicht wollten, sondern durften draußen bleiben. Jedes Kind entschied selbst, „wie weit es gehen, wieviel Wasser es sich zumuten wollte".

Den Kindern wurde ein großer Freiraum zugestanden, d. h. sie durften sich im und am Wasser austoben und oft selbst wählen, welchen Aktivitäten sie nachgehen. Die wasserfreudigen Kinder mussten allerdings auf diejenigen Rücksicht nehmen, die noch nicht ins

Wasser wollten und durften diese nicht absichtlich nassspritzen. (Selbstverständlich sind die Grundsätze sozialer Erziehung durchgängiges Prinzip und werden nicht an jeder Stelle extra hervorgehoben.)

Wie in der Turnhalle zogen sich die Kinder gemeinsam mit den Übungsleiterinnen um, bildeten dann einen "Zug mit Lokomotivführer /in" und "fuhren" gemeinsam zur Dusche. Ebenso übertragen wurde ein von der Halle bekanntes Handzeichen, was bedeutete, dass sich alle im Kreis treffen.

Die Auswahl der Inhalte und Materialien wurde bestimmt durch den Leitgedanken, soviel wie möglich Bekanntes zu verwenden, auf Bekanntem aufzubauen. So konnten viele Spiele, Übungen und auch Materialien, mit denen die Kinder aus der Halle vertraut sind, ins / ans Wasser transformiert werden, z. B. die Verwendung von bunten Wäscheklammern.

Es zeigte sich, dass das Erlebnis der Übertragbarkeit aus dem bisherigen Erfahrungsbereich in diese neuen Situationen den Kindern Ruhe und Sicherheit für den Umgang mit unvorhergesehenen Situationen vermittelte.

Als sehr positiv erwies sich die Vorbereitung auf die Schwimmbadstunden. In Gesprächen mit Eltern und Kindern (Fragen nach Vorkenntnissen und -erfahrungen, nach Bedürfnissen und Wünschen; Darstellung geplanter Aktivitäten im Wasser usw.) konnten alle Kinder schon im Vorfeld motiviert werden.
Großer Wert wurde auf ein intensives Kennenlernen der Räumlichkeiten gelegt (Umkleidekabine, Toilette, Dusche, großes und kleines Schwimmbecken). Kinder und Übungsleiterinnen erkundeten gemeinsam das gesamte Schwimmbad und besprachen die zahlreichen Fragen der Kinder. Die Kinder wussten auch, dass sich ihre Eltern während der Stunde in einem Vorraum des Schwimmbades aufhielten.

Um die meiner Meinung nach wichtigen Erfahrungen im Wasser zu ermöglichen, muss insbesondere bei den wasserscheuen Kindern erreicht werden, ihnen den Argwohn vor dieser zunächst angstbesetzten neuen Umgebung zu nehmen. Die oben geschilderten Schritte trugen dazu bei, Vertrauen in sich und die Situation aufzubauen. Der Freiraum, den die Kinder genossen und die Freiwilligkeit für die Teilnahme an Übungen und Spielen ließ die gemachten Fortschritte für die Kinder selbst als eigene Leistung erscheinen und nicht als anonyme Norm-Erfüllung.

b) Erste Kontakte zum Wasser finden

Als sehr positiv hat sich erwiesen, dass die Gruppe von zwei Übungsleiterinnen betreut wurde. Gleich zu Beginn der Wassergewöhnungsübungen trennten wir die Gruppe nach Wasserscheuen (2 Kinder) und Wasserfreudigen (6 Kinder), um ein individuelleres Arbeiten mit den wasserängstlichen Kindern zu ermöglichen. Während die 6 wasserfreudigen Kinder sich mit lustigen Spielen unter der Dusche vergnügten, standen Elvira und Jürgen so weit weg, dass kein Wasserspritzer sie erreichen konnte, sie aber Blickkontakt hatten. Wenn das Gelächter und Gejauchze der anderen besonders laut wurde, wagten sie sich ab und zu ein bißchen näher heran, flüchteten aber sofort wieder, wenn ein Tropfen Wasser sie erreichte.

Die Übungsleiterinnen waren aktiv bei den Spielen dabei und begnügten sich anfangs damit, Elvira und Jürgen zu zeigen, wie wohlig das Duschen ist. Sie forderten die beiden immer wieder auf, mitzumachen. Mit der Dusche konnten sich die beiden jedoch gar nicht anfreunden, wohl aber mit der Fußdesinfektionsanlage. Diese wurde (zweckentfremdet) zu einem "Zehentanz" genutzt.

Erst abwechselnd und vorsichtig, dann gemeinsam und etwas forscher ließen wir unsere Zehen und dann die ganzen Füße unter dem Strahl tanzen.

Vielfältige Variationen der "Zehen-Tanz-Geschichte" ließen Elvira und Jürgen einsehen, dass auch die Unterschenkel und Knie nicht zu kurz kommen dürfen. Schon bald wollten Zehen, Füße, Unterschenkel und Knie auch einmal unter wärmerem Wasser tanzen, womit nach vielen Wiederholungen der Übergang zur Dusche geschafft war.

Hier wiederholte sich dasselbe Spiel, bis die "Regentropfen" aktuell wurden. Diese konnten mit der Hand aufgefangen werden, man konnte sie sich vorsichtig auf die Beine und den Bauch und die Schultern tropfen lassen. Aber wehe, wenn ein Tropfen unversehens das Gesicht oder gar die Augen traf. Viel geduldige Zusprache und Aufmunterung waren dann notwendig, um den Schrecken soweit vergessen zu machen, dass das Spiel erneut begonnen werden konnte.

Die nächste Stufe war erreicht, als Elvira und Jürgen mein Angebot annahmen, mit mir zuerst auf dem Arm, dann mit Handfassung unter der Dusche zu "tanzen". Mein Part dabei war, die Kinder mit einer Hand vorsichtig nass zu machen und ihnen dabei zu sagen, was ich gerade tue.

Oft erzählte ich dabei Geschichten von denen sich besonders Elvira gerne fesseln ließ und dabei auch in Kauf nahm, dass ihr Gesicht oder die Haare nass wurden. Die schwierigste Situation in der gesamten Entwicklung war in dieser Phase zu sehen. Nur der direkte Körperkontakt und die extreme Zuwendung konnten die Angst vor dem Wasser abbauen. Ohne Einzelzuwendung ist es meines Erachtens ausgeschlossen, einen weitergehenden Abbau der Angstreaktionen zu erzielen.

Sicher waren die Kinder wiederum einen Schritt weiter, als sie zulassen konnten, am ganzen Körper nass zu werden.

Wesentlich dafür war das Vertrauensverhältnis zwischen uns, das Wissen / die Erfahrung, dass ich nichts tun würde, was sie nicht wollten oder ihnen unangenehm war. Hinzu kam der enge Haut- und Körperkontakt beim Duschen. Weiter wurde die Hinführung zum Wasser erleichtert durch das Einbinden von Bewegungsaufgaben in Bewegungsgeschichten; die beiden Kinder waren dadurch oft vom Wasser / vom Nasswerden abgelenkt, wobei immer darauf geachtet wurde, dass anschließend ihre Fortschritte hervorgehoben wurden.

c) Aufenthalt am Beckenrand

Die nächste Station auf dem Weg ins Wasser war für Elvira und Jürgen der Beckenrand.

Jürgen stand oft minutenlang dort und schaute den übrigen Kindern der Gruppe zu, die im Wasser tobten. Er war derart in die Aktivitäten der wasserfreudigen Kinder vertieft, dass ihm unwillkürliche Muskelkontraktionen unterliefen und wir ihm ansehen konnten, dass er mental die gleichen Bewegungen vollzog. Die Freude am Tun der anderen entlockte ihm oft Begeisterungsrufe, als ob er selbst dabei wäre.

Dagegen mussten Elvira oft attraktive Angebote gemacht werden, damit sie ihre Scheu überwinden konnte und sich mit dem Wasser beschäftigte.

Zu zweit macht das Spielen noch mehr Spaß.

Folgende Inhalte und Materialien weckten das Interesse der Kinder:

Mit Hilfe von Gießkannen, Plastikschüsseln, Plastikbechern, kleinen Plastikgefäßen (Hüllen von Überraschungseiern leisten gute Dienste!) wurde ein "Kaufladen" arrangiert. Die Übungsleiterin "kaufte" bei den Kindern ein, woraus sich viele Gespräche und eine umfangreiche Auseinandersetzung mit dem Wasser ergaben. Die beiden Kinder saßen am Beckenrand und hatten ihre Füße auf der 1. Treppenstufe. Sie konnten so bequem Wasser schöpfen, ohne allzu nass zu werden.

Spannend war es für sie mit Plastikspritzen zu spielen, die mit Wasser gefüllt wurden. Es machte ihnen großen Spaß, mich oder die Kinder, die sich im Wasser aufhielten, naß zu spritzen. Sie selbst wollten zunächst nicht nassgespritzt werden. Nach einer Weile bestand ich mit dem Hinweis auf Gegenseitigkeit darauf, auch Elvira und Jürgen nassspritzen zu wollen, was sie dann auch zuließen. Natürlich wurde wieder schrittweise vorgegangen - angefangen von den Füßen aufwärts bis zum Bauch, bis sich das Spiel soweit entwickelt hatte, dass eine Rücksichtnahme nicht mehr erforderlich war und die Kinder auch Spritzer im Gesicht vertragen konnten.

In dieser Phase der Entwicklung waren alle Aktivitäten der Kinder noch stark auf die Person der Übungsleiterin bezogen. Mittlerweile genügte aber die bloße Anwesenheit, ein direkter Körperkontakt war nicht mehr notwendig.

d) Erste Gehversuche auf der Treppe, die ins Wasser führt

Das "Angebot im Kaufladen" wurde erweitert. Hinzugenommen wurden Plastikwäscheklammern, Tischtennis- und Tennissoftbälle und schwimmende Spielsachen, welche die Kinder von zu Hause mitbrachten. Die Kinder mussten die Gegenstände aus dem Wasser holen, um sie "verkaufen" zu können. Die Materialien schwammen unterschiedlich weit vom Beckenrand entfernt und die Kinder entschieden selbst, wie tief sie ins Wasser gingen, um sie "herauszufischen". Ab einem bestimmten Gewöhnungsgrad gestaltete sich das

Spiel immer reizvoller, wodurch die Kinder die Bereitschaft entwickelten, auch weiter entfernte Gegenstände herbeizuholen.

Die inzwischen eingetretene Vertrautheit mit der Umgebung und den Aktionsmöglichkeiten führte bald zu einer Eigendynamik beim Spielen. Angebote und Anregungen wurden gern aufgenommen, aber immer häufiger umgestaltet und durch Beiträge der Kinder ergänzt oder ersetzt.

Die gewonnene Sicherheit drückte sich bei Jürgen in "Entdeckungsreisen" aus, wobei es um selbstgestellte Mutproben ging.
Insbesondere gegen Ende der Stunde machte die Übungsleiterin die Kinder aufmerksam, wie weit sie (oft unbemerkt) ins Wasser gingen. Daraus sollte für jedes Kind eine persönliche Zielsetzung für die nächste Stunde entstehen.

„Krokodile“

Die Kinder stellten Krokodile dar, die auf allen Vieren ihren Fluß erkundschaften. Sie krabbelten / stützelten dabei auf der 1., 2. oder 3. Treppenstufe und stiegen durch hingehaltene Reifen hindurch.

„Springbrunnen“

Die Kinder saßen auf der 1. oder 2. Treppenstufe und strampelten mit den Beinen so fest, dass das Wasser möglichst hoch spritzte. Die Übungsleiterin zeigte mit der Hand an, wie hoch die "Fontänen" sind und die Kinder versuchten, noch höhere zu schaffen.

„Wasserspringen“

Die Kinder hüpften von der obersten Treppenstufe jeweils eine tiefer, so weit wie sie sich trauten.

Die Kinder wurden gefragt, wie weit sie in der kommenden Woche ins Wasser gehen wollten und steckten sich somit selbst ihre Ziele. Zur Steigerung dieser Motivation wurde abgesprochen, dass die Kinder ihr Lieblings bzw. Kuscheltier mitbringen durften, welches auf der Bank sitzend zuschauen konnte, wie mutig Elvira und Jürgen geworden waren.

Folgende Übungsbeispiele zeigen, wie die Wassergewöhnung intensiviert und abwechslungsreich gestaltet werden konnte.

Mit dem Schiff auf großer Fahrt.

„Segelschiff“

Die Kinder stützelten auf der Treppe und bliesen dabei einen Tischtennisball vor sich her; "sie machten Wind für ihr Segelschiff ".

„Schiffsreise“

Die Kinder wurden mit einer Plastikbadewanne durchs Wasser gefahren. Daraus entwickelten sich größere "Reisen", die im Erlebnisbereich der Kinder lagen. Die Kinder bestimmten die angefahrenen Häfen, erzählten von ihren letzten Ferien, futterten Fische unterwegs ...

„Spritzball“

Die Kinder trieben einen Wasserball vor sich her, indem sie mit den Händen das Wasser hoch schaufelten; der Ball durfte mit den Händen nicht berührt werden.

„Umzug“

Die Kinder transportierten mit Hilfe von Schwimmbrettern verschiedene Kleinmaterialien (=Möbel) von einer Beckenseite (=altes Haus) zur gegenüberliegenden Seite (=neues Haus). Die Möbel durften dabei natürlich nicht ins Wasser fallen.

„Vorführungen“

Sehr beliebt waren bei Elvira und Jürgen Kombinationen aus den genannten Spielen. die sie den übrigen Kindern und den Übungsleiterinnen vorführen durften und entsprechenden Applaus ernteten. Hierbei zeigte sich, dass sie aufgrund der Zuschauerreaktionen wesentlich mutiger waren und oft ihre Scheu vor dem Wasser einfach vergaßen. Inzwischen war die Grenze / der Abstand zu den wasserfreudigen Kindern so stark geschrumpft, dass diese Vorführungen mit großer Begeisterung gezeigt und aufgenommen werden konnten. Die beiden Gruppen hatten ihre Vorführprogramme selbst gestaltet, so dass alle Darstellungen dem jeweiligen Entwicklungsstand der Kinder entsprachen und keine versteckte Leistungsmessung den Spaß beeinträchtigte.

e) Wasserplanschen / Wasserspiele

In dieser Phase der Wassergewöhnung waren Elvira und Jürgen soweit, dass die Treppenstufen ihnen zur vertrauten Umgebung geworden waren, in der sie sich wohlfühlten. Ziel war nun, ihnen eine vollständige Wassersicherheit zu vermitteln, wobei die bekannten Übungen und Spiele zur Wassergewöhnung inzwischen ebenso durchgeführt werden konnten, wie das bei den weniger wasserscheuen Kindern der Fall war.

Für die Kinder besonders ansprechende Inhalte waren hier:

„Schatzsuche“

Auf den Treppenstufen und am Beckenboden wurden sinkende Gegenstände (Löffel, Tauchringe, saubere Steine usw.)"versteckt", die von den Kindern gesucht und in die "Schatzkiste" (=Reifen) zurückgebracht wurden.

„Sanitäter-Spiel“

An der Wasseroberfläche schwimmende "Fische" wurden von den Kindern ins "Wasser-Krankenhaus" zur Untersuchung gebracht, um behandelt und anschließend wieder ausgesetzt zu werden.

„Selbst-Dusche“

Die Kinder schöpften Wasser mit großen Plastikschüsseln oder kleinen Eimern und schütteten es der Übungsleiterin über. Nach vielen Durchgängen (!) wollten die Kinder an sich selbst ausprobieren, wie das ist.

„Wasser-Stubsen“

Die Kinder durften die Übungsleiterin ins Wasser stoßen. Die Kinder standen dabei zunächst auf der untersten Treppenstufe und mussten dann weiter ins Becken hinein, um die Übungsleiterin erreichen zu können.

„Elefanten-Spiel“

Die Kinder bekamen einen "Rüssel" (= halbes Schleuderhorn) und spritzten sich damit gegenseitig nass.

„Raketen-Start“

Die Kinder gingen im Wasser in die Hocke und schossen wie eine Rakete nach oben.

„Wasser-Raketen“

Die Kinder gingen auf der Treppe in die Hocke und schossen wie eine Rakete nach vorne.

Mit der hier angedeuteten Spielevielfalt waren immer neue positive Erlebnisse mit dem Wasser verbunden. Die neuen Spiele erweckten nun Interesse und Neugier, während sie vorher angstbesetzt waren.

Wasserspiele.

5. Zur Übertragbarkeit der gesammelten Erfahrungen

Die hier geschilderten Erfahrungen mit Elvira und Jürgen (und später ähnliche Beobachtungen bei anderen Kindern) bestärken mich in der Auffassung, dass Wassergewöhnungsübungen über die motorische Entwicklung hinaus die Persönlichkeit von Kindern (Stärkung des Selbstvertrauens, Abbau von Ängstlichkeit, Verbesserung der Körperwahrnehmung und des Körperbewußtseins, Förderung des Sozialverhaltens ...) günstig beeinflussen. Voraussetzung dafür war der enge Kontakt zwischen den Übungsleiterinnen und den Kindern. Ein Erfolg kann meines Erachtens nur erzielt werden, wenn sichergestellt ist, dass eine solche enge Beziehung aufgebaut und über einen längeren Zeitpunkt hinweg intensiviert und beibehalten werden kann. Es darf also nicht der Fehler gemacht werden, die Übungen und Spiele als das Rezept zu sehen.

Mitentscheidend ist der Vertrautheitsgrad zwischen Übungsleiterinnen und Kindern; die Inhalte sind darauf abzustimmen bzw. oft davon abhängig. Der Grad der Vertrautheit wird zum Kriterium für die Auswahl der Übungen.

Durch hohe emotionale Wertschätzung, Wärme und viel Zuwendung sowie Geduld bei gleichzeitig minimaler Lenkung, wenig Dirigierung und Kontrolle konnte eine starke Beziehung hergestellt werden. Sie bildete die Grundlage für die Fortschritte der Kinder.

In der oben fortlaufend beschriebenen Entwicklung der Kinder gab es natürlich auch immer wieder Rückschläge oder Stagnationen, wenn ein Kind z. B. wegen Krankheit länger fehlen musste oder die methodische Vorgehensweise zu schnell war. Nicht nur in einem solchen Fall, aber besonders dann, wurde das Einbeziehen der Eltern in den Lernprozess sehr wichtig.

Erzählte man in Gegenwart des Kindes den Eltern von seinen Fortschritten, so bewirkte dies eine erneute Motivation. Übungen, welche die Eltern mit den Kindern zu Hause im Waschbecken oder in der Badewanne oder bei einem gemeinsamen Schwimmbadbesuch wiederholten, festigten erzielte Erfolge.

Gespräche mit den Eltern, keine "Wunder" zu erwarten und die Anforderungen an ihre Kinder nicht zu hoch zu stecken, verminderten den Druck und führten zu einer geringeren psychischen Belastung der Kinder. Trotzdem waren viele Wiederholungen notwendig, wobei sich herausstellte, dass es für die Kinder sehr wichtig war, dass die durchgeführten Übungen und Spiele mit festen Bezeichnungen belegt wurden. Die Kinder waren dadurch sofort mit dem Ablauf vertraut, was sich günstig auf ihre Bereitschaft auswirkte.

Schwimmen und Schwimmunterricht erteilen, heißt aber auch, dass es für jeden Lehrer unerlässlich ist, die Durchführungs- und Sicherheitsbestimmungen der Landes- bzw. Bezirksregierungen zu beachten. Da diese der Art verschieden sind, können wir in diesem Zusammenhang nur darauf verweisen.

Nach unseren Erfahrungen und Erkenntnissen sollten vor Beginn eines Schwimmkurses oder vor dem Baden, die folgenden Empfehlungen unbedingt beachtet werden.

Empfehlungen zur Durchführung von Schwimmstunden:

1. Für die Erteilung des Schwimmunterrichts sind nach den Bestimmungen der Länder die entsprechenden Lehrbefähigungen zu erwerben. Darüber hinaus hat sich bewährt, wenn der Lehrer ein guter Schwimmer und Retter ist.

2. Der Schwimm- / Badebetrieb muss im Schwimmanzug geleitet bzw. überwacht werden, wobei die Stellung des Lehrers die Übersicht über die gesamte Schwimmgruppe gewährleisten sollte.

3. Die Entscheidung über Ort und Zeit des Badens / Schwimmens unterliegt der pflichtgemäßen Beurteilung und Entscheidung des Lehrers. Die Schwimm- und Übungszeit richtet sich nach Alter und Voraussetzungen der Teilnehmer. Hierbei sind Wassertemperatur, Wassertiefe, ggfs. Strömungen und Hindernisse zu beachten.

4. Polizeilichen Hinweisen, Verbotstafeln, usw. und auch den Bestimmungen in den Badeanstalten ist zu folgen. Letztlich zeichnet der Lehrer für die Gesundheit und Sicherheit der ihm anvertrauten Kinder Schüler verantwortlich (Aufsichtspflicht).

5. Auf jeden Fall muss vor und nach dem Baden die Anzahl der Teilnehmer festgestellt werden.

6. Eine gute Disziplin ist eine der wesentlichen Voraussetzungen für das Baden und Schwimmen. Freude und Spaß brauchen sich nicht im Lärmen und in Unordnung zu äußern.

7. Aus physiologisch einsichtigen Gründen muss jeder Schwimmteilnehmer ein ärztliches Unbedenklichkeitszeugnis vorlegen.

8. Badeverbot besteht, wenn bei einem Schüler beispielsweise folgende Krankheiten vorliegen: Infektionskrankheiten, Offene Wunden, Schädigungen des Hörorgans, ansteckende Krankheiten, Hautausschläge u. a.

9. Brillen und Kontaktlinsen, die für das Wasser nicht geeignet sind, ebenso Zahnspangen bzw. Zahnersatz, die u. U. im Wasser nicht festsitzen oder das Atmen behindern können und auch Schmuck dürfen während des Aufenthaltes im Wasser nicht getragen werden.

10. Baden und Schwimmen mit vollem Magen oder im überhitzten Zustand sowie nach starker körperlicher Anstrengung sollten unterbunden werden.

11. Aus hygienischen Gründen ist darauf zu achten, dass Badezeug nicht als Unterwäsche getragen wird und die Badebekleidung den Anforderungen für unbehindertes Schwimmen entspricht.

12. Seife, Haarwaschmittel und ein Hand-tuch/Badetuch sollte jedes Kind mitbringen. Nach dem Baden gut abtrocknen und möglichst mit Haut- und Gesichtscreme einreiben. Es ist darauf hinzuweisen, dass die Schwimmteilnehmer regelmäßig von den Fuß-Desinfektionseinrichtungen Gebrauch machen."

Literatur

Hahmann, H., Schneider, F.: Schwimmenlernen. Schorndorf: Hofmann 1982, S. 125-126.

Sonja Quante

Entspannung mit Kindern

Warum brauchen Kinder Entspannung?

Neben Erwachsenen bekommen auch Kinder in unserer heutigen Gesellschaft zunehmend Zeit- und Leistungsdruck zu spüren. Die vielfältigen Anforderungen in Schule, Freizeit und Familie übersteigen häufig die Bewältigungskapazitäten des einzelnen (vgl. *Hurrelmann* 1994). Der erlebte Stress kann langfristig zu Beeinträchtigungen der Gesundheit führen. Entspannungsübungen können die Lebensbedingungen dieser Kinder nicht verändern. Sie können aber dazu beitragen, dass Stressfaktoren besser verarbeitet und emotionale Spannungen abgebaut werden (vgl. *Zimmermann* 1997, 15). „Ziel von Entspannung ist nicht *Spannungslosigkeit*, sondern der Abbau von beeinträchtigenden *Verspannungen*" (*Teml* 1995, 49).

Gesundheitsförderung durch Entspannung und Körperwahrnehmung

Entspannungsübungen können einen wichtigen Beitrag zur Verbesserung der Körperwahrnehmung und des Körperbewusstseins leisten. In der Folge steigt auch die Kompetenz des einzelnen, sorgsam mit dem eigenen Körper umzugehen und in gesundheitsfördernder Weise Einfluss auf ihn zu nehmen. Es geht darum, die Signale des Körpers wahrzunehmen und zu verstehen sowie sich eigener Bedürfnisse und Grenzen bewusst zu werden. Die bewusste Wahrnehmung von Spannung und Entspannung der Muskulatur ist Voraussetzung dafür, sich körperlich und auch psychisch entspannen zu können. Die Erfahrung, dass Gefühle, Vorstellungen und Körperreaktionen wahrnehmbar und beeinflussbar sein können, trägt darüber hinaus zum Aufbau eines positiven Selbstwertgefühls bei. Im Hinblick auf gesundheitliches Wohlbefinden stellen Selbstvertrauen und ein positives Selbstwertgefühl wichtige protektive Faktoren dar (vgl. *Beutel et al.* 1989, 153 ff).

Die Wahrnehmung des eigenen Körpers erfolgt vorrangig über den taktilen (tasten, berühren), den kinästhetischen (Tiefensensibilität und Bewegungsempfindung ausgehend von Sehnen, Muskeln und Gelenken) und den vestibulären Sinn (Gleichgewicht). Will man im Sinne von Gesundheitsförderung die Körperwahrnehmung stärker in Bewegungsangebote einbeziehen, gilt es, diese häufig vernachlässigten Nahsinne anzusprechen und das Bewusstsein für entsprechende Körperempfindungen zu schärfen.

Können Kinder entspannen?

Alle bisherigen Erfahrungen und Untersuchungen sprechen dafür (vgl. *Friedrich, Friebel* 1998, 18ff). Zu bedenken ist allerdings, dass Kinder von ihrer sozial-emotionalen, kognitiven und motorischen Entwicklung her andere Voraussetzungen mitbringen als Erwachsene. Ein klassisches autogenes Training oder das Verfahren der Progressiven Muskelentspannung beispielsweise mag Erwachsenen eine Hilfe sein, weil sie den Sinn der Übung einsehen können. Kinder lassen sich dagegen auf etwas ein, weil es ihnen Spaß macht und ihre Bedürfnisse befriedigt werden und nicht, weil es 'vernünftig' ist.

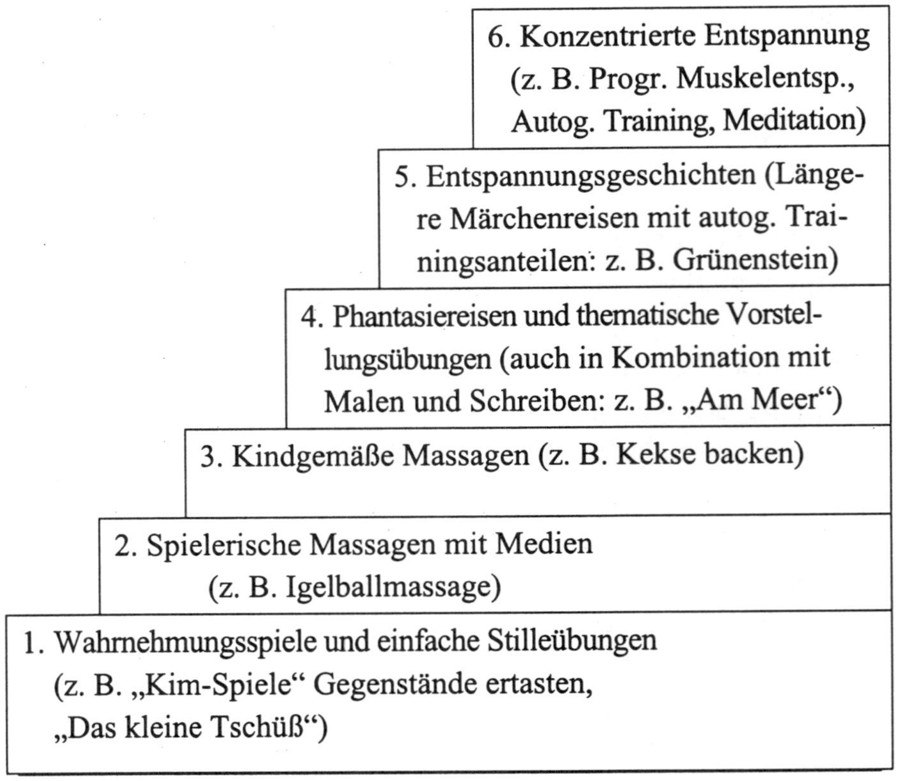

Die Entspannungstreppe (angelehnt an Pirnay).

Daher ist es wichtig, sie über erlebnisbetonte, spielerische Übungen langsam an Entspannung heranzuführen.

Bei Entspannungsverfahren wie dem Autogenen Training wird über innere Bilder und Vorstellungen auch Einfluss auf das vegetative Nervensystem genommen. So wird die Herz- und Atemfrequenz gesenkt, die Magen- und Darmtätigkeit angeregt, die peripheren Hautgefäße erweitert (Gefühl der Wärme, Kribbeln) sowie der Muskeltonus gesenkt. Kinder haben beim Erlernen von vorstellungsgeleiteten Entspannungsverfahren insofern einen Vorteil, als sie bildhafte Vorstellungen in der Regel besser verwerten und verarbeiten können als Erwachsene. Wichtig ist nur, dass die Bilder der Erlebniswelt der Kinder entstammen und Entspannung damit als sinnhaft erlebt wird.

Die Übertragung in den Alltag fällt Kindern häufig schwer. Hierzu benötigen sie gezielte Unterstützung (z. B. zur Anwendung vor Klassenarbeiten oder schwierigen Situationen). Andernfalls ist der Nutzen von Entspannungsübungen mit Kindern eher langfristig zu sehen.

Sie lernen, insgesamt gelassener zu werden, ihren Körper bewusster wahrzunehmen und sensibler mit sich und anderen umzugehen. Eine zu hohe Erwartungshaltung an die Wirkung von Entspannung auf das aktuelle Verhalten von Kindern widerspricht gerade dem Ziel der Minderung von Leistungsdruck und ruft eher Abwehr und Unbehagen hervor. Entspannungsübungen sollen deshalb stets freiwillig und ohne Zwang durchgeführt werden, um nicht von vornherein ihre Wirkung zu verfehlen.

Welche Methoden sind kindgemäß?

Es sind mittlerweile viele Entspannungsmethoden für die Anwendung mit Kindern modifiziert worden (vgl. *Friedrich, Friebel* 1998). Die Auswahl richtet sich nach dem Alter, den Vorerfahrungen und Vorlieben der Kinder.

Die Entspannungstreppe (angelehnt an *Pirnay* 1993) bietet hier eine Orientierungshilfe (s. o.).

Um Kindern die Wirkweise von Entspannungsübungen zu verdeutlichen, bietet sich folgende Übung als Einstieg an:

Die Zitrone

Schließe die Augen. - Stell dir einen Tisch vor. - Auf dem Tisch liegt eine Zitrone. - Stell dir die Zitrone genau vor, ihre Form, die Struktur ihrer Oberfläche, ihre Farbe. - Stell dir vor, wie du zum Tisch gehst und ein Messer nimmst, das dort neben der Zitrone liegt. - Schneide mit diesem Messer die Zitrone in zwei Hälften. - Nimm eine der Hälften auf und führe sie langsam zum Mund. Beiße herzhaft in die Zitrone hinein (die Bindestriche stehen für Lesepausen - angelehnt an *Friebel* 1995, 36).

Bei dieser Übung sind unmittelbare körperliche Reaktionen zu spüren, wie zum Beispiel ein saurer Geschmack im Mund, die Gesichtsmuskulatur zieht sich zusammen, Speichel bildet sich, obwohl keine reale Zitrone vorhanden ist.

Auf diese Weise ist Kindern gut zu vermitteln, wie das innerliche Erleben z. B. Entspannungsgeschichten körperliche Funktionen beeinflussen können.

Zur Förderung der Körperwahrnehmung und zum Einstieg in die Entspannung mit Kindern eignen sich insbesondere Übungen aus den ersten vier Stufen der Entspannungstreppe. Sie legt keine vorgeschriebene Reihenfolge fest. Die Auswahl richtet sich hier eher nach den Vorlieben der Kinder und dem Motivationsgrad. So lassen sich in einer Stunde z. B. gut eine spielerische Massage oder Körperwahrnehmungsübung mit einer Phantasiereise oder einfachen Entspannungsgeschichte am Schluss kombinieren.

Im folgenden werden zu verschiedenen Formen der kindgemäßen Entspannung Praxisbeispiele vorgestellt.

Wahrnehmungsspiele und Stilleübungen

Schon *Montessori* (1995, 128 ff) hat Anfang des Jahrhunderts aus der Beobachtung von Kindern geschlossen, wie wichtig für sie die Erfahrung von Stille ist. Mit Stilleübungen soll kein Ruhigstellen von außen bewirkt werden, sondern durch die gezielte Ansprache einzelner Sinne eine von innen kommende Ruhe gefördert werden. Es geht dabei um Wahrnehmung und Konzentration. Stilleübungen können Selbstzweck sein, sie können aber auch als Einstieg in komplexere Entspannungstechniken dienen. Ein abgewandeltes Beispiel von *Maria Montessori* (1995, 129) soll hier am Anfang stehen:

Flüsterkabinett

„Verteilt Euch im Raum und sucht Euch einen Ort, wo Ihr ungestört und bequem sitzen könnt. Schließ' die Augen, wenn Du willst. Achte auf jedes Geräusch, das Du um Dich herum hörst. Ich werde gleich einen Namen flüstern. Wenn Du Deinen Namen hörst, öffne die Augen und komm' ganz ruhig zu mir. Versuche Dich dabei so lautlos wie möglich zu bewegen."

Variationen:

- flüsternd kleine Aufträge verteilen,
- jeder darf jeden flüsternd zu sich rufen.

Luftmatratze

Die Kinder gehen partnerweise zusammen. Ein Kind legt sich auf den Rücken und stellt sich vor, eine unaufgeblasene Luftmatratze zu sein. Der Partner setzt den Stöpsel des Blasebalgs an einer Luftkammer (Körperteil / Muskelgruppe) an und pumpt die Kammer auf (Muskelspannung behutsam prüfen). Durch Ziehen des Stöpsels kann die Luft wieder herausgelassen werden. Es gibt sowohl Einkammer- als auch Mehrkammerluftmatratzen (höhere Anforderung an Körperwahrnehmung und Körperbeherrschung). Es können z. B. auch Krokodil-, Nilpferd- oder Bärenluftmatratzen vorgestellt werden.

Körper belegen

Die Kinder legen sich bäuchlings oder rücklings auf eine Matte und schließen die Augen. Im Hintergrund läuft ruhige Entspannungsmusik. Die Erzieherin verteilt nun Sand- oder Reissäckchen sowie Bierdeckel auf einzelnen Körperstellen der Kinder (es sollten Stellen gewählt werden, die mit aller Wahrscheinlichkeit angenehm sind). Sobald jedes Kind mit ca. 3-4 Teilen belegt ist, werden die Materialien einzeln wieder abgenommen. Wenn die Kinder das Gefühl haben, dass nichts mehr auf ihrem Körper liegt, öffnen sie die Augen. Sie tragen dann auf einer zuvor verteilten DIN-A4-Kopie eines Körperumrisses die Stellen ein (unterschiedliche Symbole für Bierdeckel und Säckchen), an denen sie die Materialien gespürt haben. Danach erfolgt ein Austausch über die Empfindungen.

Geschenk einpacken

Ein Kind liegt auf dem Rücken und wird mit Bierdeckeln (Sandsäckchen / Zeitungspapier / Chiffontüchern) belegt. Dabei soll möglichst nichts herunterfallen. Am Ende kann das „Geschenk" die Verpackung auf Signal „zerreißen". Die Spielpartner können das Geschenk aber auch vorsichtig wieder auspacken.
Wichtig bei dieser Übung ist, dass die Bierdeckel nur dorthin gelegt werden, wo es dem Kind angenehm ist. Die Übung kann erweitert werden, indem das Kind zu Beginn auf eine Wolldecke oder ein Laken gebettet wird. Nachdem es als Geschenk eingepackt wurde, wird es mit dem Schiff auf die Reise nach Amerika geschickt, wo der Freund das Geschenk am Hafen in Empfang nimmt (das „Geschenk" mit der Decke anheben und wie ein Schiff auf den Wellen hin- und herschaukeln).

Tastquiz

In einem Beutel oder Kissenbezug befinden sich verschiedene Gegenstände (z. B. Löffel, Stift, Kuscheltier, Ball, Buch, Spielzeugauto, o. ä.), die sich in Form, Größe und Oberflächenbeschaffenheit unterscheiden. Mit den Händen soll nun durch Tasten erkannt werden, was in dem Beutel ist.
Die Gegenstände können auch von einem Partner beschrieben werden (z. B. hart, rund, kalt, glatt, ...) und der andere muss raten, was sich in dem Beutel befindet.

Spielerische Massagen

Die entspannende Wirkung der Massagen kann durch ruhige Hintergrundmusik unter-

Liegen und entspannen.

stützt werden (z. B. Martin Buntrock, Enya, George Winston).

Igelballmassage
(alternativ: Tennisballmassage)

Die Kinder gehen partnerweise zusammen und massieren sich gegenseitig den Rücken (Wirbelsäule und Schulterblätter nur leicht berühren) und die Arme. Wenn sich die Partner besser kennen, kann auf Wunsch auch der ganze Körper in langsamen und kreisförmigen Bewegungen abgerollt werden. Der Massierende sollte den Druck der Massage auf die individuellen Wünsche des Massierten abstimmen und Kitzeln möglichst vermeiden, da sich hierdurch die Muskulatur sofort anspannt.

Der Ausflug des Igels

Es handelt sich hier um eine Igelballmassage. Der Ball verkörpert einen Igel, der an einem schönen Tag einen Ausflug machen will.
Zu Beginn liegt der Igelball ruhig auf der Fußsohle des auf dem Bauch liegenden Kindes. Dies ist das Zuhause des Igels.

Der Igel schläft noch tief und fest in seiner Behausung. Ganz wohlig warm ist es in seinem kuscheligen Bett.
Plötzlich kitzelt es in seiner Nase und es wird hell und warm in seinem Gesicht. Ein morgendlicher Sonnenstrahl ist durchs Fenster hereingekommen und hat ihn sanft aus seinen Träumen geweckt. Der Igel reibt sich die Augen und räkelt und streckt sich bis er richtig wach ist (den Ball auf der mittleren Fußsohle mit etwas Druck hin- und herbewegen). Er steht auf und schaut aus dem Fenster (den Ball bis auf die Ferse hoch rollen). Heute ist wirklich ein wunderschöner Tag. So beschließt der Igel, einen Ausflug auf den Hügel zu machen. Vor freudiger Aufregung vergisst er sogar zu frühstücken. Aber vielleicht gibt es ja unterwegs etwas. Er läuft langsam los, erst einen kleinen Hügel hinauf (die Wade), dann über den Bach (Kniekehle). Er überlegt, ob er heute hinüberspringen oder hindurchwaten möchte. (je nach Empfindlichkeit kann der Igel den Bach überspringen oder mit den Pfoten hindurchwaten: vorher ausprobieren). Jetzt geht es langsam bergan (den Oberschenkel hoch bis zum Gesäß) bis zur ersten Bergkuppe. Von hier oben hat man wirklich einen herrlichen Ausblick. Und so schaut der Igel einmal rechts vom Hügel hinunter - und einmal links hinunter (Ball auf dem Gesäß hin- und herrollen).

Noch ist der Igel nicht am Ziel angekommen. Er muss noch diesen steilen Berg hinauf, den er am besten in Zick-Zack-Kurven bewältigt (in engen Zick-Zack-Linien den Rücken hinaufrollen). Der Igel genießt die zauberhafte Stimmung auf diesem grünen Wiesenhang. Vögel zwitschern und bunte Schmetterlinge begleiten seinen Weg. Der Igel kommt ganz fröhlich und vergnügt oben auf dem Hügel an (zwischen den Schulterblättern). Er freut sich so sehr über diesen herrlichen Tag, dass er erst einmal ein kleines Tänzchen macht, rechts herum - und links herum - und noch mal rechts - und noch mal links (den Igelball zwischen den Schulterblättern kreisen lassen).

Vom vielen Wandern und Tanzen ist der Igel ganz hungrig geworden. So macht er sich auf die Suche nach etwas zu Fressen. Er wandert den schmalen Pfad hinunter (an einem Arm entlang bis zur Hand) und tatsächlich findet er am Ende etwas ganz Schmackhaftes zu essen. Er frisst, bis er sich satt und wohl fühlt (auf dem Handrücken oder in der Handfläche den Ball in kleinen Bewegungen hin- und herrollen).

Dann macht er sich auf den Weg zurück auf

den Hügel. Durstig ist der Igel geworden. Kaltes Wasser wäre jetzt genau das Richtige. Der Igel erinnert sich an eine Quelle und einen Bach am Ende des anderen schmalen Pfades. Dort läuft er hinunter (den anderen Arm entlang rollen) und erreicht tatsächlich eine klare frische Wasserquelle. Der Igel trinkt und trinkt bis er genug hat. Zurück auf dem Hügel macht er noch ein Tänzchen - rechts herum - und links herum - bis er ganz erschöpft ist. Er hat gar nicht gemerkt, dass es schon langsam dämmrig wird und die Sonne langsam tiefer sinkt.

So macht sich der Igel auf den Heimweg - den Zick-Zack-Weg hinunter - bis auf den kleinen Hügel (Gesäß). Hier bleibt er noch einmal stehen und schaut rechts und links den Berg hinunter. Die Landschaft erscheint nun in einem rötlich goldenen Abendlicht. Die Sonne steht wie ein roter Feuerball am Himmel und versinkt langsam hinter dem Horizont. Wie schön ist es hier, denkt der Igel. Zwei Wege liegen nun vor ihm und er überlegt, welchen er nehmen soll. Er entscheidet sich für den, den er heute morgen nicht gegangen ist (das andere Bein hinunterrollen). Schließlich will er noch was Neues kennen lernen. Am Ende angekommen, schlüpft er in seine Höhle (Fußsohle) und will sich gerade niederlassen, als er merkt, dass dies das Zuhause seines Freundes ist und nicht sein eigenes. Aber zu seiner Höhle ist es glücklicherweise nur ein Igelkatzensprung (mit dem Ball zur anderen Fußsohle hüpfen). Der Igel fällt müde und glücklich in sein kuscheliges weiches Bett, räkelt sich noch einmal und träumt noch ein wenig von diesem wunderschönen Tag. Dann gleitet er unmerklich in einen tiefen zufriedenen Schlaf hinüber (Ball noch einmal leicht bewegen und dann noch einen Moment auf der Fußsohle ruhen lassen).

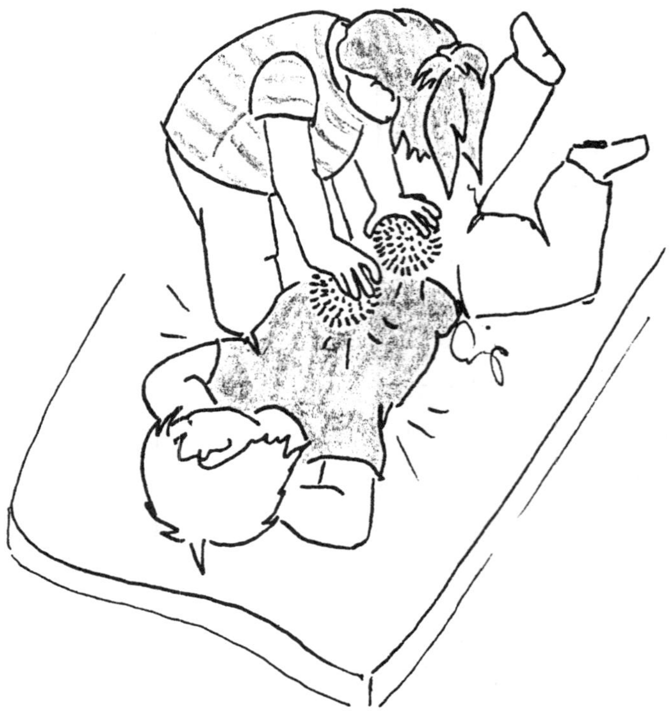

Igel und Igeline auf ihrem Ausflug.

Kommt jetzt langsam zurück in diesen Raum. - Räkelt und streckt Euch. - Atmet einmal tief ein und aus, gähnt ruhig einmal laut. - Öffnet die Augen.

Kekse backen

Ein Partner legt sich auf den Bauch. Der andere backt nun auf dem Rücken des liegenden Kindes (Blech) leckere Kekse. Dabei werden folgende Tätigkeiten mit den Händen imitiert: Blech säubern: Wasser über das Blech laufen lassen, Blech einschäumen, mit Wasser abspülen und trocken rubbeln, Teig kneten und ausrollen, Kekse ausstechen, Restteig zwischen den Keksen entfernen, evtl. die Kekse noch mit Mandeln, Nüssen, o. ä. garnieren. Blech in den Ofen schieben und Kekse backen (beide Hände aneinander reiben, bis sie heiß werden und dann die Hände auf den Rücken des Partners legen, 2 bis 3x wiederholen) Kekse vom Blech schieben (Partner von den Schultern bis zu den Füßen ausstreichen).

Autowaschanlage

Diese Übung kann in einer Gruppe oder zu zweit durchgeführt werden. In der Gruppe bilden die Kinder eine Gasse (Waschanlage), durch die das Auto (Kind) langsam fährt. Wer gewaschen wird, kann den Autotyp (Rennwagen, Trecker, Lastauto, ...) angeben und sagen, wie dreckig das Auto ist und welches Waschprogramm (nur polieren, gründlich waschen und bürsten, nur abspülen und trocken blasen,) er wünscht.
So wird erreicht, dass die Bedürfnisse in bezug auf Art und Intensität der Körperberührung auf spielerische Weise Berücksichtigung finden. Das Auto fährt nun durch/in die Waschanlage und wird den Wünschen entsprechend bearbeitet. Hierzu können auch Bürsten, Schwämme, o. ä. verwendet werden.
Weitere Anregungen zu kindgemäßen Massagen finden sich u. a. bei Lutz *Pirnay* (1993, Horsterpark 47, B 4731 Lichtenbusch – Belgien).

Entspannungsgeschichten und Phantasiereisen

Phantasiereisen entsprechen in der Regel stimmungsvollen Naturbildern, in denen Motive wie Berg, Bach, Wiese, Wald, Feld, Meer, u. ä. erlebt werden (vgl. *Friebel, zu Knyphausen* 1997, 85). Die Aufmerksamkeit wird dabei auf sinnliche Erlebnisse gelenkt, die durch Pausen genügend Raum zur intensiven inneren Vorstellung bekommen.

Entspannungsgeschichten und insbesondere Phantasiereisen müssen keinem bestimmten Wortlaut folgen und können so - vielleicht auch mit den Kindern gemeinsam - selbst entwickelt werden. Wichtig ist nur die positive Tönung, denn schließlich soll durch die inneren Bilder Wohlbefinden erreicht werden.

Durch die Kraft der Vorstellung kann Entspannung hergestellt werden. Wie solche Vorstellungsbilder auf das vegetative Nervensystem wirken können, wurde zu Beginn mit dem Zitronen-Test demonstriert. Genauso können Geschichten, die ruhige Bilder beinhalten, auch auf den Körper und den Geist beruhigend wirken. Aber auch Geschichten mit kleinen Abenteuern, die häufig Formeln aus dem autogenen Training beinhalten (vgl. z. B. die Kapitän-Nemo-Geschichten von *Petermann* 1994, 1996), können entspannend wirken, wenn sie am Ende zur Lösung führen. Sie bieten außerdem die Möglichkeit, Handlungsalternativen in Gedanken zu erproben.

Ein Beispiel für derartige Phantasiereisen und Entspannungsgeschichten findet sich z. B. bei *Friebel, zu Knyphausen* (1997). Hier ist die Rede von dem *Drachen Grünenstein*, der gemeinsam mit seinem kleinen Menschenfreund entdeckt, was Entspannung ist und wie sie sich einsetzen lässt.

Entspannung für Eltern und Kinder

Voraussetzung für die gesunde soziale, psychische und körperliche Entwicklung von Kindern ist eine stabile Eltern-Kind-Beziehung (vgl. *Hurrelmann* 1994, 83) und die Befriedigung ihrer Grundbedürfnisse (vgl. *Schmidtchen* 1989, 106 ff). Dazu gehören die Befriedigung physiologischer Bedürfnisse (Ernährung, Hygiene, Schlaf-Wach-Rhythmus, Beachtung der Körpersignale), Schutz und Geborgenheit, einfühlendes Verständnis und soziale Bindung, seelische und körperliche Wertschätzung, Anregung, Spiel, Bewegung und Leistung, Selbstverwirklichung und die Bewältigung existentieller Lebensängste. Entspannungsübungen in der Familie können zu allen genannten Punkten wertvolle Beiträge leisten und geben den Eltern somit Hilfen an die Hand, den Bedürfnissen ihrer Kinder gerecht zu werden.

Entspannung fördert einen einfühlenden, gegenseitig wertschätzenden Umgang zwischen Müttern und Kindern. Viele der spielerischen Entspannungsübungen bieten sich als willkommene Ruherituale im Tagesablauf an. Positive Erlebnisse dieser Art können Kindern Halt und Sicherheit und das Gefühl, geliebt zu werden, vermitteln. Gerade für kleinere Kin-

Entspannung für Eltern und Kinder.

der ist die liebevolle Form der körperlichen Begegnung von zentraler Bedeutung für die Entwicklung des Selbstwertgefühls (vgl. *Hurrelmann* 1994, 86).

Meine Erfahrung zeigt, dass Eltern häufig erstaunt sind, durch Entspannung mit ihrem Kind selbst zur Ruhe kommen und spannungsfrei Nähe erleben zu können. Kinder können in Partnerübungen oft unerwartet einfühlsam mit dem Körper des anderen umgehen. Hieraus ergibt sich eine ganz neue Qualität der Beziehung, die auch für die Aufnahme von späteren Beziehungen von Bedeutung ist.

Literatur

Friebel, V.: Welche Farbe hat die Stille. Wie Kinder lernen, sich zu entspannen. Eine Anleitung für Eltern. Stuttgart 1995.

Friebel, V., Friedrich, S.: Ruhig und entspannt. Reinbek bei Hamburg 1998.

Friebel, V., zu Knyphausen, S.: Geschichten, die Kinder entspannen lassen. Spielerisch Ausgeglichenheit und Konzentration fördern. München 1997.

Liebisch, R., Dannhauer, G.: Entwicklung der Körpererfahrung als Grundlage von Haltung und Bewegung. In: BAG für Haltungs- und Bewegungsförderung e. V. (Hrsg.): TIPS und TOPS für eine ganzheitliche Bewegungsförderung im Grundschulalter. Mainz 1995, S. 9-18.

Montessori, M.: Kinder sind anders. München 1995.

Paulus, P.: Körpererfahrung und Selbsterfahrung in persönlichkeitspsychologischer Sicht. In: Bielefeld, J. (Hrsg.): Körpererfahrung. Grundlage menschlichen Bewegungsverhaltens. Göttingen 1986, S. 87-142.

Petermann, U.: Materialien zu Imaginationsverfahren für Kinder. In: F. Petermann D., Vaitl (Hrsg.): Handbuch der Entspannungsverfahren. Band 2: Anwendungen. Weinheim 1994, S. 305-345.

Petermann, U.: Entspannungstechniken für Kinder und Jugendliche. Weinheim 1996.

Teml, H., Teml, H.: Komm mit zum Regenbogen. Phantasiereisen für Kinder und Jugendliche. Linz 1995.

Beutel, M.: Was schützt Gesundheit? Zum Forschungsstand und der Bedeutung personaler Ressourcen in der Alltagsbewältigung und bei kritischen Lebensereignissen. *Psychotherapie und Medizinische Psychologie,* 1. (1989), S. 153-171.

Hurrelmann, K.: Familienstreß, Schulstreß, Freizeitstreß. Gesundheitsförderung für Kinder und Jugendliche. Weinheim, Basel 1994[2].

Pirnay, L.: Kindgemäße Entspannung. Lichtenbusch-Belgien: Eigenverlag 1993.

Schmidtchen, S.: Kinderpsychotherapie. Grundlagen, Ziele, Methoden. Stuttgart 1989.

Zimmermann, R.-K.: Theorie und Anwendung von Entspannungsübungen mit Kindern im Rahmen der Gesundheitsförderung in der Grundschule. Unveröffentl. Diplomarbeit. Fachbereich Erziehungswissenschaften der Georg-August-Universität Göttingen 1997.

Regina Weimann

Bewegung mit Gebrauchsmaterialien macht Spaß!

Der Kindergarten - ein Hort für Bewegung und gesunde Entwicklung

Vorbetrachtungen

Im Kindergarten als einer ganzheitlichen Erziehungsinstitution für 3 - 6jährige Kinder kann man heute vor allem eine Stätte sehen, wo sich Kinder unter pädagogischer Anleitung im Zusammenleben mit Gleichaltrigen weiterentwickeln. Dem Kindergarten fällt nach den ersten Lebenserfahrungen in der Familie und vor dem Eintritt in die Schule die Aufgabe zu, dem Kind die angemessenen notwendigen Anreize wie auch Unterstützung und Führung zu geben, die es für die Entwicklung seiner Persönlichkeit zum verantwortlich handelnden Menschen braucht.

"Alle Anregungen und alle orientierende Führung des Kindes sollte aber getragen sein von dem Bewusstsein, dass sie im Dienst der Selbstentfaltung und Selbstbestimmungsfähigkeit der werdenden Person stehen und sich deshalb in der dialektischen Spannung von anregend orientierender Führung und ermutigender Freigabe des Kindes ins eigene Wagnis halten" (*Behler* 1978, 21).

Die Kleinkindpädagogik hat das Spielen, historisch gesehen, stets als ein angeborenes Recht des Kindes gewertet; dabei haben das freie wie das gelenkte Spiel in der frühkindlichen pädagogischen Arbeit bis heute ihre Bedeutung behalten. Psychologen, die vor allem die soziale und emotionale Entwicklung bei Kindern verfolgen, betonen die Wichtigkeit des Spiels im Hinblick auf das Ausleben innerer Spannungen und Konflikte, das Erkennen der eigenen Persönlichkeit sowie das Einleben in die Gruppe.

Mediziner widerlegen jeden Zweifel daran, dass Bewegung ein Grundelement von Wachstum und Entwicklung des Kindes ist und so früh wie möglich in sein Leben einbezogen werden muss.

"Die Zusammenhänge zwischen kindlichem Bewegungsdrang und den Wachstumsvorgängen lassen sich anhand der Wachstumskurve" ... "leicht ablesen. Sobald das Wachstum nachlässt - und das ist mit Beginn der Pubertät der Fall - hört auch der kindliche Bewegungsdrang auf" (*Heilbrügge* 1991, 195).

Wenn wir die heutige Situation des spielenden Kindes betrachten, stellen wir fest, dass es immer schwieriger wird, im Freien, beispielsweise auf Plätzen vor dem Wohnhaus oder auf der Straße, herumzutollen. Die Kinder ziehen sich immer mehr zurück. Soziologen sprechen von einer "Verhäuslichung der Kindheit". Stimuliert wird das Kind immer mehr über Fernsehen, Videos, Computer-Spiel, Bewegung. Phantasie erlebt es häufig nur noch passiv. "Mit zunehmendem Alter wenden sich die ‚Viel-Fernseh-Kinder' auch intensiver den Computer-, Video- und Telespielen zu als weniger fernsehgewöhnte Kinder" (vgl. *Ernst* 1991, 44).
Unter anderem fordert die Einengung von Bewegungsräumen Verhaltensauffälligkeiten heraus, beispielsweise:

- Aggressionen als Entladungsreaktion innerer/ äußerer Spannungen
- motorische Übererregbarkeit mit der Folge von Unkonzentriertheit und Verletzungsanfälligkeit.

Ist der Kindergarten auch ein Hort für Bewegung?

Trotz allen Wissens um die Bedeutung von Bewegung für eine ganzheitliche Persönlichkeitsentwicklung herrschen oft ungünstige Rahmenbedingungen zum Ausleben kindgemäßer Bewegungsbedürfnisse im Kindergarten:

- ausgewiesene Bewegungsräume sind nicht vorhanden oder für eine Gesamtgruppe (in der Regel 25) zu klein,
- Mängel in der räumlichen und materialen Ausstattung (z. B. kaum Nebenräume für das Abstellen von Geräten oder Alternativmaterialien; Fehlen von Turnmatten),
- mangelnde Zeitnutzung vorhandener Bewegungsräume (z. B. wird oft nur 1 x wöchentlich unter Anleitung eine 30-45minütige Bewegungserziehung durchgeführt),
- auch die Nutzung des Frei-Spielgeländes für Bewegung wird im Tageszeitanteil häufig zu gering angesetzt,
- Qualifikationsdefizite der Erzieher(innen) im Blick auf Bewegungserziehung im vorschulischen Alter.

Spielen mit Gebrauchsmaterialien

Längst haben Gebrauchsmaterialien in der Bewegungspraxis des Kindes ihre sinnvolle Verwendung gefunden. Gerade bei der psychomotorisch orientierten Bewegungserziehung sind sie "Trendsetter" zur Förderung sowohl materialer als auch körperlicher Erfahrung. Über die unterschiedlichsten Materialien kann das kindliche Neugier- und Bewegungsverhalten aktiviert werden.

Bei der Auseinandersetzung mit solchen Objekten sollte das Spielen im Mittelpunkt stehen, denn vornehmlich im Spiel setzt sich ein Kind mit seiner Umwelt auseinander und gewinnt Grunderfahrungen.

Die folgenden Bewegungs- und Spielangebote mit Gebrauchsmaterialien (Federn, Partytellern, Schwämmen und Laken) sollen zum einen dazu dienen, die noch übliche wöchentliche Bewegungsstunde im Kinder-garten vielfältig zu gestalten und darüber hinaus diese Gegenstände in den Kindergartenalltag - bei der Vorbereitung durch Bemalen, Basteln oder beim Spiel im Freien, auf den Kinderfesten mit den Eltern usf. - zu integrieren.

Bei den Anregungen wird aufgrund anteiliger Komplexität von Wahrnehmungs- und Funktionsprozessen auf differenzierte Zielaspekte einer Entwicklungsförderung nicht eingegangen.

In der **kognitiv orientierten Phase** kann mit den Kindern eine allgemeine Sachkompetenz über das Alltagsobjekt vermittelt werden, was sowohl im Gruppenraum bei einer Projektmaßnahme als auch z. B. beim Einstieg in die Bewegungsstunde stattfinden kann.

In der **wahrnehmungsorientierten Phase** erhält das Kind Gelegenheit, sich mit dem alternativen Material experimentierend und bewegungsausschöpfend auseinander zu - setzen. Hierbei kann es Erfahrungen sammeln über die Beschaffenheit des Materials, dessen "Eigendynamik" und versuchen, die von den Gegenständen ausgehenden Impulsmöglichkeiten mit den eigenen Bewegungen in Einklang zu bringen. Dabei werden unterschiedliche Wahrnehmungen aktiviert und differenzierte Empfindungen ausgelöst. D. h. wenn ein Kind sich äußert, sind alle Ausdrucksmöglichkeiten von Bewegung, Gestik, Mimik und Sprache beteiligt. Es vermittelt seine Gefühle und stellt Beziehungen her. Die

Erzieherin sollte in den Bewegungssituationen sensibel werden für die spezifischen Wahrnehmungsmöglichkeiten, ausgehend von dem Objekt und den arteigenen Bewegungs- und Ausdrucksweisen des Kindes.

In der **funktionsorientierten Phase** kommt es darauf an, dass sich das Kind hinsichtlich Krafteinsatz und Ausdauerfähigkeit durch Umfang der Bewegungszeit und Intensitätsgrad physisch belastet und außerdem seine Bewegungskoordination (z. B. die Auge-Handkoordination oder die koordinativen Fähigkeiten überhaupt) durch wiederholtes Proben entwickelt und stabilisiert.

Schwebende Federn.

Übungsvorschläge

Bewegungsangebot mit Federn

(Federn aus Kissen; bunte Daunenfedern aus Bastel- oder Spielwarengeschäft)

"Schwebende Federn"

- Federn fallen lassen und das Zu-Boden-Schweben beobachten,
- 2 Federn fallen lassen und vergleichen, welche Feder schneller abwärts schwebt (auch im Vergleich zu anderen Materialien),
- das Zu-Boden-Schweben durch Körperbewegungen nachahmen,
- die schwebende Federn fangen,
- sich die Federn auf ein Körperteil auflegen und sie abpusten oder so schnell laufen, bis sie schwebt; danach versuchen, sie wieder aufzufangen,
- die Federn mit dem Handrücken öfter hochschlagen und sie so im Schweben halten,
- dto., Hochschlagen in der Gruppe; paarweise.

"Federn im Wind"

- Um die am Boden liegenden Federn laufen, ohne auf sie zu treten,
- die Federn durch Anblasen in der Luft halten oder sie über den Boden pusten (auf sauberen, staubfreien Boden achten!),
- dto., Federn durch ein markiertes Feld (über eine Tischplatte) pusten,
- paarweise: eine Feder zupusten (auf Abstand achten; nicht bei Erkältung!); (dabei beobachten, wie die Federn sich gemäß der jeweiligen Luftstromrichtung verhält, d. h. ob sie entlang schwebt, ob sie trudelt, ob sie aufschwebt),
- paarweise im Stand die Feder zupusten; das andere Kind fängt die Feder auf.

"Federn im Spiel"

"Frau Holle"

Zwei Kinder haben viele Federn auf ein Tuch gelegt; durch Schütteln werden die Federn

Die Federn gemeinsam in ein Ziel pusten.

hochgewirbelt; die anderen Kinder versuchen, möglichst viele Federn aufzufangen; Federn, die auf dem Boden liegen, müssen dort bleiben.

"Friedensgruß der Indianer"

Die Kinder laufen mit ihrer Feder umher; auf ein Signal treffen sich 2 oder mehrere "Indianer" und begrüßen sich, indem sie sich mit den Federn streicheln.

"Nestbau"

Viele Federn liegen verstreut im Raum (Raummitte); die Kinder bilden Vogelelternpaare (geben sich Vogelnamen!) und bauen sich an der Raumperipherie mit Materialien ein Nest (Kartons, Seile, Tennisringe usf.). Auf ein Signal fliegen die Vogeleltern aus und holen immer nur eine Feder in ihr Nest, bis kein Nestmaterial mehr im Raum ist (wo ist das weichste Nest?).

"Zaubervogel"

Eine Vogelschablone, die die Kinder selbst angefertigt haben (aus Papier geschnitten oder mit Seilen gelegt, liegt in der Raummitte; viele Federn liegen verstreut im Raum (auch beispielsweise auf Geräten). Die Kinder sammeln jeweils eine Feder und legen die Vogelschablone damit aus; dann wieder eine neue Feder usw., bis der Vogel ganz zugedeckt ist, bzw. sein Federkleid hat.

Bewegungsangebot mit Partytellern

Partyteller sind preiswert und hervorragend zum Bemalen geeignet. Doppelt geklebt sind sie im Einsatz stabiler und variabler.

"Fliegender Partyteller"

- Der Partyteller wird als Frisbee geworfen,. dabei sollen hohe, weite, flache Ziele getroffen werden (Wandflächen, auf dem Boden liegende Matten oder Teppichreste),
- den Partyteller mit einer Hand hochwerfen und mit beiden Händen auffangen,
- den Partyteller. aus der Armvorhalte fallen lassen und versuchen, ihn schnell zu schnappen.

"Rotierender Partyteller"

- Den Partyteller auf der Stelle ins Trudeln andrehen,
- viele Partyteller werden gedreht; es soll versucht werden, alle Partyteller im Trudeln zu halten (*"Marathon-Tanz der Partyteller"*),

- den Partyteller rollen und auf dem Rollweg nachlaufen (Rolltechnik: der Partyteller wird senkrecht mit der flachen Hand auf dem Boden gehalten; mit der anderen Hand wird ihm ein Schub versetzt).

"Markierender Partyteller"

- Den Partyteller auf verschiedenen Körperteilen balancieren und sich auch dabei vom Ort bewegen, Hindernisse übersteigen usf.,
- die Partyteller, in verschiedenen Formen auf dem Boden als Markierungspunkte ausgelegt, sollen umlaufen, umhüpft werden; auf Signal sollen sich die Kinder auf die Partyteller setzen oder sie mit Körperteilen berühren usw.,
- der Partyteller ist eine begrenzte Rollfläche, auf der 2 - 3 Tischtennisbälle hin- und herrollen, ohne herunterzufallen,
- Partyteller werden auf ein liegendes Kind gelegt, das nun bei geschlossenen Augen erspüren und sagen soll, auf welcher Körperregion der Partyteller aufliegt (differenzierte Wahrnehmungen werden gefördert, wenn im Vergleich zu anderen Materialien die Partyteller erspürt werden).

"Partyteller im Rollenspiel"

"Schlittschuhläufer"

Die Kinder bewegen sich mit je einem Partyteller unter den Füßen rutschend auf einer markierten "Eislauffläche" und drehen mit einem Fuß auf einem Partyteller Pirouetten.

"Oberkellner"

Die Kinder balancieren mehrere Partyteller, auf ihrer Handfläche gestapelt, über eine vorgegebene Strecke; dabei können auch zusätzlich auf dem Partyteller andere Gegenstände in der Balance gehalten werden (es können auch Oberkellner-Wettbewerbe veranstaltet werden: wer bringt alles auf dem Partyteller zum Ziel?

"Mondgesichter"

Auf die Partyteller haben die Kinder Mondgesichter gemalt, halten sich diese beim Bewegen vor dem Gesicht; sie führen Tänze auf unter dem Motto "Tanz der Mondgesichter" (nach Musik in freien und gebundenen Formen).

Tanz der Mondgesichter.

"Fernseh-Wetterfrosch"

Auf die Partyteller werden von den Kindern Wettersymbole gemalt; ein Kind ist der Fernseh-Wetterfrosch, die anderen laufen durch den Raum; wenn der Wetterfrosch ein Symbol hochhält, sollen die Kinder das angezeigte Wetter pantomimisch darstellen oder das vorher zum Symbol jeweils abgesprochene Bewegungsverhalten zeigen.

"Tellerstapler"

Die Kinder sitzen in einer Reihe hintereinander oder im Kreis und reichen sich mehrere Partyteller nacheinander zu (mit den Fußsohlen gegriffen); das Kind am Endpunkt stapelt die Partyteller.

Bewegungsangebot mit Schwämmen

(kostengünstig zu erwerben oder aus Schaumstoff geschnitten)

"Schwamm-Fühlen"

- Sich mit dem Schwamm am Körper abrubbeln; danach auf Zuruf von Körperteilen diese "waschen",
- ein Kind steht oder liegt mit geschlossenen Augen; das andere rubbelt es mit dem Schwamm,
- ein Kind lagert Körperteile eines anderen Kindes weich auf den Schwamm (auch mehrere Schwämme benutzen),
- ein Kind wird mit einem Schwamm von einem anderen an der Wand fixiert, d. h. der Schwamm ist zwischen Körperteil und Wandfläche (ca. 1 - 3 Schwämme),
- die Kinder sollen mit mehreren Schwämmen blind eine Mauer oder einen Turm bauen,
- ein Kind wird von einem anderen blind und barfuss über eine gebaute Schwamm-Straße geführt; auf dieser Balancierstraße können auch nasse Schwämme zwischen trockene gelegt sein; wenn die Füße den nassen Schwamm berühren, dürfen die Augen kurz geöffnet werden,
- die Schwämme liegen im Raum verstreut; die Kinder bewegen sich auf allen Vieren mit geschlossenen Augen; sie suchen durch Tasten mit den Händen möglichst viele Schwämme,
- paarweise halten die Kinder in verschiedenen Körperpositionen ihre beiden Schwämme zwischen sich und bewegen sich auch so durch den Raum, ohne die Schwämme zu verlieren.

"Schwämme transportieren"

- Ein oder mehrere Schwämme werden im Vierfüßlergang oder bauchrutschend (beladener Packesel!) transportiert,
- ein Schwamm wird zwischen Kniekehle und Oberschenkel geklemmt und so zu einem vorgegebenen Ziel gehüpft; dto.; aber den Schwamm zwischen den Knien gehalten,
- die Kinder ziehen sich, mit Schwämmen beladen, über eine Langbank; am Ende der Langbank werden die Schwämme zum gemeinsamen Bauen eines Turmes, einer Straße usf. verwendet,
- drei Schwämme oder mehr werden als Turm über eine festgelegte Wegstrecke getragen, ohne dass der Turm zusammenbricht.

"Schwamm-Spiele"

"Schwamm-Schlacht"

Die Kinder bewerfen sich fortlaufend mit Schwämmen.

"Touchy"

Ein Kind hat einen Schwamm es muss versuchen, die anderen damit zu berühren; wer berührt wird, ist *"Touchy"*.

"Aachener Springturnier"

Mit den Schwämmen wird von den Kindern ein Hindernisparcours aufgebaut. Die Kinder traben und galoppieren um und über die Hindernisse; es werden Parcoursfolgen, bzw. Kombinationen zusammen abgesprochen, die zu überspringen sind (wer schafft den Parcours, ohne ein Hindernis zu berühren?; mit Musik macht es besonders viel Spaß).

"Glücksstraße"

4-5 Kinder sind in einer Gruppe; jedes darf in einem Durchgang 1 x würfeln; entsprechend der Würfelzahl wird die Straße mit Schwämmen gepflastert; nach den Durchgängen: wer hat die längste Straße? auf dieser wird dann entlanggehüpft und -gesprungen, balanciert usw..

Bewegungsangebot mit Bettlaken

(weiße Bettlaken, von den Kindern bunt bemalt, bedruckt oder generell farbig, sind motivierend und wecken Spielfreude)

"Bettlaken in Spannung"

- Die Kinder sind im Stehen (auch im Sitzen) um das Bettlaken verteilt; sie ziehen von allen Seiten; die Gruppe bewegt sich in die Richtung, in die der Zug am stärksten wirkt,
- die Gruppe transportiert auf dem gespannten Bettlaken einen Ball (Büchse usw.); das Objekt darf nicht herunterfallen (umfallen usw.),
- ein Ball soll auf dem Bettlaken von vorn nach hinten, von rechts nach links gerollt werden, ohne dass er herunterfällt,
- mit Bettlaken wird eine "Rollbahn" gebildet; dabei stehen die Laken-Gruppen in einer Reihe und bilden mit den Bettlaken eine schiefe Ebene; auf der höchsten Stelle legt ein Kind nacheinander Bälle auf das Bettlaken, die von Bettlaken zu Bettlaken abwärts rollen und in einem großen Pappkarton landen,
- das Bettlaken wird straff mit beiden Händen in verschiedenen Höhen gehalten; Höhenwechsel wird durch Signalgebung angezeigt,
- eine Gruppe hält ein Bettlaken in verschiedenen Höhen; die andere läuft von Wandseite zu Wandseite darunter her; wird das Bettlaken tief gehalten, müssen die Kinder durchkriechen usw.,
- das Bettlaken wird von den Kindern mit einer Hand gespannt gehalten; dabei wird gelaufen, gehüpft; auf ein Signal hin Hand- und Richtungswechsel.

"Bettlaken in Spielideen"

"Schleudermaschine"

Papierbälle, kleine Softbälle, Schwämme usw. liegen im Raum umher; die Gruppe bringt das Bettlaken in heftige, hochschleudernde Bewegungen und muss versuchen, immer wieder die Objekte, die einige Kinder auf das Bettlaken werfen, abzuschleudern.

"Putzmaschine"

Die Kindergruppe steht barfuss auf ihrem Bettlaken und versucht gemeinsam, in eine Richtung vorwärts zu rutschen; (auch im Gruppenvergleich: wo ist die schnellste Putzmaschine?).

"Karussellfahrt"

Ein Kind sitzt in der Mitte des Bettlakens; an den 4 Lakenenden halten (4) Kinder das Bettlaken fest und laufen im Kreis um den "Mittelpunkt" herum; dabei wird das Kind im Bettlaken gedreht.

"Gespensterschlaf"

Ein Kind liegt unter dem Bettlaken; die anderen Kinder schleichen sich heran; wenn sie das Bettlaken wegziehen, „wacht das Gespenst auf" und versucht, ein Kind zu fangen; das gefangene Kind geht als Gespenst mit unter das Bettlaken; gespielt wird so lange, bis Kinder unter dem Bettlaken noch Platz finden und nicht zu sehen sind.

"Fischzug"

Einige Kinder sind die Fischer, die anderen die Fische im Meer; die Fische müssen gefangen werden und anschließend auf dem Bettlaken aus dem Meer an Land gezogen werden.

"Ratespiel"

Die Kindergruppe sitzt um das Bettlaken herum; ein Kind schließt die Augen, ein anderes kriecht unter das Bettlaken; danach öffnet das Kind die Augen und muss erraten, welches Kind unter dem Bettlaken liegt.

"Zauberei"

Mehrere Kinder sind unter dem Bettlaken; auf ein "geheimnisvolles" Geräusch hin (huu...h!) bilden die Kinder mit dem Bettlaken ein "Zaubertier", das sich bewegt; hört das Geräusch auf, kuscheln sich alle wieder unter das Bettlaken.

Literatur

Behler, W: Anthropologie des Kindseins. In: Kindergarten heute, Bd. 2 (1978) 2, S. 1 - 25.

Ernst, A., Stampfel, S.: Kinderreport. Köln 1991.

Gräsel, Ullmann: Vorschulkinder turnen mit Behelfsgeräten. Bad Homburg 1980.

Hellbrügge, Th.: Biologische Grundlagen zur Bewegungserziehung und zum Kindersport. In: *Zimmer, R. Cicurs, H. (Red.)*: Kinder brauchen Bewegung - brauchen Kinder Sport? 1992, S. 188 - 202.

Liebisch, R., Weimann, R.: Haltungsförderung - auch ein Thema für Vorschulkinder? In: Haltung und Bewegung (1991) 4, S. 16 - 20.

Mörsberger, H., Moskat, E., Pflug, E. (Hrsg.): Der Kindergarten. Freiburg 1978, Bd. 3.

Regina Turmann

Vielseitige Nutzung von Alltagsmaterialien

Vorspann

Wäscheklammerkönigin Jasmin (9 Jahre) schreitet durch die Sporthalle zum bereit gestellten Spiegel und betrachtet sich voller Stolz. Dicht gefolgt von zwei ebenso mit Wäscheklammern geschmückten Kindern, die ihr den Platz vor dem Spiegel streitig machen. Nacheinander betreten sie dann die "Bühne", um sich dem "Publikum" zu zeigen. Eifriger Applaus ertönt. Ein Ruf aus dem Publikum: "Jetzt bin ich aber auch dran!"

So - oder ähnlich - sind die Szenen beim Einsatz von Wäscheklammern im Bewegungsraum und in Psychomotorischen Förderstunden.
Außer Wäscheklammern kommen häufig zum Einsatz: Zeitungen, Halstücher, Toilettenpapier, Rollen von Toilettenpapier, Rollen von Küchentüchern, Korken von Wein- oder Sektflaschen und Bierdeckel.

Einleitung

Alltagsmaterialien sind oft Müll! Mancher **"Müll"** ist es wert, aufgehoben zu werden. Der nachfolgende Beitrag ist sicher kein Vorschlag zur Lösung des Müllproblems sondern soll Hinweise zur Planung und Durchführung von Bewegungs-/Sportstunden geben. Mit den dabei verwendeten Materialien werden die Kinder Neues wahrnehmen, erleben und umsetzen. Den Kindern wird die Möglichkeit eröffnet, Situationen in ihrem Alltag spielerisch zu gestalten/mitzugestalten. Somit wird (hoffentlich) auch ein Beitrag zur ganzheitlichen Persönlichkeitsentwicklung geleistet.

Erzieherinnen klagen oft, bestimmte Aktivitäten aufgrund fehlenden Materials nicht durchführen zu können. Damit verbunden werden wichtige Ziele in ihrer Arbeit nicht oder nur ansatzweise erreicht.

Ohne auf die Schwierigkeiten der Materialbeschaffung im Allgemeinen eingehen zu können, soll hier eine kleine Reihe von Beispielen aufgeführt werden, die verdeutlichen, dass auch (fast) ohne finanzielle Mittel mit Alltagsmaterialien Aktivitäten bei Kindern initiiert werden können, die u. a. den folgenden Zielen voll entsprechen:

- Persönlichkeitsentwicklung zu fördern
- Hilfestellung bei der Überwindung eigener Probleme zu geben
- Erfahrungen mit der eigenen Leistung zu machen
- Möglichkeiten der Mitgestaltung zu erproben.

Warum Alltagsmaterialien?

Oft werden Dinge weggeworfen, die irgendwie noch zu gebrauchen wären. Manchmal habe ich den Versuch gemacht, sie zu sammeln, in der Hoffnung, die Verwendung bald zu finden. Nach einiger Zeit habe ich sie dann doch mit einem ungutem Gefühl weggeworfen.

Nach und nach haben sich dennoch Verwendungsmöglichkeiten ergeben, die einen verblüffenden Erfolg bei den Kindern hatten. Oft wurden sie ohne großen Aufwand zum Einsatz gebracht; ihre Handhabung war einfach und sie dienten den gesteckten Zielen unserer Arbeit in besonderer Weise. In der Zwischenzeit hat sich ein ganzes Spektrum von Einsatzmöglichkeiten aufgetan, dessen Reserven - nicht zuletzt durch die Mithilfe der Kinder - unerschöpflich scheinen.

Mit den Dingen des täglichen Gebrauchs umzugehen, übt einen großen Reiz auf die Kinde aus. Sie handhaben sie ohne Scheu, da sie mit diesen Materialien vertraut sind. Ihrer Entdeckerfreude werden zusätzliche Impulse geliefert, weil sie nun in völlig anderer Umgebung und anderen Situationen damit zutun haben. Immer war eine deutliche Motivationserhöhung in unseren Übungsstunden zu sehen, wenn statt der bekannten Dinge diese Materialien eingesetzt wurden. Die Vertrautheit unterstützt den vielfältigen Einsatz.

Im Umgang mit diesen Materialien eröffnen sich für die Kinder spielerisch zahlreiche Lernschritte und eine Sicherheit in der Handhabung. Solche Erfahrungen sind für die Kinder wichtig, weil sie Unfälle vermeiden helfen.

Die aufgeführten Materialien lassen sich praktisch gefahrlos einsetzen. Stricke, Schnüre, Plastiktüten dagegen haben durch unbedachten Umgang schon oft zu schrecklichen Verletzungen geführt.

Durch den Einsatz von Alltagsmaterialien entdecken die Kinder Neues, sie erfahren positive Nutzungsmöglichkeiten und erleben, wie bekannte Spiele und Übungen neue Spannung entwickeln, wenn andere Materialien eingesetzt werden.

Wird z. B. "Haltet das Feld frei" statt mit Bällen mit Bierdeckeln gespielt, ergibt sich eine reizvolle Neuerung. Kinder (und Erwachsene), die zögerlich und gehemmt sind, reagieren mit Schwung auf die Umgestaltung des Spieles und heben mutig die Bierdeckel auf, um sie ins gegnerische Spielfeld zu befördern. Da die Bierdeckel nach der Landung bald liegen bleiben trauen sich viele, eher hier zuzugreifen als im Spiel mit Bällen, wo die Angst, den Ball nicht rechtzeitig zu bekommen, ihn nicht fangen zu können, beim Werfen falsch zu zielen ... eine große Rolle spielt.

An diesem Beispiel wird deutlich, dass das Spiel mit dem Einsatz von Bierdeckeln eine neue, eigenständige Variante erfährt. Die ursprüngliche Zielsetzung wird beibehalten, das Spiel kann bei einem weiten Personenkreis Anwendung finden und die Variation mit den Bällen behält ihren eigenen Wert.

Ein positiver Nebeneffekt liegt im geringen Materialaufwand, ein kleiner Vorrat Bierdeckel ist leicht mitzunehmen und das Spiel kann auch auf kleinerem Raum stattfinden.

Erzieherinnen und Übungsleiter gehen vielfach davon aus, dass zur Verwirklichung der angestrebten Förderziele spezielle Geräte und Materialien aus Schulsport, Rehabilitations- und Behindertensport sowie der Psychomotorik angeschafft werden müssen. Das ist sicher auch weiterhin richtig und der Wert der genannten Gerätschaften wird in keiner Weise bestritten. Bei näherem Hinsehen zeigt sich aber auch, dass ihr Einsatz auf bestimmte Bewegungs- und Handlungsmöglichkeiten eingeschränkt sein kann.

An dieser Stelle bitte ich alle Leserlnnen, den Einsatz von Alltagsmaterialien zu erproben. Erkunden Sie bitte, welche Materialien sich besonders eignen, beobachten Sie die Veränderungen im Ablauf der Übungen und Spiele mit den (aus meiner Sicht) begebenden Aktivitätssteigerungen der Kinder.

Zusammenfassung:

- Alltagsmaterialien sind leicht zu beschaffen,
- sie sind vielfältig einsetzbar,
- ihre Verwendung unterstützt und erweitert bisher verwendete Sportgeräte,
- sie werden wegen der Vertrautheit rasch von den Kindern akzeptiert,
- sie ermöglichen schon bald eine sichere Handhabung,
- dadurch wird die Scheu vor neuem Gerät abgebaut,
- der Einsatz von Alltagsmaterialien ist handlich und leicht,
- Vorbereitung und Durchführung der Übungen und Spiele werden erleichtert,
- die Beteiligung der Kinder ist geprägt von Neugier und Entdeckerverhalten,
- Kinder gestalten lebhaft mit,
- Regeln werden selbst erfunden (damit auch besser akzeptiert),
- der Mut zur Erprobung steigt, ggfs. wird eine Änderung des Ablaufs vereinbart,
- Erfolgserlebnisse stellen sich oft leichter ein und werden unmittelbar erlebt.

Alltagsmaterialien und deren Einsatz sind somit keine Notlösung oder Verlegenheitsmaßnahme. Sie sind, bei entsprechend didaktisch-methodischer Aufbereitung, eigenständige, gleichwertige Gerätschaften und den gewohnten Medien gegenüber zumindest ebenbürtig.

Offensichtlich sehen Sportartikelhersteller das ebenso. Sie nehmen mehr und mehr Artikel in ihr Angebot auf, die mit Alltagsmaterialien in der Praxis erprobt wurden und sich dort bewährt haben. So werden preiswerte (oft kostenlose) Materialien wieder zu teuren Anschaffungsgegenständen. Hier ein paar Beispiele: Rollbretter, Teppichfliesen / -füße, Schaumstoffteile und Schleuderhörner.

Der Einsatz von Alltagsmaterialien muss auch kritisch betrachtet werden. So ist beim Spielen mit Korken aller Art und mit Bierdeckeln, der Bezug zum Alkoholkonsum nicht zu übersehen. Auf keinen Fall darf über die Spielbegeisterung mit diesen Artikeln der Konsum von Alkohol verharmlost werden. Bitte also die Kinder nicht zum Sammeln dieser Gegenstände anregen. Korken und Bierdeckel müssen von Ihnen bereit gehalten werden.

Kinder könnten in ihrer Entdecker- und Sammlerfreude auch dazu neigen, jede Müllhalde und jeden Abfallkorb nach "Brauchbarem" zu untersuchen. Hier muss sicher von Ihrer Seite aus versucht werden, dem entgegenzuwirken. Niemand weiß, was alles in einer Mülltonne stecken kann. Verlockend aussehende Materialien (z. B. kleine Batterien) dürfen niemals zum Spielen verwendet werden, keine Flasche unbekannten Inhalts geöffnet werden, selbst wenn Etiketten bekannter Limonadenfirmen darauf sind. Keine bonbonähnlichen Dinge dürfen angefasst oder gar "gehortet" werden, denn weggeworfene Medikamente (Tabletten, Pastillen) ähneln oft den vielen bunten Bonbons, bei denen sich auch die Werbung nicht entscheiden kann, ob es sich jetzt um Spielzeug oder Naschzeug handelt.

Methodik

In der methodischen Vorgehensweise beim Einsatz von Alltagsmaterialien gibt es keine wesentlichen Unterschiede zu den bekannten gängigen Verfahren. Die Besonderheiten des Materials müssen berücksichtigt werden, denn Bierdeckel springen nicht wie Bälle, Zeitungspapier reißt schneller als Krepp-Papier.

Oft resultieren daraus noch andere Punkte wie veränderte Spielfeldgröße oder Teilnehmerzahl. In vielen Fällen müssen auch die Spielregeln verändert werden.

Meine bisherigen Erfahrungen zusammengenommen ergeben eine methodische Organisation in 4 Schritten / Phasen. Kernstück und wichtigstes Moment ist der Bereich des entdeckenden Lernens, dem in dieser Konzeption breiter Raum gelassen wird. Selbständigkeit und Selbsttätigkeit stehen im Vordergrund.

Planungsübersicht:

1. Explorationsphase
2. Demonstrations- und Vorführphase
3. Arbeits- und Erprobungsphase
4. Reflektions- und Besinnungsphase

Zu 1.: Explorationsphase

Ausgehend von einem Impuls der Spielleiterin etwa in der Form: "Versucht so viele Ideen wie möglich zu finden, wie ihr mit diesem Material spielen könnt" probieren die Kinder die Materialien / Gegenstände aus. Zunächst allein, später zu zweit und danach in Kleingruppen. In dieser Phase greift die Spielleiterin nur bei Gefährdungen ein. Sonst ist sie in erster Linie Beobachterin und gibt nur in den Situationen Anregungen, wenn einem Kind überhaupt nichts einfallen will.

Zu 2.: Demonstrations- und Vorführphase

Die Kinder stellen sich die gefundenen Spielmöglichkeiten gegenseitig vor und spielen sie nach.

Die Funktion der Spielleiterin wechselt zur Mitspielerin. Sie achtet außerdem darauf, dass die Kinder nicht nur demonstrieren, sondern ihre Bewegungshandlungen auch verbalisieren, damit diese ihnen bewusst werden, sich ihre Bewegungsvorstellung festigen kann mit dem Ziel, im Bewegungsgedächtnis gespeichert zu werden.
Spielideen werden hier veranschaulicht und - besonders hervorzuheben: von den Kindern selbst verbal mitgeteilt.

Wichtige Erfahrungen sind hierfür die Kinder, dass andere ihnen zuhören, dass sie etwas zu sagen haben; ihre Stellung in der Gruppe wird gefestigt und sie werden ermutigt, **ihre** Ideen mitzuteilen.

Über das gleichzeitige Erproben können Korrekturen kurzfristig vorgenommen werden - es wird auch mehrfach gezeigt und vorgeführt, wenn jemand aus der Gruppe den Ablauf nicht verstanden hat.

Zu 3.: Arbeits- und Erprobungsphase

Jetzt werden die oben genannten Ideen genauer getestet, auf ihre allgemeine Übertragbarkeit hin überprüft. Hier zeigt sich, ob alle Kinder mit dem Material in der vorgeführten Weise hantieren können. Braucht es Hilfestellungen? ... Ermutigungen? ... Kann das, was mehrere Einzelpersonen herausgefunden haben zu einem gemeinsamen Spiel werden? Gibt es da Sieger und Verlierer? Müssen Regeln eingeführt werden, damit alle mitmachen können? Müssen bestehende Regeln variiert werden? Kommunikation und Austausch sind hier besonders intensiv.

In dieser Phase werden schließlich die gemeinsam entwickelten Schritte angewandt, das Spiel durchgeführt, die neuen Regeln erprobt.

Zu 4.: Reflektions- und Besinnungsphase

Vor Ende der Sportstunde wird zur Festigung der neu gelernten Abläufe und zur Verstärkung (sich immer wieder an der gemeinsamen Aktion zu beteiligen) noch einmal reflektiert was gemacht wurde, wie das Spiel abgelaufen ist. Ebenso wird jetzt vereinbart was u. U. beim nächsten Mal unbedingt noch Berücksichtigung finden muss.

Kritik und Unzufriedenheit zu äußern wird nach einiger Zeit genauso selbstverständlich, wie seine Freude über die neue Übung, das neue Spiel mitzuteilen.

„Treffer landen"

Mit der Küchenrolle vorher festgelegte Körperteile des Mitspielers treffen bzw. die Berührung verhindern.

„Klorollenjagd"

2 Gruppen, jede hat ein begrenztes Spielfeld, in welchem sich die gleiche Anzahl von Rollen befinden. Nach dem Startzeichen versucht Gruppe 1 die Rollen von Gruppe 2 so schnell wie möglich in ihr Feld zu holen und umgekehrt. Sieger ist die schnellere Gruppe. Die Rollen sind mit 1 bzw. 2 markiert.

Mit Klorollen sich gegenseitig „einbauen".

Spielanregungen

1. Klo- und Küchenrollen

„Rollenfechten"

Zwei Partner halten sich mit der linken Hand fest, in der rechten eine Küchenrolle. Ziel ist, die Rolle des, anderen mit der eigenen zu berühren bzw. die Berührung zu verhindern.

„Klorollenmann"

Ein Kind wird von zwei bis drei anderen gänzlich mit Rollen bedeckt.

„Körperumriss"

Ein Kind wird von zwei bis drei anderen Kindern eng mit Rollen umstellt und steht dann so vorsichtig auf, dass möglichst alle Rollen stehen bleiben.

Rollenfechten – ein Spiel für echte „Ritter".

„Nase an Nase"

Pendelstaffel: 2 SpielerInnen klemmen eine Rolle mit der Nase zwischen sich fest und transportieren diese zu ihren MitspielerInnen. Alle bekannten Pendel- und Transportstaffeln können mit Rollen gespielt werden.

2. *Korken*

„Korkenregen"

Die Gruppe steht in einem engen Kreis, jede(r) hat so viele Weinkorken wie möglich in den Händen. Alle zählen gemeinsam bis drei und werfen dann die Korken so hoch wie möglich.

Wer kann ein paar der herabfallenden "Regentropfen" auffangen?

„Abwerfen"

Jedes Kind hat sechs Korken in den Händen. Auf Kommando darf jede(r) jede(n) abwerfen (ab Hüfte abwärts treffen!). Jedes Kind zählt seine Treffer.

„Formen zeichnen"

Die Spielleiterin zeigt den Kindern auf Papier dargestellte Figuren/Formen. Die Kinder legen diese mit Korken auf dem Boden nach.

„Fußakrobatik"

Die SpielerInnen sitzen im Kreis. Eine(r) hat einen Sektkorken zwischen den Zehen eingeklemmt und gibt diesen an seinen Nachbarn weiter. Fällt der Korken bei der Übergabe zu Boden, sollen die Übergeber eine von der Gruppegestellte Bewegungsaufgabe erfüllen (jedes Kind darf eine erfinden).

3. *Zeitungen*

„Knüllball"

Ball anfertigen, indem, man Zeitungspapier ganz fest zusammenknüllt. Kindern, deren

Ball nicht hält, kann man mit Tesakrepp helfen. Viele bekannte Ballspiele sind möglich.

„Haussuchspiel"

Jedes Kind sucht für seinen Zeitungsbogen einen Platz im Spielfeld und stellt sich darauf = Haus 1. Bei Ertönen der Musik läuft, hüpft, krabbelt, springt ... es durch den Raum. Bei Musikstopp sucht sich jede(r) einen neuen Bogen = Haus 2. Je nach Alter der Kinder zu erweitern bis bspw. Haus 4. Nun nennt die Spielleiterin bei Musikstopp eine Zahl und die Kinder sollen dieser entsprechend ihr Haus wiederfinden.

„Wechselt das Bäumchen"

Bis auf ein Kind hat jedes einen Baum = Zeitungsbogen. Das Kind ohne ruft: "Wechselt das Bäumchen". Alle suchen sich einen neuen Baum. Das Kind, welches keinen findet, **darf** rufen.

4. Bierdeckel

„Ankleben"

Zwei Kinder stehen Seite an Seite (Rücken an Rücken). Sie werden von einem dritten Kind "aneinandergeklebt" indem es Bierdeckel zwischen die Berührungsflächen schiebt. Wer benutzt den meisten "Klebstoff"?

Können die "Aneinandergeklebten" sich gemeinsam fortbewegen, ohne Bierdeckel zu verlieren?

„Zielwurfparcours"

Mehrere Zielwurfstationen aufbauen, pro Station liegen 10 Bierdeckel bereit. Paare gehen von einer Station zur nächsten. Das erste Kind wirft, das zweite zählt, dann Wechsel. Die Ergebnisse werden in eine für jedes Kind vorbereitete Karteikarte eingetragen. Wiederholung in einer und in zwei Wochen.

„Haltet die Kiste frei"

Die Bierdeckel befinden sich in einer Kiste. Zwei Kinder werfen sie so schnell wie möglich heraus, die übrigen bringen sie wieder in Kiste. Ziel ist, dass die Kiste leer wird.

5. Halstücher

„Zaubererspiel"

Zwei mit Tüchern geschmückte SpielerInnen versuchen die MitspielerInnen mit ihrem Zeitungspapier gerollten Zauberstab zu zaubern

Gemeinsam hochwerfen und wieder fangen.

(berühren). Die Verzauberten verharren regungslos, bis sie von der guten Fee oder dem Feenjungen erlöst werden.

„Tuchball“

Je zwei SpielerInnen halten ein Tuch zwischen sich auf dem ein Ball liegt. Der Ball wird mit Hilfe des Tuches zu dem anderen Paar geworfen. Diese fangen den Ball mit dem Halstuch auf.

„Halstuchklau“

Das unter "Fang' den Schwanz" bekannte Spiel wird anstatt mit Seilen mit Halstüchern gespielt.

6. Wäscheklammern

„Wäscheklammerkönigin“

Gegenseitiges Schmücken mit Wäscheklammern. Wer wird WäscheklammerköniglIn? Regeln des Spieles selbst erfinden (Miss-Wahl, Mannequin ...).

„Wäscheklammersuche“

Die Erzieherin oder ein Teil der Kinder versteckt die Wäscheklammern im Bewegungsraum. Nun ist es die Aufgabe der „Wäscheklammersucher“ alle Klammern zu finden. Dazu können die Kinder zu zweit zusammen gehen und sich mit den gefundenen Wäscheklammern gegenseitig schmücken.

Literatur

Dannhauer, G.: Wahrnehmungs- und Koordinationsschulung mit Papprollen, in: Haltung und Bewegung 4/1987, S. 22.

Irmischer, T: Bewegungsspiele mit Wäscheklammern, in: Motorik 3/1982, S. 109.

Jung-Kappeler, B.: Die Papprolle als alternatives Turngerät, in: Motorik 3/1982, S. 106.

Lindemann, M., Mertens, K: "Spinne im Netz" - Übungsformen mit dem Wollknäuel, in: Motorik, 1/1990, S. 30.

Gabi Dannhauer

Wahrnehmungs- und Koordinationsschulung mit Papprollen

Eine leistungsfähige Wahrnehmung und gut ausgeprägte koordinative Fähigkeiten bilden die Grundlage für eine gesunde, motorische, psychische und soziale Entwicklung von Kindern. Diese Fähigkeiten entwickeln sich vor allem im Vor- und Grundschulalter, indem sich die Kinder durch Bewegung mit unterschiedlichen Gegenständen, Personen und Situationen auseinandersetzen. Sie können dabei ihre Wahrnehmungs- und Koordinationsfähigkeiten erproben, erfahren und verbessern. Leider ist für viele Kinder das Sammeln wichtiger Erfahrungen, wie sie Sport, Spiel und Bewegung bieten können, nur noch bedingt oder unzureichend möglich (Technisierung, Wohnsituation, fehlende Spielplätze, Verbote, nicht kindgemäße Freizeitgestaltung). Eltern und Institutionen sind deshalb aufgefordert, die Wahrnehmungs- und Koordinationsfähigkeiten der Kinder durch vielfältige Bewegungsanregungen zu fördern und so Koordinationsschwächen und ihren psycho-sozialen Folgen vorzubeugen bzw. sie auszugleichen.

Die Wahrnehmung ist Voraussetzung für jede koordinierte Bewegung. Über die Wahrnehmung werden Reize (z. B. ein anfliegender Ball) aufgenommen, die eine Bewegungsantwort zur Folge haben (können). Über die Wahrnehmung werden aber auch der Erfolg der Bewegung (z. B. habe ich den Ball gefangen?) kontrolliert und ständig Rückmeldungen über den momentanen Zustand der Umwelt (z. B. Ball) und des eigenen Körpers (z. B. stehe ich an der richtigen Stelle?) gegeben. Bewegungskorrekturen auch minimalster Art werden hierdurch erst möglich. Eine eingeschränkte Wahrnehmungsfähigkeit wirkt sich demnach negativ auf die Koordination aus. Unter Koordination verstehen wir hierbei das Zusammenspiel von Sinnen, Nerven (peripheres und zentrales Nervensystem) und Muskulatur zu einer zielgerichteten, harmonischen Bewegung. Wahrnehmung (Aufnahme von Reizen über die Sinne und Verarbeitung im Nervensystem) ist als Teilbereich der Koordination zu sehen.

Die Wahrnehmungsschulung, die allerdings auch mit Bewegung verbunden sein sollte (vgl. *Frostig* 1975, *Kiphard* 1983 und *Dordel* 1987), nimmt eine grundlegende Stellung in der Koordinationsschulung ein, da ohne leistungsfähige Wahrnehmung höhere koordinative Anforderungen kaum zu bewältigen sind. Dies gilt besonders für leistungsschwache Kinder. Bei Übungen zur Wahrnehmungsschulung liegt der Schwerpunkt auf einer genauen Wahrnehmung, in variierenden, zum Teil komplexen Situationen, wobei die Bewegungsabläufe relativ einfach sind. In den anderen Bereichen der Koordinationsschulung dagegen steht eher der Bewegungsablauf im Mittelpunkt. Die Wahrnehmung wird natürlich mitgeschult. Aus diesen Erläuterungen wird deutlich, dass eine eindeutige Zuordnung von Übungen zu dem Komplex *Wahrnehmung* bzw. zu dem Bereich der übrigen koordinativen Fähigkeiten kaum möglich ist; sie wird zudem auch von der Leistungsfähigkeit und dem Alter der Kinder beeinflusst. In den Praxisbeispielen wird eine Einteilung in Wahrnehmungs- und Koordinationsschulung dennoch vorgenommen, da sich in der Unterrichtspraxis eine Schwerpunktbildung bewährt hat. Die koordinationsschulenden Übungen werden nach Grundfertigkeiten strukturiert; eine Einteilung nach koordinativen Grundfähigkeiten würde für unser Beispiel zu viele Überschneidungen verursachen. Die Wahrnehmungsschulung wird nach *Kiphard* (1979, 74) gegliedert in optische, akustische, taktile und kinästhetische Sinneserfahrungen sowie Erfahrungen der Körper- und Raumorientierung.

1. Methodisch-didaktische Überlegungen

Das Wahrnehmungsvermögen entwickelt sich am intensivsten im Alter von 3 1/2 bzw. 4 bis 7 bzw. 8 1/2 Jahren (vgl. *Frostig* 1975, *Frostig* und *Müller* 1981). Die Wahrnehmung sollte deshalb gerade in diesem Altersbereich besonders gefördert werden. Während sich Übungen zunächst nur auf einen Sinnesbereich beziehen sollten (*Kiphard* 1979, 74), können sie im Verlauf der Entwicklung und des Übungsprozesses immer komplexer werden. In der Praxis hat es sich bewährt, die einzelnen Wahrnehmungsbereiche anfangs schwerpunktmäßig über einen bestimmten Zeitraum zu schulen.

Innerhalb der Schwerpunkte sollten Materialien und Geräte variationsreich eingesetzt und die Übungs- und Spielformen später mit anderen Materialien wiederholt werden. So können die Kinder lernen, sich in neuen Situationen möglichst schnell und adäquat zu orientieren.

Es gibt Wahrnehmungsübungen, die sehr viel Konzentration erfordern und nicht mit großräumigen Bewegungen verbunden sind, z. B. Tastübungen mit geschlossenen Augen. Sie können von Kindern oft nur über den Zeitraum von 5-10 Minuten bewältigt werden (vgl. *Kiphard* 1979, 74). Sinkt die Aufmerksamkeit der Kinder stark ab, sollten die Wahrnehmungsübungen unterbrochen und eine „Bewegungsphase" eingeschoben werden. Im Laufe der Wahrnehmungsschulung erhöht sich bei den meisten Kindern die Konzentrationsfähigkeit, so dass nach einiger Zeit die Phasen verlängert werden können.

Die Wahrnehmungsschulung verbessert nicht nur Konzentration und Motorik der Kinder, sie setzt auch immer wieder kognitive Lernprozesse in Gang. So leisten die Wahrnehmungsübungen einen entscheidenden Beitrag zur Begriffsbildung. Wenn man selber schnell oder langsam läuft, einen kleinen oder großen Gegenstand holt, ihn vorwärts oder rückwärts rollt, lernt man Begriffe durch eigene Wahrnehmungs- und Bewegungserfahrungen sehr viel konkreter und leichter. Dabei verbessern die Kinder ihre kognitiven Fähigkeiten des Auffassens, Auswählens, Erkennens, Vergleichens und Unterscheidens. Wer weiß, was ein Kreis oder eine Linie, vor oder hinter, gespannt oder entspannt ist, der kann auch Übungsanweisungen oder Korrekturen besser verstehen und ausführen. Wahrnehmungsschulung verbessert also nicht nur die kognitiven Leistungen, die kognitiven Fähigkeiten wirken sich auch positiv auf die Wahrnehmung aus und wird neben den kognitiven Prozessen auch von psychischen Faktoren beeinflusst. Die Motivation, die Aufmerksamkeitszuwendung spielen bei der Wahrnehmungsschulung eine große Rolle. Die Wahrnehmungsleistungen sind bei anregenden Aufgabenstellungen mit interessanten Geräten oder in Spielform wesentlich höher als in monotonen Übungssituationen (vgl. *Ljublinskaja* 1982).

Große bunte Papprollen haben sich sowohl für Vor- als auch für Grundschulkinder als motivierende Materialien erwiesen, die als Sportgeräte weithin unbekannt sind. Wir legen deshalb diese Materialien, die zudem kostenlos zu beschaffen sind, für unsere Übungsanregungen zugrunde. Besonders gut eignen sich Papprollen, die ehemals als Garnspulen in Kleiderfabriken Verwendung fanden. Sie sind sehr stabil, etwa 20 cm lang und haben einen Durchmesser von ca. 10 cm. Für die Wahrnehmungsschulung ist es wichtig, Rollen in verschiedener Größe, Dicke und Farbe zur Verfügung zu haben. Es macht den Kindern auch Spaß, sie gemeinsam in den Grundfarben anzumalen oder zu bekleben. Neben Garnspulen kommen Rollen von Bodenbelägen oder Stoffballen in Frage. Die angesprochenen Papprollen sind so stabil, dass sich die Kinder darauf stellen können. Das heißt aber auch, dass sie vorsichtig damit umgehen müssen, um zu verhindern, dass ein Kind von der Rolle am Kopf getroffen wird. Das Werfen der Rolle sollte in der Einführungsphase untersagt werden. Die Papprollen zeichnen sich durch 3 Haupteigenschaften aus. Sie können

- rollen,
- fest stehen
- und besitzen einen leeren Innenraum.

Die nun folgenden Übungsbeispiele dienen als Anregungen. Häufig finden Kinder in offenen Phasen viele Bewegungsmöglichkeiten selbst, denn das neue Sportgerät Papprolle, reizt zum Experimentieren. Die Einfälle der Kinder sollten dann allerdings zielgerichtet, z. B. mit dem Schwerpunkt optischer Wahrnehmungsschulung, aufgegriffen werden. Organisationsformen sind nach Bedarf abzuwandeln; so können aus Partner- Gruppenübungen gemacht werden und umgekehrt. Ruhige Übungsformen können in Bewegung eingekleidet werden, z. B. nach dem Muster: Kinder bewegen sich im Raum, auf Zeichen bleiben sie stehen und bekommen eine Aufgabe. Die Übungsvorschläge sollten im Sinne einer Vertiefung mit anderen Geräten (z. B. Schaumstoffteile, Bälle) wiederholt werden.

2. Wahrnehmungsschulung

Wir untergliedern die Wahrnehmungsschulung nach *Kiphard* (1979) zum einen nach Sinnesbereichen in die optische, akustische, taktile und kinästhetische, zum anderen auf den Beobachtungsgegenstand bezogen in Körper- und Raumwahrnehmung. Bei den beiden letztgenannten Arten kommen verschiedene Sinnesbereiche zum Tragen.

2. 1. Optische Wahrnehmungsschulung

Die Augen sind das wichtigste menschliche Informationsorgan, so machen die optischen Nervenbahnen des Gehirns fast 40 % des zentral-nervösen Leitungssystems aus (*Glees* 1970). Da eine leistungsfähige optische Wahrnehmung an das korrekte Funktionieren von Augenmuskulatur und optischem Apparat mit Linse und Netzhaut gebunden ist, sollte im Zweifelsfall der Augenarzt zu Rate gezogen werden. Durch entsprechende Maßnahmen, wie z. B. Brille oder Augenklappe können oft Verzögerungen in der Wahrnehmungsentwicklung verhindert werden.

Für das Bewegungslernen im Vor- und Grundschulalter spielt der optische Sinn eine vorrangige Rolle, da Bewegungen eher durch Anschauen und Nachmachen als durch Erklärungen gelernt werden. Allerdings haben Kinder in diesem Alter oft noch Schwierigkeiten im flüssigen und koor-dinierten Gebrauch der Augen (*Kephart* 1977). Zielverfolgungsübungen abwechselnd mit einem, dann auch mit beiden Augen, haben sich bewährt. Mit dem Zielverfolgen wird auch die Figur-Grund-Differenzierung (Fähigkeit, aus einer Vielzahl von Wahrnehmungsreizen einen bestimmten Reiz auszuwählen) und die Wahrnehmungskonstanz (das Objekt bleibt trotz unterschiedlicher Entfernung, Lichtverhältnisse, etc. gleich) gefördert. Neben der optischen Zielverfolgung sollte auch das Unterscheiden von Farben, Größen, Formen und Mengen geschult werden (*Kiphard* 1979). Wir ergänzen die Einteilung durch Übungsformen, die auf die Wichtigkeit des peripheren Sehens hinweisen.

2.1.1. Optisches Zielverfolgen

Die Kinder geben ihrer Papprolle Schwung (auch exzentrisch), so dass sie fort rollt Sie verfolgen die Rolle mit den Augen bis sie liegen bleibt. Dann laufen sie hin und stoßen die Rolle wieder an.

Variationen:

- Die Kinder stoßen die Rolle an und krabbeln oder laufen direkt hinterher.
- Die Kinder versuchen die Rolle dabei mehrmals zu umrunden.
- Die Kinder laufen erst dann los, wenn die Rolle eine bestimmte Linie überrollt hat (Organisationsform: alle Kinder nebeneinander).
- Die Kinder versuchen die Rolle vor einer bestimmten Linie zu stoppen.

Je komplizierter die Bewegungen werden, auch in Anpassung an das Gerät, desto größer wird der koordinative Anteil.

2.1.2. Farbunterscheidung

Die Kinder bewegen sich im Raum um stehende Papprollen; auf Zeichen (optisch oder akustisch) laufen sie zu einer Rolle der Farbe, die gezeigt oder genannt wurde.

Variationen:

- Auf Zeichen nimmt jedes Kind eine Rolle der entsprechenden Farbe und rollt diese durch die Halle.
- Auf Zeichen versuchen die Kinder einen Ball so zu rollen, dass die Rollen entsprechender Farbe getroffen werden.
- Die Kinder werden mit verschiedenen Farben (z. B. durch Tücher) gekennzeichnet und laufen auf Zeichen zu ihrer Farbe.

2.1.3. Größenunterscheidung

Die Kinder bewegen sich im Raum zwischen verschieden hohen / großen Rollen; hält der Lehrer z. B. eine große Rolle hoch, laufen sie schnell zu einer Rolle gleicher Größe. Je nach Alter der Kinder sollten zunächst nur 2-3 Auswahlmöglichkeiten zur Verfügung stehen.

Variationen:

- Die Rollen haben alle dieselbe Größe. Der Lehrer baut auf Zeichen einen Turm. Die Kinder sollen ihn in derselben Höhe nachbauen. Zunächst sollten die Elemente unterschiedliche Farben haben und die Kinder gleichzeitig mit dem Lehrer bauen können.
- Später kann der Turm auf Zeichen schon fertiggestellt sein, nur aus einer Farbe bestehen und von den Kinder an anderer Stelle im Raum gebaut werden.
- Mit den Kindern wird erarbeitet, in welcher Fortbewegungsart sie groß, in welcher sie weder groß noch klein und in welcher sie klein sind. Es werden Rollen in 3 verschiedenen Größen gezeigt, die Kinder reagieren mit der entsprechenden Fortbewegungsart.
- Die Kinder bauen einen Turm, der genauso groß ist wie sie. Anschließend stellen sie sich neben die Türme der anderen Kinder und vergleichen die Größe.

2.1.4. Formenunterscheidung

Auf dem Hallenboden werden mit Klebeband Formen (Dreieck, Rechteck, Kreis etc.) angebracht. Die Kinder suchen Formen in der Halle und berichten, welche sie gefunden haben (auch nicht aufgeklebte). Auf Anweisung suchen sie Dreiecke (Kreise usw.) und rollen sie mit der Papprolle nach. Wenn das gut klappt, sollen die Kinder die Form ohne Vorlage rollen.

Variationen:

- Die Form wird mit Papprollen nachgestellt; erst auf, dann neben dem Klebeband.
- In einer Kleingruppe hat jedes Kind hat 1 Rolle, stellt diese Rolle auf das Klebeband der entsprechenden Form. Jedes Kind bleibt bei seiner Rolle. Die Kinder schauen die Form an, nehmen die Rolle mit und bauen sie gemeinsam ohne Vorlage wieder auf.
- Ein Partner ordnet mehrere Papprollen in bestimmter Weise an, der andere Partner muss diese Form nachbauen.
- Ein Partner verändert zunächst eine, dann mehrere Papprollen. Der andere schaut dabei weg. Anschließend muss er sagen oder zeigen, was verändert wurde.
- Eine Kleingruppe baut mit Papprollen eine Form (gleichviel Papprollen wie Kinder) und legt bzw. stellt sie mit den Körpern nach.

Einfache Formunterscheidungen sind schon mit 2 Jahren möglich. Komplizierte, komplexe Formengebilde sind frühestens im Grundschulalter nachzuvollziehen.

2.1.5. Mengenunterscheidung

- Die Kinder bewegen sich mit den Rollen durch den Raum. Auf ein Zeichen sollen sie eine bestimmte Anzahl an Rollen zusammenstellen.

Variationen:

- Zeichen optisch oder akustisch geben.
- Zeichen als Menge (z. B. 4 Papprollen werden gezeigt) oder abstrakt (z. B. die Zahl 4 wird genannt).
- Die Rollen stehen im Raum.
- Die Rollen sollen übereinandergestellt oder etwas anderes mit ihnen gemacht werden.

2.1.6. *Peripheres Sehen*

Die Kinder nehmen verschieden breite Rollen und schauen hindurch. Was verändert sich? Die Übung zunächst mit einem Auge (das andere Auge ist geschlossen), dann auch mit 2 Augen ausführen.

Variationen:

- Zuerst ohne Rolle, dann mit breiten und schmalen Rollen als Fernrohr einen Gegenstand mit den Augen verfolgen.

Was verändert sich?

- Verschieden breite Rollen, als „Fernglas" halten und versuchen, zu gehen oder zu laufen.
- Wie oben, durch einen Parcours gehen.
- Die Papprollen über Linien rollen, ohne mit den anderen Kindern zusammenzustoßen.
- Die Papprolle als Lenkrad benutzen und über Linien gehen / laufen.

2.2. Akustische Wahrnehmungsschulung

Hier geht es zunächst darum, verschiedene akustische Wahrnehmungserfahrungen auf non-verbaler Ebene zu machen. Durch Konzentration und Zuwendung sollen Geräusche, Töne und Laute vom akustischen Hintergrund (Hintergrundgeräusche) gelöst werden, um sie in einem weiteren Schritt zu lokalisieren, zu unterscheiden und im Gedächtnis zu behalten.

- Welches Geräusch kann man mit der Papprolle machen?
- Einen kleinen Ball durch die Röhre rollen und mit geschlossenen Augen sagen, wann er unten herausfällt (lange Papprolle).
- In die Papprolle sprechen.
- Die Papprolle als Hörrohr benutzen.

Die folgenden Übungen sollten zunächst mit eindeutigen Geräuschen in entsprechender Lautstärke durchgeführt werden, können aber als Festigung mit Papprollen wiederholt werden.

- Die Kinder sitzen mit geschlossenen Augen in der Mitte; sie zeigen in die Richtung, aus der ein Geräusch kommt.
- Die Kinder folgen dem Geräusch im Kriechen.
- Nacheinander werden 2 verschiedene (später mehr) Geräusche gemacht; die Kinder sollen sagen, worum es sich handelt.
- Jede Gruppe soll auf ein ihr zugeordnetes bestimmtes Geräusch reagieren; nur wenn ihr Geräusch ertönt, zeigt sie (bewegt sich) auf das Geräusch zu.

2.3. Taktile Wahrnehmungsschulung

Mit der taktilen Wahrnehmung wird ein Sinn geschult, der bei Neugeborenen eine zentrale Stellung einnimmt; später aber sehr stark vom optischen Sinn überlagert wird. Der Tastsinn ist besonders bei leistungsschwachen Kindern oft mangelhaft ausgeprägt (*Kiphard* 1983, 32). Anhand der Papprollen können Größen-, Formen- und Mengendifferenzierung geübt werden. Im Alter von 4 bis 6 1/2 Jahren werden Objekte tastend untersucht runde und eckige Formen unterschieden sowie in der Größe beurteilt. Ab 6 1/2 Jahren gelingt es den Kindern auch, differenzierte und komplexe Formgebilde taktil zu erkennen und dabei Reihenfolge und Abstände zu berücksichtigen (vgl. *Dordel* 1987, 126). Mit anderen Materialien sollten noch Unterschiede im Gewicht, Festigkeit, Feuchtigkeit, Temperatur und Oberflächenbeschaffenheit erarbeitet werden. Da die Tastübungen hohe Konzentration erfordern und fast bewegungslos am Ort erfolgen, sollten sie nicht zu lange dauern und von großräumigen Bewegungen unterbrochen werden. Die folgenden Übungen können, wo möglich, nicht nur mit den Händen, sondern auch mit den Füßen ausgeführt werden. Alle Übungen werden mit **geschlossenen Augen** gemacht.

- Die Kinder rollen die Papprollen vor sich hin und her.
- Die Kinder ertasten die Anzahl der Rollen, die vor ihnen stehen.
- Die Kinder sortieren die Papprollen nach Größen.
- Sie versuchen im Kriechen möglichst viele Papprollen zu finden, die in der Halle verteilt stehen (langsam kriechen und Zusammenstöße vermeiden).

- Sie bauen (allein oder zu zweit) einen Turm aus Papprollen.
- In diesen gebauten Turm werden langsam Gegenstände herabgelassen.
- Mehrere Türme, die nebeneinander stehen, werden durch das Auflegen von Papprollen auf der Spitze miteinander verbunden.
- Zwischen zwei Papprollen legen die Kinder jeweils einen Bierdeckel.
- Sie versuchen, den Turm blind zu tragen.
- Ein Partner baut eine Form vor, sie muss durch Tasten erkannt und nachgebaut werden.
- „Blinde Transportstaffel"; welche Gruppe hat durch Übergeben zuerst alle Papprollen von einer auf die andere Seite transportiert?

2.4. Kinästhetische Wahrnehmungsschulung

Der kinästhetische oder Bewegungssinn setzt sich nach *Kiphard* (1983, 17) aus zwei getrennten Reizempfängern zusammen. Es ist einmal der Muskelsinn mit Rezeptoren in Muskeln, Sehnen und Gelenken, der laufend Informationen vermittelt, über die jeweilige Position und Bewegung von Körperteilen, über den Spannungsgrad der Muskeln, das aufgewendete Kraftmaß sowie Dauer und Geschwindigkeit der Bewegung. Das zweite kinästhetische Sinnesorgan ist der Vestibularapparat, welcher für die Gleichgewichts- und Lageregulation verantwortlich ist.

Der Muskelsinn wird bei jeder Bewegung gefördert. Es gibt allerdings Übungsformen, die speziell auf einzelne Leistungen des Muskelsinns eingehen, wie z. B. auf den Krafteinsatz und diese gezielt schulen.

- Die Kinder stoßen die Rollen abwechselnd so an, dass sie mal weit rollen, mal nach einer kurzen Strecke schon liegen bleiben.
- Die Rolle wird so angestoßen, dass sie in einem bestimmten Feld liegen bleibt.

Variationen:

- Mit der Rolle. mitlaufen. (Dies schult neben dem Krafteinsatz auch das Tempogefühl.)
- Die Rollen mit unterschiedlichem Krafteinsatz anstoßen und solange in der Halle herumlaufen, bis die Rollen aufhören zu rollen. Genau in dem Moment - wenn eine Rolle liegen bleibt - an dieser Rolle sein. (Mit dieser Übung wird auch das Zeitgefühl geschult.)

Der Vestibularapparat wird beispielsweise durch folgende Übungsform stimuliert. Die Kinder sollen die Bewegung jeweils machen.

- Die Erzieherin dreht die Papprolle:
  - im Stehen um die Längsachse
  - im Liegen um die Längsachse
  - im Liegen um die Querachse.

Kinder stellen sich auf 2 stehende Rollen und versuchen, das Gleichgewicht zu halten.

Variationen:

- auf einer stehenden Rolle stehen,
- dabei eine Statue darstellen,
- die Kinder stellen sich auf eine liegende Rolle und versuchen, sich damit fortzubewegen
- auf unterschiedlich großen Rollen stehen bleiben.
- auf den Rollen stehen bleiben und sich weitere Rollen zuwerfen.

Für diese Übungen sollten stabile Rollen mit einem relativ großen Durchmesser ausgewählt werden. Auf Sicherheitsmaßnahmen ist zu achten (Übungen zunächst mit Festhalten durchführen, evtl. Matten, Rollen an der Wand aufstellen zur Stabilisierung des Gleichgewichts).

2.5. Schulung und Körperwahrnehmung

Ziel dieser Wahrnehmungsschulung ist, dass das Kind lernt, sich ein schematisches Strukturbild von seinem Körper zu machen. Dieses Körperschema entwickelt sich im Laufe der Kindheitsentwicklung durch einen ständig größer werdenden Erfahrungsschatz an kinästhetischen, taktilen und visuellen Empfindungen. Diese Sinneswahrnehmungen werden im Laufe des Lernprozesses mit Wertbegriffen belegt und damit gezielt bewusst gemacht. Es werden Kenntnisse über Körpergröße, Form, Struktur und räumliche Anordnung der Körperteile sowie deren Bewegungsmöglichkeiten vermittelt. Das Körperschema als erlebte, körpereigene Räumlichkeit ist wichtig für die Steuerung und Abstimmung von Bewegungsabläufen. Es ist vor allem bei leistungsschwachen Kindern oft mangelhaft ausgeprägt und bedarf dann gezielter Schulung.

- Die Kinder bewegen sich in der Halle; auf ein Zeichen berühren sie die Papprollen, die in der Halle verteilt stehen, mit dem vom Lehrer (Kind) genannten / gezeigten Körperteil.
- Die Kinder balancieren die Papprollen auf verschiedenen Körperteilen.
- Sie tragen die Papprollen zwischen Körperteilen (z. B. Arm und Rumpf, zwischen den Beinen).
- Die Kinder rollen die Papprollen mit verschiedenen Körperteilen.
- Die Papprolle wird als Armreif benutzt und dem Partner die Hand gegeben. Dabei soll die Rolle dem Partner auf den Arm rutschen.
- Der Partner wird mit bestimmten Körperteilen an der Wand fixiert.
- Die Partner halten die Papprolle mit verschiedenen Körperteilen (aber jeweils gleichen) zwischen sich fest und bewegen sich sofort.

„Hallo, hallo!"

- Die Kinder rollen sich die Papprolle über beliebige Körperteile.

Variationen:

- Möglichkeiten suchen, wie die Rolle von alleine über Körperteile rollt (z. B. über Vorderseite der Beine im Sitzen, Heben des Gesäßes. Beim Heben des Gesäßes rollt die Papprolle über die Beinvorderseite).
- Die Erzieherin zeigt / nennt die Körperteile.
- Partnerweise: Ein Kind liegt am Boden und hat die Augen geschlossen, sagt über welches Körperteil der Partner die Papprolle führen soll.
- Wie oben, aber Partner führt die Papprolle, das liegende Kinder nennt die Körperteile nachdem sie „überrollt" wurden.
- Wie oben, überrollte Körperteile werden anschließend angespannt.
- Die Körperumrisse von liegenden Kindern werden von Partner mit einer Papprolle umfahren.
- Mit Papprollen werden Männchen gelegt.
- Mit dem eigenen Körper die Stellung der Männchen imitieren.

Überrollen der Vorderseite der Beine.

- Herumlaufen und die Männchen begrüßen, am Kopf streicheln, am Bauch kitzeln etc.
- Die Kinder übersteigen auf dem Boden stehende Papprollen im Vierfüßlergang ohne die Rollen zu berühren. (Für die Bewältigung dieser Aufgabe muss den Kindern die räumliche Ausdehnung ihres Körpers bekannt sein.)

2.6. Schulung der Raumwahrnehmung

Die Raumorientierung baut auf dem Körperschema auf, das von innen nach außen projiziert wird. Begriffe wie oben / unten, vorn / hinten und rechts / links werden also zunächst am eigenen Körper gelernt bevor sie auf die Außenwelt übertragen werden. Der sprachlichen Begriffsbildung kommt für die Raumorientierung eine entscheidende Rolle zu (*Kiphard* 1979, 94). Deshalb sollten die Übungen zunächst vorgemacht und benannt, später nur noch benannt werden. Die Begriffe rechts und 1inks werden erst im Alter von etwa 8 Jahren (*Dordel* 1987, 127) relativ sicher beherrscht. Abstand und Lage von Gegenständen werden ab 3-4 Jahren zunächst taktil-kinästhetisch, ab 5-6 Jahren dann auch visuell erfasst (*Dordel* 1987, 126). Raumposition und Raumrichtung können erst dann verbal präzise formuliert werden, wenn die Raumebenen (z. B. waagerecht, senkrecht) und Ausdehnungen (Entfernungen) durch Begriffe bewusst gemacht worden sind.

2.6.1. Raumlinien (Koordinaten)

- Wer sieht eine senkrechte Linie? Die Papprollen die Linie hoch rollen.
- Die Kinder sollen eine waagrechte Linie suchen und mit der Papprolle entlang rollen.
- Linien suchen, die parallel zu einer bestimmten Wand verlaufen.

- Die Papprolle eine Schräge (z. B. eingehängter Kastendeckel) hinunterrollen lassen. Wie ändert sich die Bewegung mit unterschiedlicher Steilheit?

2.6.2. Raumausdehnung

- Die Papprolle an den Wänden entlang rollen, bis die Umrisse der Halle einmal nachgefahren sind.
- Die Wand berühren, die Papprolle auf dem kürzesten Wege zur gegenüberliegenden Seite rollen. Das gleiche mit den beiden anderen Wänden. Welcher Abstand ist größer?
- Die Kinder sollen jede Wand mit der Rolle berühren und dazwischen immer wieder durch die Mitte kommen (Rolle balancieren oder rollen).
- Bei allen drei Übungen kann vorher die Papprolle als Fernglas benutzt und der beabsichtigte Weg durch das „Fernglas" betrachtet werden.
- Die Kinder verteilen die Papprollen im gleichen Abstand auf einer Linie und umlaufen (umkriechen ....) sie.

Variationen:

- kurze / längere Strecke,
- zu zweit oder in der Kleingruppe,
- mit/ohne Markierung am Boden,
- von der Hallenmitte zu einem markanten Punkt
- von einer Hallenwand zur anderen.

Die Kinder sollen die Rollen in dem Abstand aufstellen, der für die folgenden Übungen benötigt wird:

- Ohne Zwischenschritte über die Rollen steigen / laufen
- im Schlusssprung über die Rollen (ohne / mit Zwischenfedern).

Diese Übung kann erst ab dem Grundschulalter durchgeführt werden und ist später sehr hilfreich, wenn beim Aufbau von Geräten bestimmte Abstände wichtig sind.

- Die Kinder sollen eine Anzahl von Papprollen gleichmäßig in einem Feld verteilen und um die Rollen herumlaufen.

Variationen:

- Kleines / großes Feld
- wenig / viele Papprollen.

2.6.3. Raumlage

- Die Kinder bewegen sich im Raum, auf Zuruf stellen, setzen, legen, knien sie sich vor, hinter, neben die Papprollen.
- Die Erzieherin stellt oder legt die Rolle auf den Boden. Die Kinder machen die Lage nach. Beim Hinlegen sollte auch die Richtung der Rolle nachgeahmt werden. Den Papprollen kann auch ein Gesicht aufgemalt werden, um oben und unten zu kennzeichnen.

2.6.4. Taktil-kinästhetische Raumwahrnehmung

Einen "Papprollenparcours" erst mit geöffneten, dann mit geschlossenen Augen übersteigen, ohne die Rollen zu berühren.

Variation:

- kurze / lange Abstände.

Eine Papprolle aufstellen und sich davon 2 Schritte entfernen, die Augen schließen und auf sie zu krabbeln.

Variationen:

- Entfernung vergrößern,
- gehen vorwärts, seitwärts, rückwärts,
- langsam / schnell,
- vorher eine Drehung machen,
- 10 cm vor der Papprolle stehen bleiben.

Die Papprolle eine Schräge hinunterrollen lassen.

3. Koordinationsschulung

Zunächst werden koordinationsschulende Übungen aufgezeigt, die nur mit Papprollen durchgeführt werden, anschließend Übungen, in denen außer Papprollen auch andere Geräte zum Einsatz kommen. Die Beispiele dienen als Anregung. In der Praxis werden sich noch eine Vielzahl anderer Möglichkeiten entwickeln lassen. Der 1. Teil ist untergliedert nach den Grundformen Rollen, Springen / Hüpfen und Werfen, der 2.Teil nach Geräten.

3.1. Rollen

Die Kinder rollen sich zu zweit eine Papprolle zu - mit Händen, Füßen, anderen Körperteilen:
- im Grätschsitz, im Fersensitz
- im Stehen vorlings, im Stehen rücklings mit gegrätschten Beinen
- in Bauchlage.

Die Kinder rollen sich die Papprolle so zu, dass:
- sie dem Partner durch die gegrätschten Beine rollt
- der Partner sie gut bekommt / gerade noch erreicht.

Jedes Paar benutzt 2 Rollen:
- Die Rollen sollen sich möglichst nicht berühren,
- sich unterwegs treffen.

Mit den Rollen wird ein Tor gebaut. Eine weitere Rolle wird angestoßen und soll durch das Tor rollen, ohne es zu berühren.
„Kegeln", sowohl die Kegel, als auch die Kugeln werden durch die Papprollen ersetzt.
Ein Kind stößt eine Papprolle an, so dass sie durch die Halle rollt. Ein anderes Kind stößt ebenfalls eine Rolle an und versucht, damit die Rolle des Mitspielers zu treffen.

3.2. Springen / Hüpfen

Die Kinder sollen:
- über eine stehende oder liegende Papprolle springen
- über eine rollende Papprolle springen
- ein Hindernis bauen und darüber springen
- eine Hindernisbahn bauen und in Variationen darüber springen:
  - einbeinig mit und ohne Wechseln des Fußes
  - beidbeinig / abwechselnd ein- und beidbeinig
  - mit / ohne Zwischensprünge
  - mit / ohne Grätschen der Beine
  - den Parcours umlaufen oder umhüpfen.
- auf einem Bein durch die Halle hüpfen und mit dem anderen die Papprollen vorwärts treiben oder sachte umwerfen.

3.3. Werfen

- Die Kinder sollen die Rolle hochwerfen und fangen,
- dem Partner zuwerfen,
- von einer Hand in die andere werfen,
- mit den Beinen werfen (im Sitzen) und mit den Händen auffangen.

Die Kinder sind bei diesen Übungen darauf aufmerksam zu machen, dass die Rollen hart sind und sehr vorsichtig geworfen werden müssen. Die Übungen sollen erst ausgeführt werden, wenn ausreichende koordinative Fähigkeiten vorhanden sind und das Werfen sicher beherrscht wird.

3.4. Papprollen und Bälle

Je nach Aufgabenstellung und Alter der Kinder sollten statt Bälle Luftballons, Wasserbälle oder Bohnensäckchen verwendet werden.

- Ein Ball wird auf die Papprolle gelegt und damit balanciert
- er wird leicht hochgeworfen und mit der Papprolle gefangen
- einige Papprollen werden als Ziel aufgestellt. Die Kinder versuchen mit kleinen Bällen (Kastanien) hineinzutreffen.

3.5. Papprollen und Stäbe

- Die Rolle wird mit 2 Stäben (1 Stab) geschoben. (Eine Linie entlang, durch einen Parcours etc.)
- Die Rolle mit Hilfe von 1 oder 2 Stäben tragen (Stab wird durch die Papprolle geführt oder liegt auf den Stäben). Diese Übung kann auch zu zweit ausgeführt werden.

Literatur

Dordel, S.: Bewegungsförderung in der Schule. Dortmund 1987.

Frostig, M.: Bewegungserziehung. Neue Wege der Heilpädagogik. München 1975.

Frostig, M. / Müller, H. (Hrsg.): Teilleistungsstörungen. München 1981.

Glees, P: Das menschliche Gehirn. Stuttgart 1970.

Kephart, N. C.: Das lernbehinderte Kind im Unterricht. München 1977.

Kiphard, E. J.: Motopädagogik. Dortmund 1979.

Kiphard, E. J.: Mototherapie - Teil 11. Dortmund 1983.

Ljublinskaja, A.: Kinderpsychologie. Köln 1982.

Regina Weimann

Förderung der koordinativen Entwicklung mit Teppichfliesen

Es kann davon ausgegangen werden, dass die Entwicklung koordinativer Fähigkeiten Kernstück einer Bewegungserziehung im Vorschulalter ist. Die Koordinationsfähigkeit hat eine hervorragende Bedeutung für die motorische Entfaltung des heranwachsenden Kindes.

Gerade beim Vorschulkind ist die motorische Entwicklung untrennbar mit der Kognition und dem Gefühlsleben verknüpft. Insbesondere ist dieses Alter von einem kindlichen Bewegungsdrang geprägt, der bis ins Grundschulalter fortwirkt. Diesen Drang zu nutzen, ihn zu erhalten, zu leiten und zu fördern, sollte unabdingbare Aufgabe jeder Erzieherin sein. Im Rahmen anthropologischer Sichtweise schreiben *Ehni* u. a. (1985):

"In der Bewegung entwickelt und verändert der Mensch sich und seine Welt. Bewegungen bewirken etwas, hinterlassen nicht nur Spuren in der äußeren Welt, sie beeinflussen und verändern auch das Innere des Menschen: Wahrnehmungen, motorische Leistungen, Muskulatur ... Aber auch sein Selbstbild und nicht zuletzt sein "Wesen" sind hier im Werden begriffen."

Im Handlungsfeld Bewegung erfährt das Kind mittelbar und unmittelbar Irrtum oder Erfolg und lernt dabei ein Stück Umweltbewältigung. Das Lernen durch Entdecken ist für das Kind eine wichtige Lernhilfe. "Aber es muss ein Entdecken sein, die Kinder müssen Gelegenheit erhalten, individuell ein Material, ein Objekt, einen Gegenstand so behandeln zu können, wie sie wollen." (*Diem* 1979, 55).

Durch freie Versuche und in ständiger Wiederholung entwickeln die Kinder ihre Bewegungsphantasie und ihr Bewegungskönnen. Beim letzteren denke man nur an das ständige Wiederholen und Üben der Kleinkinder beim Laufen lernen.

Wahrnehmungs-, Steuerungs-, Rhythmisierungs-, Differenzierungs-, Balancier- und Reaktionsfähigkeit sind grundlegende Bestandteile der Koordination. Sie werden "durch die Prozesse der Bewegungssteuerung und –regelung bestimmt. Sie sind nicht angeboren, sondern entwickeln sich auf der Grundlage elementarer Anlagen in der tätigen Auseinandersetzung mit der Umwelt" (*Schnabel* 1977, 197ff).

Die o. g. koordinativen Fähigkeiten bedingen sich gegenseitig. Sie treten stets in mehr oder weniger enger Verknüpfung als Voraussetzung und Ergebnis gerade auch des kindlichen Bewegungsspiels auf. *Schnabel* charakterisiert die Entwicklungsphase des Vorschulalters als eine Phase der Vervollkommnung vielfältiger Bewegungsformen und Aneignung erster Bewegungskombinationen, z. B. Gehen in Verbindung mit Schieben oder Ziehen.

Merkmale wie qualitative Verbesserung der Bewegungsabläufe (besser koordinierte Bewegungen), quantitative Leistungssteigerung (höher, weiter, schneller) und Zunahme variabler Verfügbarkeit (Bewegungsformen in unterschiedlichen Situationen oder bei verschiedenen Aufgaben anwenden können) sind besonders auffällig.

Hervorzuheben ist, dass die Gleichgewichtsfähigkeit einem guten Niveau zustrebt, dass das Bewegungsverhalten gesteigerte Zielstrebigkeit und Beständigkeit aufweist und, dass außerdem die Bewegungen kraftvoller, schneller und großräumiger werden. Weiterhin finden das Nachahmungsbedürfnis und ein beginnendes Leistungsstreben im kindlichen Bewegungsspiel ihren motorischen Ausdruck.

Eine gute Koordination zu besitzen, bedeutet: geschickt zu sein, d. h. motorische Handlungen optimal den Umweltanforderungen anpassen zu können.

Übungsanregungen

Die anschließenden Übungsanregungen mit Teppichfliesen sollen die Förderung der koordinativen Entwicklung im Vorschulalter unterstützen. Die zu geometrischen Figuren (Quadrate, Kreise usw.) zurechtgeschnittenen Stücke bieten ideale Bewegungsanreize zum Rutschen, Schieben, Ziehen, Springen, Tragen und Spielen. Gezielte Bewegungsaufgaben lassen sich nach eigener Erfahrung damit freudebetont gestalten.

Die folgenden Übungen mit den Teppichfliesen sind so angeordnet, dass sie für die Durchführung einer Bewegungsförderungsstunde in 3 Phasen inhaltliche Gestaltungsmöglichkeiten bieten:

I Experimentieren und Erproben
II Gezieltes Üben
III Erfahrenes, Erprobtes und Geübtes im Spiel anwenden.

Dabei sollen die Kinder ihr individuelles Leistungsniveau verbessern, Erfahrungen machen und Einsichten entwickeln, unterstützt durch Unterrichtsgespräche, ihr soziales Verhalten verbessern und Anregungen für Spiel und Sport in der Freizeit erhalten. Prinzipien der Kindgemässheit, der Freude und das Einbeziehen der Kinder in den Unterricht, sind dabei stets zu beachten.

Die Inhaltsvorschläge für die 3 Punkte sind austauschbar und exemplarisch und sind abhängig von Umfang, Zeit, Raum und Übungsgruppe.

Inhaltliche Anregungen zu I

- Die Kinder zu verbalen Äußerungen über Form, Beschaffenheit und Anwendungsmöglichkeiten der Teppichfliesen auffordern.
- Herausfinden lassen, wo man mit der Fliese rutschen kann bzw. wo sie ihre feste Auflagefläche hat. "Wie kannst Du mit der Teppichfliese rutschen? Auf welcher Seite kannst Du besser rutschen?"
- Umlaufen der auf ihrer Unterseite auf dem Boden liegenden Fliesen, auf Zuruf reaktionsschnell die Orientierung finden. "Setzt Euch auf, vor, neben die Fliese! Stellt Euch auf, legt Euch unter die Fliese usw.!"
- Mit den Fliesen unterschiedliche "Raumfiguren" legen, Kreis, Viereck, Bahnen usw.: "Wie könnt Ihr die Teppichfliesen um- oder belaufen, überkrabbeln, überspringen?"

Inhaltliche Anregungen zu II

Übungen zur Förderung der Gleichgewichtsfähigkeit:

"Rollerfahren"

Ein Fuss steht auf der Fliese, mit dem anderen stoßen sich die Kinder ab. Die Kinder geben sich selbst die Strecken vor.

„Wo bin ich?“

"Kreisel"

Die Kinder stehen beiden Füßen auf der Fliese und versuchen, sich im Kreis zu drehen. Wer kann sich am längsten drehen, ohne umzufallen?

"Tandemrutschen"

Die Kinder rutschen mit einem Partner auf gleicher Höhe vorwärts. Dabei können sich beide auch die Hand geben.

"Gruppenstandrutschen"

Die Kinder fassen sich mit den Händen und sollen eine vorgegebene Strecke bewältigen, ohne dass einer seine Fliese verliert.

"Schwankender Mast"

Die Kinder stellen sich auf die Fliese und versuchen, wie ein Mast hin- und herzuschwanken und dabei ganz steif zu bleiben. Die Beine können auch geöffnet werden.

Übungen zur Förderung sozialer Verhaltensweisen sowie der Fähigkeit das Eigengewicht und das Gewicht des Partners zu bewältigen bzw. damit umzugehen:

"Sitzrutschen"

Die Kinder sitzen auf der Fliese und stoßen sich mit den Händen oder Füßen ab.

"Bauchrutschen"

Die Kinder liegen mit dem Bauch auf der Fliese und ziehen sich mit den Händen vorwärts, bzw. schieben sich rückwärts.

"Bauchrutschen mit Hindernissen"

Die Kinder bauen Hindernisse, unter denen sie sich auf der Teppichfliese hindurchziehen, oder -schieben könnten.

"Partnertransport"

Die Kinder versuchen, einen Partner, der auf seiner Fliese sitzt oder liegt, zu ziehen oder zu schieben.

"Autofahren"

In einem abgegrenzten Feld sollen die Kinder ihren Partner ziehen oder schieben, ohne die anderen Paare zu berühren.

"Lastauto"

Der Partner wird in Bauchlage an seinen langgestreckten Armen von Linie zu Linie oder in selbst gebauten Straßen gezogen und mit verschiedenen Materialien wie Bohnensäckchen, Tennisringen, Schaumstoffteilen usw. beladen. Am Zielort kann mit den Materialien gemeinsam etwas gebaut werden.

"Anhängen"

Die Kinder lassen sich in Bauch-, Rückenlage in der Hocke ziehen. Dabei sollen sie sich an Geräten wie Tennisringen, Stäben, Seilen usw. festhalten.

"Zielwerfen"

Die Kinder bauen mit den Fliesen Ziele und versuchen diese Ziele mit den Bohnensäckchen oder Bällen zu treffen.

"Kettenspringen"

Die Kinder springen aus dem Stand über ihre Fliese, nehmen diese wieder auf und legen sie zu neuem Sprung nach vorn usw.

"Hin- und Herspringen"

Die Kinder gehen partnerweise zusammen und springen auf zwei Fliesen hin und her! Dabei sollen sie möglichst viele Hüpfformen, alleine und zu zweit finden.

"Laufendes Band"

Die Kinder legen die Fliesen mit Abständen hintereinander und überlaufen bzw. überspringen die Fliesen."

(Die letzten beiden Aufgaben festigen die Bewegungsgrundmuster Laufen, Hüpfen, Springen und entwickeln die Rhythmisierungsfähigkeit.)

Inhaltliche Anregungen zu III

"Platzsuchspiel"

Es steht eine Fliese weniger als die Anzahl der Kinder zur Verfügung. Die Fliesen sind zu umlaufen und auf ein Signal hin, sind diese schnell zu besetzen. Wer keinen Platz mehr gefunden hat, darf das Signal für die nächste Runde geben.

"Nachlaufen und Fangen"

2 bis 3 Fliesen liegen im Raum. Wer auf einer Fliese steht, darf nicht gefangen werden.

"Hüpfkasten"

Die Kinder legen mit den Fliesen ‚Hüpfkastenmuster' und denken sich Hüpfspiele aus.

Von "Insel zu Insel"

Die Fliesen liegen in unterschiedlichen Abständen im Raum. Wie könnt ihr von Insel zu Insel gelangen, ohne das Wasser (Boden) zu berühren?"

Von Insel zu Insel.

"Fliegender Teppich"

Die Kinder stehen sich in 2 Reihen gegenüber. Das vorne stehende Paar fasst gemeinsam die Teppichfliese an und wirft sie zum nächsten Paar. Das gleiche in Doppelreihen als Gruppenwettkampf: "Bei welcher Reihe ist die Teppichfliese nicht auf den Boden gefallen?"

"Zielspringen"

Die Kinder legen sich vor Langbänken oder kl. Kästen Teppichfliesen hin. "Wer kann vom Gerät herunterspringen und auf einer Fliese landen? Landet so, dass man nichts hört!"

Literatur

Diem, L.: Bewegungsspiele mit Kindern. Reinbek: Rowohlt, 1979.

Ehni, H., Kretschmer, J., Scherler, K.: Spiel und Sport mit Kindern. Reinbek: Rowohlt, 1985.

Meinel, K., Schnabel, G.: Bewegungslehre. Berlin: Volk Lind Wissen, 1977.

Zimmer, R.: Sport und Spiel im Kindergarten. Stuttgart: Klett, 1980.

Günter Kaufmann

„Knete“ für die Füße

Einleitung

Babys und Kleinkinder spielen noch mit ihren Füßen. Die Füße können ohne Mühe angefasst, ja sogar in den Mund gesteckt werden. Dieses Interesse schwindet sobald Kinder des Laufens mächtig sind, wenn Erwachsene die Kinderfüße in Schuhe stecken und dadurch die Funktion und eine gesunde Entwicklung der Füße behindern.

In der heutigen „Schuhgesellschaft“ begegnen uns dann überall „geschundene“ Füße. In ihrem umhüllenden „Schutz“ verhindert das Schuhwerk besonders, wenn es nicht passt, dass die Muskeln, Bändern, Sehnen und Gelenke der Füße notwendige Trainingsreize erfahren.
Als Ursache für Fußschwächen sind neben anlagebedingten Faktoren (z. B. Bindegewebsschwäche) vor allem Bewegungsmangel, nicht richtig passende Schuhe (vor allem zu klein, zu spitz, unbewegliche Sohle) Fehlbelastungen und Übergewicht zu nennen.

Herstellung der Knetmasse

Zutaten:
400 Gramm Mehl,
200 Gramm Salz,
10 Gramm Alaunpulver (aus der Apotheke),
5 Eßlöffel Glyzerin (aus der Apotheke),
ca. 1/4 Liter Wasser,
Lebensmittelfarbe nach Wunsch.

Die Zutaten zusammengeben und verrühren und kneten.
Die Knetmasse bleibt lange geschmeidig, wenn sie in einer abgedeckten Kunststoffschüssel aufbewahrt wird.

Mit den Füßen Kugeln formen.

Bei Fußschwächen ist oft u. a. die Abrollbewegung beim Gehen / Laufen beeinträchtigt, die Belastbarkeit der Füße gemindert und Schmerzen können auftreten. Fußschwächen können aber auch auf andere Körperregionen Auswirkungen haben: Veränderung der Beckenstellung und der Wirbelsäule, Verkrampfung der Bein- und Gesäßmuskulatur, Verspannung der Rückenmuskulatur.
Es gilt daher, die Kinderfüße durch vielfältige Reize zu stärken. Greifen mit den Zehen, Barfuß-Gehen, Federn, Springen in achsengerechter Beinhaltung, Beweglichkeitsübungen für die Fußgelenke kräftigen die Fuß- und Beinmuskulatur sowie die Bänder. Tasten und Fühlen erhalten die Sensibilität der Füße.

Im folgenden werden mit dem Medium Knetmasse spielerische Möglichkeiten aufgezeigt, mit Kindern eine spannende Fußgymnastik, in der sich die oben genannten Beanspruchungen ergeben, durchzuführen. Die Anregungen legen einen ganzheitlichen Ansatz zugrunde.

Knetmasse kennen die meisten Kinder, und es ist oft eine hohe Motivation vorhanden mit dem Material kreativ umzugehen. Das Material mit den Füßen zu bearbeiten oder es als Sportgerät zu benutzen, ist den Kindern wahrscheinlich neu.

Von der Seite der Erzieherin bedarf es nur noch kleiner Anstöße, um fußgerechte und fußstärkende Übungen durchzuführen. Die Kreativität der Kinder ist groß genug, um bei dem Aufforderungscharakter des Materials entsprechende Variationen zu finden.

Besonders reizvoll ist es für die Kinder, die Knetmasse selbst herzustellen (s. Kasten). Dies kann zu Hause (Anweisung zur Herstellung der Knetmasse mitgeben), in der Schule (im Sachunterricht), eventuell aber auch in der Turnstunde erfolgen.

Diese „handgefertigte" Knetmasse wird in die Turnstunde mitgebracht. Dort wird zunächst von Erfolgen oder Misserfolgen beim Herstellen berichtet. Die unterschiedlichen Ergebnisse werden besichtigt und evtl. Tipps zur Verbesserung gegeben.

„So, jetzt nur noch den Arm."

Praxisbeispiele

Das handgefertigte Material wird in dieser Stunde nur noch mit den Füßen bearbeitet. Die Füße der Kinder können Namen erhalten. Sie sind dann z. B. als Künstler, Artisten, Arbeiter, Sportler aktiv.

„Formen"

Die Kinder formen mit den Füßen z. B. Kugeln, Rechtecke, Pyramiden, Häuser, Tiere.

- Die Werke können alleine oder in Partnerarbeit geschaffen werden.
- Die einzelnen Formen, Figuren können zum Darumherumlaufen oder Darüberspringen genutzt werden.
- Die Formen können auf verschiedene Art und Weise transportiert werden (z. B. Figur mit den Füßen auf ein Tuch legen, das Tuch mit den Zehen greifen und an einen anderen Ort ziehen.

„Puzzeln"

Ein Teil der Kinder fertigt verschiedene Teile einer Figur z. B. Kopf, Hals, Rumpf, Beine. Der andere Teil setzt die Figuren richtig zusammen.

„Haltet das Feld frei"

Die Kinder fertigen sich kleine Bälle, die sie mit den Füßen greifen können. Sie versuchen, in einer gewissen Zeit möglichst viele Bälle in das Feld des Gegners zu werfen.

„Fußballspielen"

Die Kinder stellen mit der Knetmasse einen Ball (Bälle her). Sie dribbeln damit, führen den Ball auf Linien entlang usw.

Den Knetball auf einer Linie führen.

„Hindernisse“

Die Kinder bauen mit der Knetmasse Hindernisse und springen darüber.

„Balancieren“

Die Kinder bauen mit der Knetmasse Balancierstraßen und balancieren darauf, daran entlang oder überspringen diese.

„Fußabdrücke herstellen“

Die Kinder stellen mit der Knetmasse Fußabdrücke her, die begutachtet werden. Dabei können altersgemäß der Aufbau des Fußes und die Funktion sowie vorbeugende Maßnahmen gegen Fußschwächen erklärt werden.

- Gibt es Unterschiede zwischen Füßen?
- Ist der Fuß lang oder breit?
- Wie sind die Fußgewölbe ausgeprägt?
- In welchen Abdruck der anderen Kinder passt auch mein Fuß?

Der Abdruck kann mit nach Hause genommen und ein Gipsabdruck erstellt werden.

Reinhard Liebisch

Übungsanregungen mit Schaumstoffteilen für Kinder im Vorschulalter

Für die Bewegungserziehung im Kindergarten werden im folgenden Übungsanregungen mit Schaumstoffteilen gegeben. Es handelt sich hierbei um ein in der Praxis unkonventionelles und wenig bekanntes Material. Nach unseren Erfahrungen haben Schaumstoffteile für Kinder einen sehr hohen Aufforderungscharakter. Sie provozieren sowohl selbständige und gruppenbezogene als auch kreative Handlungen; darüber hinaus lassen sich viele motorische Lernziele, wie z. B. Gleichgewicht, Geschicklichkeit, Beweglichkeit, Sprungkraft, Ausdauer, Verbesserung der Grundbewegungsformen wie Laufen, Hüpfen, Springen etc. spielerisch verfolgen.

Bei den Schaumstoffteilen handelt es sich um ein Material, bei dem so gut wie keine Verletzungsmöglichkeiten vorhanden sind. Schaumstoffteile sind preisgünstig und in verschiedenen Größen und Farben leicht zu beschaffen. In Kaufhäusern, Baugroßmärkten ist dieses Material oft sehr günstig zu erhalten und wird entsprechend zugeschnitten.

Als günstig erweist es sich, wenn pro Kind mindestens 3 Schaumstoffteile vorhanden sind, wobei es auch mehr sein dürfen. Verschiedene Farben sind nicht unbedingt nötig "beleben" aber den Turnraum oder die Wiese und erweitern die Übungsvielfalt.

Die Übungsanregungen sind nicht im Sinne eines Stundenbildes dargestellt, da es in der Natur einer an den kindlichen Interessen orientierter Bewegungserziehung liegt, dass in den Übungsstunden Einfälle der Kinder berücksichtigt und in das Übungsangebot integriert werden.

Für die Gestaltung von Sport- und Spieleinheiten für 3-6Jährige sollten nach *Zimmer* (1980, 13) folgende Schritte eingehalten werden.

1. Sammeln erster Bewegungserfahrungen mit unbekannten Geräten oder in neuen ungewohnten Situationen (Betonung liegt auf der Selbsttätigkeit). Offene Aufgabenstellungen und freie Spielsituationen ermöglichen dem Kind das Kennen lernen und Ausprobieren der Spiel- und Sportgeräte.

2. Aufnahme der Vorschläge einzelner Kinder: Aufforderung zur Nachahmung und zum Ausprobieren durch die anderen: kennen lernen neuer Bewegungsformen.

3. Erst dann sollte das zielgerichtete Arbeiten an einem Thema einsetzen: Bewusstmachen einzelner Bewegungsabläufe; konkrete Bewegungsaufgaben, die zur Verbesserung der sensomotorischen Fähigkeiten, der Bewegungsqualität und Bewegungssicherheit, des Sozialverhaltens oder des Problemlösungsvermögens führen."

Die angebotenen Übungen erheben keineswegs den Anspruch auf Vollständigkeit, sondern sollen Anregung sein, weitere Formen zu erfinden.

Viele Übungen kamen auf Anregungen der Kinder zustande.

1. Die Schaumstoffteile liegen auf dem Boden verteilt. Vorwärts, rückwärts um die Schaumstoffteile laufen, ohne diese zu berühren oder darüber zu springen:
   - in Partnerform, indem sich zwei Kinder an der Hand fassen,
   - als Gruppe (Eisenbahn) indem sich die Kinder an der Hüfte des Vordermannes festhalten.

2. Die Kinder laufen durcheinander, auf ein Signal steht (sitzt, liegt) jedes Kind auf einem Schaumstoffteil.
   - dto. auf einem roten Schaumstoffteil:

3. Die Kinder laufen durcheinander, auf ein Signal überspringen die Kinder ein Schaumstoffteil und laufen weiter
   - ein Schaumstoffteil einer bestimmten Farbe überspringen.

4. Die Schaumstoffteile liegen auf dem Boden verteilt, die Kinder laufen entlang den Wänden um die Schaumstoffteile herum. Auf ein Signal sollen die Kinder jeweils Schaumstoffteile gleicher Farbe aus der Mitte holen und auf einen vorher bestimmten Platz legen.

5. Die Schaumstoffteile liegen in der Mitte der Halle. Die Kinder sitzen in zwei gleichgroßen Gruppen in je einer Ecke. Auf ein Signal soll jede Gruppe möglichst viele Schaumstoffteile in ihre Ecke tragen,
   - Anzahl der Schaumstoffteile, die getragen werden dürfen, festlegen.
   - Änderung der Fortbewegungsart: Hüpfen, Laufen, Vierfüßlergang.

6. Schaumstoffteile zwischen den Beinen einklemmen und hüpfen oder um Hindernisse herumlaufen.

7. Die Schaumstoffteile mit gleichen Abständen hintereinander legen. Den Abstand so bemessen, dass die Kinder ohne Zwischenschritt, -sprung darüber laufen und hüpfen können,
   - über die Schaumstoffteile krabbeln ohne sie umzuwerfen,
   - Slalom um die Schaumstoffteile laufen.

8. 2-3 Kinder bauen sich mit Schaumstoffteilen Sprunggelegenheiten für Hoch- und Weitsprünge und probieren aus, wie hoch, wie weit sie springen können,
   - jede Gruppe versucht sich auch an den "Hindernissen" der anderen Gruppen,
   - zu zweit, zu dritt über die Hindernisse springen.

   (Bei allen Sprungformen ist auf eine leise Landung zu achten!)

9. Die Kinder bauen mit den Schaumstoffteilen "Straßen", wobei sich die Schaumstoffteile berühren:

Die Schaumstofffteile transportieren.

- auf den "Straßen" balancieren (barfuss) vorwärts, rückwärts, seitwärts,
- auf die "Straßen" werden Hindernisse gelegt, z. B. andere Schaumstoffteile, die überwunden werden müssen,
- Gegenstände (z. B. Bälle) sollen von den Kindern auf den "Straßen" transportiert werden,
- partner- / gruppenweise auf den "Straßen" balancieren,
- über die "Straßen" springen, einbeinige und beidbeinige Absprünge.

10. Auf dem Schaumstoffteil stehen (einbeinig, zweibeinig) sitzen (Schwebesitz) knien,
- gleiche Übungen, wobei mehrere Schaumstoffteile übereinander gestapelt sind.

11. Ein oder mehrere Schaumstoffteil(e) mit verschiedenen Körperteilen jonglieren,
- soviel Schaumstoffteile als möglich auf einmal transportieren,

Balancieren auf „wackeligen Steinen".

- 2-3 Kinder sollen soviel Schaumstoffteile als möglich transportieren.

12. Mit den Schaumstoffteilen verschiedene Dinge bauen: Häuser, Türme, Brücken, Straßen, Fahrzeuge etc. In Einzel- und Gruppenarbeit "Wie können wir einen hohen Turm bauen".
- Figuren und Formen legen.

13. Mit 3 Schaumstoffteilen Tore bauen und so durchkriechen, dass das Tor nicht beschädigt wird,
- über das Tor steigen, ohne dies zu beschädigen.

14. Mit 4 Schaumstoffteilen ein Haus bauen (Viereck) und so klein machen, dass man in sein Haus passt.

15. Mit dem Bauch, Rücken, der Seite auf ein Schaumstoffteil legen, ohne dass die Arme und Beine den Boden berühren.

16. "Kissenschlacht" mit den Schaumstoffteilen.

17. Schaumstoffteile auf verschiedene Art und Weise fangen und werfen:
- hochwerfen,
- hochwerfen und versuchen aufzufangen,
- weit werfen ("Wie fliegt das Schaumstoffteil am weitesten ?"),
- Zielwerfen: Schaumstoffteile in Kästen, Reifen etc. werfen,
- Schaumstoffteil zu einem Partner werfen, der dieses auffangen soll.

18. Schaumstoffteile im Vierfüßlergang auf dem Rücken transportieren, ohne dass es herunterfällt. - Mehrere Schaumstoffteile auf dem Rücken transportieren.

19. Zwei Kinder klemmen ein oder mehrere Schaumstoffteile zwischen sich ein. Diese müssen von einer Wand zur anderen transportiert werden, ohne dass die Hände dabei benutzt werden dürfen.

20. Die Kinder knien auf den Schaumstoffteilen und stützen und schieben sich mit den Händen vorwärts
   - Staffeln
   - Fangspiele.

21. Mit je einem Fuß auf ein Schaumstoffteil stellen und "Skilaufen"
   - Fangspiele
   - jedes Kind hat zusätzlich ein Schaumstoffteil und versucht bei den anderen Schaumstoffteile zu rauben
   - die Kinder fassen den Vordermann an der Hüfte und "gleiten" als "Schlange" durch die Halle
   - 2 Kinder stehen auf einem Paar Schaumstoffteile und bewegen sich vorwärts, rückwärts
   - Staffelspiele

Literatur

Hahmann, H., Zimmer, R.: Bewegungserziehung im Kindergarten, Vorschule, Elternhaus und Verein. Bonn, Dümmler 1980.

Stübing, A.-D.: Beitrag von Bewegung, Spiel und Sport zur Entwicklung des Kindes. In: Bundesvereinigung für Gesundheitserziehung e. V. (Hrsg.): Gesunde Kinder - unsere Verantwortung. Bonn 1979, S. 51-59.

Zimmer, R.: Sport und Spiel im Kindergarten. Stuttgart, Klett 1980.

Sonja Quante

Mit der Waldfee unterwegs! –
Natur als Erfahrungsraum für psychomotorische Lernprozesse[1)]

Kindliche Lebenswelt heute: naturfern, bewegungsarm, fremdbestimmt?!

Natürliche Bewegungsräume werden immer mehr durch künstlich geschaffene Umwelten ersetzt. Dies geschieht zum einen durch Häuser- und Straßenbau, zum anderen aber auch durch eine Vielzahl an Verboten, die die Nutzung naturbelassener bzw. naturnaher Flächen einschränken. Und selbst Orte, die zum Spielen freigegeben oder sogar dafür vorgesehen sind, wie z. B. Spielplätze, entsprechen durch ihre Monofunktionalität häufig nicht den Bedürfnissen von Kindern nach eigener Gestaltung (vgl. *Hildebrandt* 1993, 9; *Engelberth, Herlth* 1993, 408 ff.; *Rolff, Zimmermann* 1990, 98 ff.).

Vorgefertigtes Spielzeug und konsumierende Freizeitaktivitäten wie Fernsehen und Computerspiele reduzieren die Eigentätigkeit der Kinder. Der Rückgang eigentätiger Aneignung der Welt wird auch mit einer Überlagerung primärer Erfahrungen durch Sekundärerfahrungen in Verbindung gebracht (vgl. u. a. *Rolff, Zimmermann* 1990, 125ff.; *Zimmer* 1996, 18; *Prenner* 1993, 45). Fertigprodukte bestimmen das Warenangebot der Konsumwelt. Das Verständnis für Entstehungsbedingungen und ökologische Zusammenhänge bleibt Kindern auf diese Weise vorenthalten.
Eng mit dem Verlust an Eigentätigkeit verbunden ist die Reduzierung körperlich-sinnlicher Erfahrungen. Die konsumierende Aneignung der technisierten Welt ist mit einer Überstimulierung in den optischen und akustischen Sinnesbereichen verbunden, während die körpernahen Sinne des taktilen, kinästhetischen und vestibulären Systems vernachlässigt werden (vgl. *Zimmer* 1995, 24). Ausgewogene Wahrnehmungserfahrungen als Basis für menschliches Lernen und Verhalten spielen aber - besonders in den ersten Lebensjahren - eine wichtige Rolle für die Verbesserung der Funktionsfähigkeit des Gehirns. *Ayres* (vgl. 1992, 6) bezeichnet sensorische Reize sogar als Nahrung für das Gehirn.

Durch den Rückgang der Straßenspielkultur und die Verbauung natürlicher Spielräume hat sich das Kinderspiel zunehmend von draußen nach drinnen verlagert. *Zinnecker* (1990) spricht in diesem Zusammenhang von der *Verhäuslichung* der Kindheit. Bewegungsmangel ist eine Folge dieses Phänomens. Zu wenig Bewegung gefährdet wiederum die körperliche, geistige und seelische Entwicklung von Kindern.

Die Tendenz zum Spiel in geschlossenen Räumen (Wohnungen, Institutionen wie Kindergarten, Schule, Verein) und auf ausgewiesenen Spielflächen bringt unweigerlich die Beaufsichtigung durch Erwachsene mit sich. Freizeitangebote, die von Erwachsenen geplant, betreut und kontrolliert werden, bieten nur bedingt Raum für selbstorganisiertes Kinderleben und raumgreifende Aktionen (vgl. *Peuckert* 1996, 134).
Kinder suchen aber gerade veränderbare und gestaltbare Räume, die sich der Kontrolle Erwachsener entziehen. Deshalb sind Brachflächen, Baustellen und sogenannte „ungeordnete" Grünflächen bei Kindern auch so

beliebt. Hier können sie mit Abenteuerlust und viel Phantasie ihre eigene Welt erschaffen (vgl. *Zeiher* 1983, 185).

Die vorher dargestellten Tendenzen betreffen Kinder je nach persönlicher Lebenswelt in unterschiedlicher Weise.

„Brauchen" Kinder Natur?

Die Natur scheint die für Kinder wichtigen Kriterien für Spielobjekte optimal zu erfüllen: Die Dinge der Umwelt sind vielseitig nutzbar, veränderbar und unfertig (vgl. *Nohl* 1989).
Aber nicht nur die Gestaltbarkeit des Spielraums und die Möglichkeit zu selbstbestimmtem Spiel machen den Reiz natürlicher Räume aus. Nach *Otterstädt,* der bereits 1962 den Spielraum von Vorortkindern in einer mittleren Stadt untersuchte, „bleiben vor allem jene Örtlichkeiten im Interesse des sich frei bewegenden Kindes, die Abwechslung zu bieten vermögen, die auf kurze Entfernung schon wechselvoll sind, die voller Geheimnis stecken, die man nicht sogleich übersieht, die lauschig sind, die Verstecke haben, die Unbekanntes, Entdeckbares einschließen und die Neugierde und den Wissensdurst befriedigen können. Das ist [...] die nicht unter Kontrolle genommene Natur: Wiese mit Gebüschen und Bäumen, Wald, Waldrand mit Dickicht, Feld mit Wiesenverzahnung und Wildbeobachtungsmöglichkeiten, Natur mit tausendfältigem Leben und Weben." (*Otterstädt* 1962, 278 zit. n. *Gebhard* 1994, 65). *Gebhard* (vgl. 1994, 68) zitiert einige Autoren (*Hart* 1982, *Montessori* 1980, *Piperek* 1975, *Zinn* 1980), die von einer besonderen Naturnähe des Kindes bzw. einer sensiblen Phase für Naturerlebnisse im Kindesalter ausgehen. Naturkontakte seien danach für eine gesunde seelische Entwicklung außerordentlich wichtig. *Bettelheim* vergleicht die sicherheitsspendende Funktion von Natur aufgrund Beobachtungen von Kibbuzkindern sogar mit der von menschlichen Beziehungen: „Es ist eine echte Liebesbeziehung zur Natur. Da diese sie niemals enttäuscht, können sie hier ihre tiefsten Gefühle offenbaren, und da sie keine Forderungen stellt, ist es nicht gefährlich, sich aus der Hand zu geben (*Bettelheim* 1971 zit. n. *Gebhard* 1994, 70).
Die Natur bietet sowohl verlässliche Kontinuität als auch ständigen Wandel. „Der Baum im Garten überdauert die Zeitläufe der Kind-

Wald – Ein Erlebnisraum für Kinder.

heit und steht so für Kontinuität. Die Vielfalt der Formen, Materialien und Farben regt die kindliche Phantasie an, sich mit der Welt und auch mit sich selbst zu befassen“ (*Gebhard* 1994, 71).

Die Natur kann als fördernde Reizumwelt für Kinder bezeichnet werden, die sowohl ausreichend Bewegungsmöglichkeiten als auch vielfältige sinnliche Erfahrungen bereithält, die für die gesunde seelisch-körperliche Entwicklung von Kindern von großer Bedeutung sind. Die Bedeutung von Naturerfahrung in der Kindheit beschreiben *Fischlehner*, *Gebhard*, *Unterbrunder* (1993, 175 ff. zit. n. *Unger* 1998, 72) in folgenden Thesen:

- Naturelemente haben als Spielobjekte eine wichtige Bedeutung.
- Eine intensive Beziehung zu natürlichen Umwelten kann die autonome Handlungsfähigkeit, die kognitive Entwicklung sowie die Kreativität fördern.
- Erleben von Natur kann Orientierung bieten und eine Hilfe für das Erkennen eines eigenen Standpunktes im System der Welt sein.
- Das Erleben von Natur fördert soziale Interaktionen in verschiedenen Bereichen.
- Um eine Beziehung zur Natur herstellen zu können, muss das Kind konkrete Naturerfahrung gemacht haben.

Zinn (1980, 26) vermutet, dass mangelnde Naturerfahrung insbesondere die soziale Entwicklung empfindlich stören könne. „Ein Kind, das nur in der Kunstwelt menschlicher Zivilisation aufgewachsen ist, in der Welt der Technik und Maschinen, die auf Knopfdruck jede beliebige Reaktion hervorbringen können, wird leicht dazu neigen, die gesamte gesellschaftliche Umwelt einschließlich der zwischenmenschlichen Beziehungen für beliebig manipulierbar zu halten“. Die Erfahrung von Natur lehrt das Kind, in Zusammenhängen und in Prozessen zu denken, die für das menschliche Dasein die Grundlage bilden.

Psychomotorik und Naturerfahrung

Die zunehmende Zahl von Kindern mit Bewegungs-, Wahrnehmungs- und Verhaltensauffälligkeiten steht auch mit der veränderten Lebenswelt in Zusammenhang. Für viele Kinder ist das Aufwachsen in unserer Gesellschaft mit einer konsumierenden, bewegungsarmen und sozial isolierenden bzw. konfliktreichen Aneignung der Welt gleichzusetzen, wobei die selbsttätig handelnde Auseinandersetzung des Kindes mit seiner Umwelt immer weniger möglich ist. Intensive Erfahrungen mit dem eigenen Körper, im sozialen Miteinander und im Umgang mit verschiedenen Materialien fehlen Kindern häufig. Dieser Mangel an ganzheitlich-sinnlichen Anregungen findet seinen Ausdruck in motorischer Unruhe, Konzentrationsstörungen, Mangel an Selbstvertrauen und Initiative sowie Kontaktschwierigkeiten.

Die Psychomotorik versucht, der eingeschränkten und einseitigen Aneignung der Welt eine ganzheitlich orientierte, alle Sinne einschließende Form der selbsttätigen Auseinandersetzung mit sich selbst und der materialen sowie sozialen Umwelt entgegen zu setzen und orientiert sich dabei an den Bedürfnissen der Kinder (siehe hierzu *Zimmer* 1999). Ziel ist es, den Kindern Gelegenheit zur Körper-, Material-, und Sozialerfahrung zu geben und sie in ihrer Gesamtpersönlichkeitsentwicklung zu unterstützen[2)] (vgl. *Liebisch, Quante*, 1999, 15ff.; *Quante* 1999, 21 ff.). Bewegungs- und Sinnesspiele bilden das vorrangige Medium zur Förderung der kindlichen Entwicklung. Dabei stellt die Psychomotorik die Selbsttätigkeit und das sinnhafte

Handeln des Kindes in den Vordergrund.

Natürliche Strukturen enthalten - wie oben beschrieben - eine Vielzahl von Eigenschaften, die sich für eine psychomotorische Förderung besonders eignen und der kindlichen Entwicklung zugute kommen können. Die Natur bietet eine unermessliche Vielfalt an Formen, Farben, Lebensweisen, die Kinder in der handelnden Auseinandersetzung erfahren können. Um in der Natur etwas zu entdecken, ist es notwendig, genau hinzusehen, genau hinzuhören und auch zu fühlen. Viele Kinder sind es aufgrund der Reizfülle im Alltag nicht mehr gewohnt, ihre Sinne gezielt einzusetzen und auf Entdeckungsreise zu gehen. Ihnen können spielerische Formen helfen, die Natur wieder als spannenden und interessanten Spiel- und Handlungsort zu entdecken und ihre Sinnesfähigkeiten zu schulen. Denn Sinne brauchen Übung, um sensibel wahrzunehmen (vgl. *Zimmer* 1995, 20).

Das, was die Natur bereithält, ist nicht von vornherein auf eine bestimmte Funktion festgeschrieben. Bäume, Äste, Pflanzen, Erdlöcher, Büsche, Wiesen können im Spiel eine Bedeutung erlangen und fordern so zum selbsttätigen und phantasievollen Spiel auf.

Naturerlebnisse können unter psychomotorischen Gesichtspunkten Ausgangspunkt für soziale Lernprozesse sein. Gemeinsames Betrachten, Erforschen und Entdecken der Natur geht immer mit kommunikativem Austausch einher. Die Natur bietet mit ihren kleinen und großen Herausforderungen reichlich Anlässe zu gegenseitiger Hilfeleistung, Rücksichtnahme und fordert zur Kooperation heraus. Spielformen, die das Angewiesensein auf den anderen beinhalten (z. B. Blindenführung) können die Ausbildung sozialer Kompetenzen noch unterstützen.
Psychomotorische Angebote finden meist in der Turnhalle statt. Als Material stehen Großgeräte sowie Klein- und Alltagsgegenstände zur Verfügung. Aber auch die Turnhalle ist nur ein Ersatzraum für mangelnde Wahrnehmungs- und Bewegungserfahrungen im alltäglichen Lebensumfeld. Dieser Raum steht den Kindern zudem nicht dauerhaft zur Verfügung.

So, wie in der Turnhalle Spielthemen in Handlungen umgesetzt werden können (z. B. Dschungel, Stadt, Raumfahrt, etc.) bietet sich der Wald mit seinen vielfältigen zur Verfügung stehenden Materialien als Spielraum geradezu an. Meist kommen Kinder selbst auf Ideen zu Indianerspielen, Höhlenbau, Tierrollenspiele, o. ä..

Natur erleben in der Praxis: Didaktisch-methodische Hinweise

Im folgenden werden Spielformen vorgestellt, die entsprechend psychomotorischer Grundprinzipien die Natur als Erfahrungsraum nutzen und damit vielfältige Ich-, Sozial- und Materialerfahrungen ermöglichen. Angesprochen ist vorrangig die Altersgruppe der Vor- und Grundschulkinder.

Anders als die Naturpädagogik, welche ebenfalls die ganzheitliche Begegnung mit der Natur propagiert (vgl. *Kalff* 1997, 26) und somit Anregungen für die psychomotorische Förderung in der Natur liefern kann (siehe besonders *Cornell* 1991), geht es der Psychomotorik weniger um umweltpädagogische Zielsetzungen im Hinblick auf ein besseres Verständnis und die Bereitschaft zum Schutz der Natur als um die (Wieder-)Entdeckung eines „vergessenen" Spiel- und Handlungsraums im Hinblick auf die gesunde Entwicklung von Kindern.
Die vorgestellten Spiele beinhalten intensive Wahrnehmungserfahrungen und tragen damit

zur Sensibilisierung und Schärfung der Sinne bei. Dies geschieht überwiegend durch die Konzentration auf einen Sinneskanal (z. B. den Tastsinn, des Hörsinn). Naturmaterialien und Lebewesen fordern Kinder zum handelnden Umgang, zur Erforschung und Erprobung verschiedener Eigenschaften der Gegenstände auf, z. B.:

- Schwimmt ein Tannenzapfen auf dem Wasser?
- Welchen Weg nimmt ein Blatt oder ein Stock im Fluss?
- Wie wird aus Moos und Ästen eine Waldbehausung?
- Wie schnell ist eine Schnecke?
- Wie groß müssen Steine sein, um auf ihnen balancieren zu können?
- Wie komme ich am besten einen steilen Abhang hinunter?

Es ist offensichtlich, dass die Natur eine Reihe von Wahrnehmungs- und Bewegungserfahrungen bereithält, die unter psychomotorischer Perspektive als Materialerfahrung bezeichnet werden können.

Ein weiteres Ziel der Psychomotorik stellt die Förderung der Handlungsplanung dar, die besonders bei gestaltenden Spielen in der Natur (Bau von Höhlen, Brücken, etc.) gefordert wird. Unter sozialen Förderaspekten bieten sich in der Natur Vertrauensspiele (z. B. Blindenführung), kommunikative und kooperative Spiele (z. B. gemeinsame „Waldsäuberung"; gemeinsame Gestaltung des Spielraums Wald; Austausch über Naturerlebnisse) sowie Spiele mit vereinbarten Gruppenregeln (z. B. Lauf- und Fangspiele; „Anschleichen") an. Aber auch ohne gezieltes Arrangement kann das intensive Erleben von Naturphänomenen bei Kindern ein Gefühl von Zugehörigkeit zur Gruppe entstehen lassen. Naturerleben bedeutet emotionales Erleben mit allen Sinnen. Teil der konzentrierten Begegnung mit der Natur ist es, Gefühlsregungen an sich selbst wahrzunehmen und mitzuteilen. Das Kind macht Erfahrungen mit sich selbst (Ich-Erfahrungen) und integriert sie in sein Selbstbild.

Die Umsetzung der folgenden Spielideen, die hier in eine Geschichte eingebettet sind, ist in verschiedenen Settings denkbar. So könnte ein Walderlebnistag oder ein bunter Waldnachmittag für Eltern und Kinder als besondere Aktion des Kindergartens, der Grundschule oder des Vereins durchgeführt werden. Genauso ist aber auch die Einbettung der Spiele in den Biologie- und Sportförderunterricht der Schule bzw. in die Vereinsübungsstunde möglich. Erzieherinnen können die Spielideen als Bereicherung für Spaziergänge in der Natur aufgreifen.

Die Auswahl der Spiele und ihre Reihenfolge hängt von den institutionellen, räumlichen und organisatorischen Bedingungen, dem Förderziel und von den Bedürfnissen der Kinder ab. Alle Spielvorschläge lassen sich auch unabhängig von der hier vorgestellten Geschichte durchführen. Wichtig ist, dass neben angeleiteten Spielen und Übungen genügend Raum für freies und selbstbestimmtes Spiel bleibt.

Die Wahl des natürlichen Spielraums sollte sich nicht nur an den Voraussetzungen für vielseitiges Spielen, sondern auch an Sicherheitsaspekten orientieren. Es ist unverzichtbar, dass die Pädagogin/der Pädagoge den Raum vorher auf mögliche Gefahrenquellen prüft und diese beseitigt bzw. die Kinder auf Gefahren hinweist (steile Abhänge, Gruben, morsche Bäume, etc.). Risiken können und sollen allerdings nicht vollständig ausgeschlossen werden. Denn gerade die Bewältigung von kalkulierbaren und interessanten Risikosituationen trägt zu mehr Selbstkompetenz und Risikobewusstsein bei und leistet damit langfristig auch einen Beitrag zur Sicherheitserziehung (vgl. *Baumann, Hundeloh* 1996, 7). Die Natur hält solche zu bewältigende Risikosituationen bereit. Sie müssen aber von den Kindern einschätzbar sein. Die Pädagogin/der Pädagoge muss also entscheiden, was den Kindern je nach Entwicklungs- und Könnensstand zuzumuten ist.

Die Waldfee und der Maulwurf

Die Kinder begeben sich in den Wald (alternativ auch in einen Park oder auf eine Wiese). Dort wartet die Waldfee *Waldtraut* auf sie. (Verkleidet und in „natürlichem" Outlook weckt dieser Auftritt bestimmt die Aufmerksamkeit der Kinder!)

„Ich bin Waldtraut, die Beschützerin des Waldes. Von Zeit zu Zeit schaue ich nach, ob in meinem Wald noch alles so ist, wie es der Jahreszeit entsprechend sein soll. Heute geht es mir nicht so gut. Ich glaube, ich bekomme einen Schnupfen. Könnt ihr mir deshalb bei meiner Waldprüfung helfen? Mit mehreren geht das sowieso viel besser."

Waldtraut stellt sich der Gruppe vor.

- ***Was gehört nicht in den Wald?***

Die Kinder machen sich auf die Suche nach Gegenständen, die nicht in den Wald gehören und sammeln diese ein.

Alternativ: Es werden zuvor Gegenstände im Wald ausgelegt (z. B. an einem Seil entlang), die entdeckt und gezählt werden sollen. Wer entdeckt alle Gegenstände?

Förderaspekt: visuelle Wahrnehmung (Figur-Grund-Unterscheidung); Umweltbewusstsein.

- ***Welche Tiere leben im Wald? - Spurensuche***

Die Kinder machen sich auf die Suche nach Tierspuren. Dazu gehören nicht nur Pfotenabdrücke, sondern auch Löcher in Blättern, Spinnweben, Kot, Federn und alles, was Tiere hinterlassen bzw. erschaffen.

Förderaspekt: visuelle Wahrnehmung; Neugierde wecken in bezug auf ökologische Prozesse und Zusammenhänge.

- ***Welche Farben könnt ihr finden? - Regenbogenspiel***

Die Kinder sollen prüfen, ob noch alle Farben im Wald zu finden sind. Waldtraut erzählt den Kindern, dass in der Natur alle Regenbogenfarben vorkommen. Warum das so ist, erzählt die folgende Geschichte:

„Vor vielen, vielen Jahren war die

Erde fast farblos; es gab nur grau und schwarz auf der Erde. Aber immer, wenn es regnete und die Sonne schien, gab es einen ... na, wisst ihr, was? - Ja, genau, einen Regenbogen. Und wenn ein Regenbogen verschwindet, zersplittert er jedes Mal in 1000 Teile und fällt zu Boden. So wurde die Erde nach und nach immer bunter. Heute kann man jede Farbe des Regenbogens auch auf der Erde in der Natur finden."

Die Waldfee weist darauf hin, dass ganz in der Nähe vor kurzem ein Regenbogen vom Himmel gefallen sein muss, weil da noch Regenbogensplitter herumliegen (farbige Papierschnipsel - z. B. aus Tonkarton oder selbst angemalt - vorher auf dem Boden verteilen). Die Kinder werden aufgefordert, sich je ein oder zwei Farbkärtchen zu nehmen und ein entsprechendes Teil in der Natur zu finden, das die gleiche Farbe hat. Die gefundenen Teile können - am besten auf einem weißen Tuch - zusammen mit den Farbkärtchen ausgestellt (und bei Bedarf auch bestimmt) werden.

Förderaspekt: visuelle Wahrnehmung (Farbdifferenzierung).

- ***Welche Blätter gibt es hier? - Blatt-Diashow***

Die Kinder sammeln unterschiedliche Arten von Blättern. Durch selbstgebastelte Papp-Diarahmen können die Blätter gegen das Licht betrachtet werden.

Förderaspekt: visuelle Wahrnehmung.

- ***Welche Geräusche gibt es hier im Wald? - Geräuschelandkarte***

Jedes Kind bekommt ein DinA5-Blatt (möglichst Pappe) und einen Stift. In der Mitte des Blattes wird ein Kreuz gemacht, das das Kind darstellen soll. Jedes Kind wählt sich nun einen Platz im Gelände, wo es von den anderen ungestört ist (Abstand halten). Dort lauschen die Kinder den Geräuschen um sie herum und tragen sie entsprechend der Richtung, aus der sie kommen, in die Geräuschelandkarte ein (Malen, Schreiben und Symbole sind erlaubt. Es geht nicht um Schönheit, sondern darum, dass das Kind selbst die Karte später noch entziffern kann). Die Übung dauert einige Minuten. Dabei ist es nicht wichtig, schnell fertig zu sein, sondern alle Geräusche zu erfassen, die während der Übung auftauchen. Die Pädagogin/der Pädagoge ruft die Kinder wieder zusammen und regt einen Austausch über die gehörten Geräusche und die Empfindungen der Kinder bei der Übung an.

(Ein neunjähriges Mädchen aus meiner Gruppe hatte auf ihrer Geräuschelandkarte vermerkt, dass es „Geborgenheit" gehört hätte.)

Förderaspekt: auditive Wahrnehmung; emotionales Erleben bewusst machen (*War die Übung angenehm / unangenehm für Euch*?).

- ***Wie viele verschiedene Vögel gibt es hier? - Vogelstimmen zählen***

Die Kinder setzen sich auf den Waldboden und schließen die Augen. Sie horchen auf verschiedene Vogelstimmen und zählen diese. Die Kinder können auch aufgefordert werden, eine Hand zu heben und so viele Finger zu zeigen, wie sie Vogelstimmen hören.

Förderaspekt: auditive Wahrnehmung (Differenzierung).

Die Waldhüterin ist mit der Mitarbeit der Kinder sehr zufrieden und schlägt vor, zur Belohnung ihren Freund, den Maulwurf, zu besuchen: *Der Maulwurf, kennt viele lustige Spiele*:

- ***Anschleichen***

Die Kinder werden aufgefordert, sich so leise wie möglich an den Haupteingang der Maulwurfgänge anzuschleichen. Dort sitzt eine vorher eingewiesene Person (Kind, Erwachsener) mit einer Maulwurfhandpuppe oder einem selbstgebastelten Schild mit Maulwurfbild unter Blättern vergraben (oder hinter einem Busch).

Immer, wenn der Maulwurf etwas hört, kommt er heraus und schaut, was da wohl los ist. Dann müssen alle ganz still stehen bleiben, damit er uns nicht bemerkt. Wenn wir ihn zu oft aufschrecken, verzieht er sich vielleicht ganz tief in sein Loch und wir bekommen ihn nicht mehr zu Gesicht.

Förderaspekt: Bewegungskontrolle und Behutsamkeit; Gleichgewicht (vestibuläre Wahrnehmung) auf unebenem Waldboden.

Sobald die Kinder beim Maulwurf angekommen sind und er seine Freundin, die Waldfee, erkannt hat, ist seine Scheu verflogen. Die Waldfee bittet ihn um eine Spielidee und der Maulwurf schlägt ein Bewegungsspiel vor:

- ***Tierzauber***

Ein oder zwei Zauberer fangen die anderen Mitspieler und verzaubern diese durch Anschlagen in Tiere des Waldes. Sie können ihnen entweder ein Tier ins Ohr flüstern, das sie darstellen sollen oder die verzauberten Kinder denken sich selbst ein Tier aus, das sie darstellen möchten (unterstützt stärker die Eigenständigkeit und gibt Identifizierungsmöglichkeiten). Die verzauberten Kinder werden erlöst, indem ein anderes Kind die gleichen Bewegungen nachahmt und das dargestellte Tier errät.

Förderaspekt: Identitätsbildung; Körpererfahrung; Bewegungsdrang ausleben.

Der blinde Maulwurf erzählt den Kindern ein bisschen aus seinem Leben:

Wir Maulwürfe leben ja meist unter der Erde. Ich war als junger Maulwurf aber so neugierig, dass ich auch alles oberhalb der Erde erkunden wollte. So ging ich auf Entdeckungsreise mit meinem Freund, dem Fuchs. Der hat aufgepaßt, dass ich nirgends anstoße und hat mich zu den schönsten Stellen geführt. Da habe ich Bäume, Moos, Äste, Blätter, Tannenzapfen und vieles mehr getastet, gerochen und den Geräuschen des Waldes gelauscht. Ich glaube, dass ohne Sehen die Nase viel mehr riecht, die Ohren viel mehr hören und auch das Fühlen viel stärker ist. Probiert es doch mal aus!

- ***Blinde Waldführung***

Die Kinder gehen zu zweit zusammen. Ein Partner schließt die Augen und wird vom anderen durch den Wald geführt. Wenn es der Untergrund und die Empfindung der Kinder erlaubt, ist das Erleben barfuß noch intensiver. Unterwegs wird immer wieder getastet, gerochen und gelauscht. Am Ende des „Spaziergangs" versucht das geführte Kind mit offenen Augen die Strecke nachzuvollziehen. Alternativ kann auch ein Bild gemalt werden, das die Eindrücke festhält. Wechsel.

Förderaspekt: Wahrnehmungsförderung (Raumorientierung; kinästhetische und vestibuläre Wahrnehmung); Vertrauensaufbau zum Partner; Sozialkompetenz; bildhafte Vorstellungskraft.

- ***Wer findet den dicksten Baum?***

Im Rahmen des Spiels „Blinde Waldführung" kann auch die Aufgabe gestellt werden, aus mehreren Bäumen durch Tasten den dicksten herauszufinden.

Förderaspekt: taktile Wahrnehmung; Materialerfahrung (Größenverhältnisse wahrnehmen).

Der Maulwurf lädt die Kinder zum Essen zu sich nach Hause ins Erdinnere ein. Er hat ihnen für den Weg dorthin ein Seil gespannt, an dem man sich im Dunkeln entlang tasten kann.

- ***Blinde Reise***

Die Pädagogin/der Pädagoge hat eine Schnur (Absperrband oder Seil: ca. 30-100m) gespannt, die über möglichst unterschiedliche Wegabschnitte führt. Da es hier um eine Einladung ins Reich der Maulwürfe geht, ist es ratsam, das Seil am Ende schräg nach unten zu führen.

Die Kinder schließen die Augen und tasten sich an der Schnur entlang vorwärts.

Förderaspekt: taktile und kinästhetische Wahrnehmung; Raumorientierung; Ängste überwinden; Selbstvertrauen stärken.

- ***Geschmacksquiz***

Anschließend an die „Blinde Reise" erwartet die Kinder am Ende des Seils ein kleiner Imbiss (Stück Apfel, Möhre, Nüsse, Rosine o. ä.), den sie noch mit geschlossenen Augen einnehmen. Die Kinder raten, was sie schmecken.

Förderaspekt: gustatorische Wahrnehmung (Geschmackssinn).

Der Maulwurf möchte seinen Bau etwas verschönern und bittet die Kinder, ihm beim Sammeln von geeignetem Naturmaterial zu helfen.

- ***Natur-Memory***

Den Kindern wird für einige Sekunden eine Sammlung von verschiedenen Naturmaterialien gezeigt (z. B. Tannenzapfen, Ast, Stein, Blatt, Gras, Beere). Die Kinder sollen nun dieselben Dinge im Wald suchen und zusammentragen.

Alternativ: Die Kinder ertasten Naturgegenstände und gehen dann auf die Suche nach passenden Gegenstücken.

Förderaspekt: visuelle Wahrnehmung; Merkfähigkeit; bildhafte Vorstellung.

- ***Miniaturzimmer***

Aus Naturmaterialien bauen die Kinder ein Zimmer (für den Maulwurf) (alternativ: Landschaft, Spielplatz) auf dem Waldboden nach. Die Kinder schließen kurz die Augen, währenddessen ein Teil in dem gebauten Zimmer verändert wird. Die Kinder sollen erkennen, was verändert wurde.

Förderaspekt: Handlungsplanung; Feinmotorik; visuelle Wahrnehmung.

Die Waldfee bittet nun um die Aufmerksamkeit der Kinder. Sie erzählt, dass sie, während die Kinder beim Maulwurf gespielt haben,

Seen können überall gebaut werden.

liegenden Bach weggespült worden sei. Sie fordert die Kinder auf, mit ihr eine neue zu bauen.

- ***Brückenbau***

Aus Stöcken und anderen Naturmaterialien wird eine Brücke über einen Bach gebaut. Weitere Bauideen: Waldsofa, (Indianer)zelt aus Ästen bauen.

Förderaspekt: Handlungsplanung; koordinative Fähigkeiten.

Anschließend an ein gemeinsames Konstruktionsspiel (s. Brückenbau) spielen die Kinder meist eigenständig. Gerade, wenn die Natur viel Abwechslung und veränderbare Materialien zu bieten hat, ist es wichtig, Raum für freies Spiel zu lassen.

Zum Abschluss der Waldstunde / des Waldnachmittags schlägt die Waldfee vor, ein paar Erinnerungsfotos zu machen. Da keiner einen Fotoapparat dabei hat, spielen die Kinder selbst Fotoapparat.

- ***Fotograf und Kamera***

Die Kinder finden sich paarweise zusammen. Ein Partner führt, der andere ist die Fotokamera und hat die Linse (Augen) noch geschlossen. Immer wenn ein Foto geschossen werden soll, drückt der führende Partner auf den Auslöser (Kopf, Schulter, o. ä.). Die Kamera öffnet ganz kurz die Linse (Augen) und nimmt das Foto auf. Nach ca. 3 Fotos wird der Film entwickelt und die „Kamera" sagt dem Fotografen, was auf dem Film ist.

Förderaspekt: visuelle Wahrnehmung; Merkfähigkeit; kinästhetische und vestibuläre Wahrnehmung; Raumorientierung; Vertrauen bilden; Ängste überwinden; Bewegungskontrolle und Behutsamkeit (Fotograf); Verantwortungsbewusstsein (Fotograf).

- ***Entspannung / Waldmeditation***

Am Ende der Stunde kann auch eine themenbezogene Entspannungsübung stehen. Dies könnte z. B. eine Phantasiereise zum Thema Wald / Baum sein, eine Meditation oder eine Massage (z. B. Waldspaziergang auf dem Rücken; Wettermassage; Eine Sommerwiese). Anregungen hierzu finden sich z. B. bei *Friedrich, Friebel* (1998) und *Pirnay* (1993).

Literatur

Ayres, A. J.: Bausteine der kindlichen Entwicklung. Berlin; Heidelberg (1992^2).

Baumann, N., Hundeloh, H.: Sicherheit im Schulsport. Alternative Nutzung von Sportgeräten. Schriftenreihe des BAGUV (Hrsg.): Heft 9 (1996).

Cornell, J.: Mit Kindern die Natur erleben. Mülheim (1991).

Engelbert, A., Herlth, A.: Sozialökologie der Kindheit: Wohnung, Spielplatz und Straße. In: Markefka, M. Nauck, B. (Hrsg.): Handbuch der Kindheitsforschung. Neuwied, S. 403-415 (1993).

Friebel, V., Friedrich, S.: Ruhig und entspannt. Reinbek (1998).

Gebhard, U.: Kind und Natur. Die Bedeutung der Natur für die psychische Entwicklung. Opladen (1994).

Hildebrandt, R.: Kindgerechte Bewegungsräume. Motorik, 16 (1993) 1, S. 7-12.

Kalff, M.: Handbuch zur Natur- und Umweltpädagogik. 2. Auflage. Tuningen (1997).

Liebisch, R., Quante, S.: Psychomotorik und Salutogenese. Haltung und Bewegung, 19 (1999) 2, S. 13-20.

Nohl, W.: Streifräume statt Spielplätze. Zur Planung konvivialer Spielumwelten. In: Das Gartenamt, 38 (1989), S. 211-217.

Peuckert, R.: Familienformen im sozialen Wandel. Opladen (1996^2).

Pirnay, L.: Kindgemäße Entspannung. Lichtenbusch-Belgien: Eigenverlag (1993).

Prenner, K.: Zum sozialen Wandel von Kindheit und Bewegungswelt. In: Irmischer, T., Fischer, K. (Red.): Psychomotorik in der Entwicklung. Schorndorf (1993^2), S. 39-53.

Quante, S.: Im Urwald ist was los - Beispiel psychomotorischer Gruppenarbeit. Haltung und Bewegung, 19 (1999) 2, S. 21-28.

Rolff, H.-G., Zimmermann, P.: Kindheit im Wandel. Eine Einführung in die Sozialisation im Kindesalter. Weinheim, Basel (1990).

Unger, K.: Naturerfahrung mit älteren Menschen und Kindern. Unveröffentl. Diplomarbeit. Erziehungswissenschaftliche Fakultät. Georg-August-Universität Göttingen (1998).

Zeiher, H.: Die vielen Räume der Kindheit. Zum Wandel räumlicher Lebensbedingungen seit 1945. In: Preuss-Lausitz, U. (Hrsg.): Kriegskinder, Konsumkinder, Krisenkinder. Zur Sozialisationsgeschichte seit dem 2. Weltkrieg. Weinheim (1983), S. 176-195.

Zimmer, R.: Handbuch der Psychomotorik. Theorie und Praxis der psychomotorischen Förderung von Kindern. Freiburg (1999).

Zimmer, R.: Handbuch der Bewegungserziehung (1996[7]).

Zimmer, R.: Handbuch der Sinneswahrnehmung. Grundlagen einer ganzheitlichen Erziehung. Freiburg (1995).

Zinn, H.: Kinder in der gebauten Umwelt. In: Bundesminister für Raumordnung (1980). S. 19-31.

Zinnecker, J.: Vom Straßenkind zum verhäuslichten Kind. In: Behnken, I. (Hrsg.): Stadtgesellschaft und Kindheit im Prozess der Zivilisation. Opladen (1990), S. 142-162.

Anmerkungen:

1) In der von *Liebisch, Bockhorst, Quante, Kaufmann* erarbeiteten Konzeption zur Gesundheitsförderung im Kinderturnen stellen u. a. die *Psychomotorik* und *das Bewegen in der Natur* Bausteine einer kindgemäßen Gesundheitsförderung in Schule und Verein dar (*Liebisch, R., Bockhorst, R., Quante, S., Kaufmann, G.*: Konzeption zur Gesundheitsförderung im Kinderturnen 1996, überarbeitete Konzeption: *Liebisch, Bockhorst, Quante* 1998/ 1999). Erste grundsätzliche theoretische und praktische Inhalte zu dieser Thematik wurden 1995 u. 1998 veröffentlicht (*Liebisch, R., Bockhorst, R.*: Gesundheit im Kinderturnen. In: Deutsche Turnerjugend: DTB-Handbuch Teil 5, Frankfurt 1995; *Liebisch, R., Koschel, D.*: Gesundheitsförderung im Vorschulalter - ein Praxisleitfaden. Hrsg.: Sportjugend Niedersachsen, Niedersächsische Turnerjugend. Hannover 1998).

2) Die Bedeutung der Psychomotorik innerhalb eines salutogenetischen Modells einer Gesundheitsförderung im Kindesalter wurde bei *Liebisch, Quante* 1999 herausgestellt (s. Literaturverzeichnis).

Dörte Detert

Kapitän Abdullah und seine Piraten erleiden Schiffbruch
Erlebnisorientierte Wahrnehmungsförderung im Freien

Einleitung

Kinder eignen sich ihre Umwelt durch aktives Wahrnehmen und Bewegen an. Bewegungshandlungen, Bewegungslernen, kognitive Entwicklung sind ohne Wahrnehmung nicht möglich. Für das pädagogische Handeln „bedeutsam ist die Erkenntnis, daß die Wahrnehmungsfähigkeit des Kindes sich nur in Verbindung mit Handlungsschemata, also aktivitätsgebunden, entwickelt" (*Fischer* 1996, vgl. 27 ff) und mit Sinngebung verbunden ist, z. B. unbekannte Räume erforschen oder sich mit einer Geschichte identifizieren (vgl. *Liebisch*, *Quante* 1998, 20 ff).
Aktives Wahrnehmen und Bewegung sind Bedürfnisse von Kindern, die sie bereits im Mutterleib entwickeln.

Diesen Bedürfnissen nachgehen zu können, wird oft durch unsere heutige Umwelt eingeschränkt. Während früher für sehr viele Kindern gestaltbare Erfahrungs- und Erlebnisräume in unmittelbarer Nähe zur Wohnung (u. a. Höfe, Scheunen, Wald, Wiesen, Brachland, Schilf usw.) vorhanden waren, in denen es etwas zu entdecken gab, sind diese Bewegungsräume den Kindern von heute häufig verwehrt.

Die heutige kindliche Lebenswirklichkeit schränkt zudem ganzheitliche Wahrnehmungsprozesse immer mehr ein. Zunehmende Mediatisierung führt zu Erfahrungen aus zweiter Hand. In einer motorisierten und technisierten Welt wird es schwieriger, Zusammenhänge zu begreifen. Die Kinder bekommen ein Bild von einer fertigen Welt, in der ihnen die Zusammenhänge von ökologischen Zusammenhängen, Herstellung und Endprodukt fehlen (vgl. *Rolff, Zimmermann* 1993, *Quante* 1999). Die Reduzierung vor allem natürlicher Erfahrungs- und Bewegungsräume kennzeichnen u. a. die heutige Lebenswelt der Stadtkinder[1].

Bedeutung von Naturerfahrungen für die Entwicklung von Kindern

Die Natur kann als wichtiger Bewegungsraum beschrieben werden, in dem intensives ganzheitliches Wahrnehmen und Gestalten möglich ist (vgl. *Quante* 1999, 17 ff).
Folgende Thesen zur Bedeutung von Naturerfahrung werden von *Fischlehner*, *Gebhard*, *Unterbrunder* (1993, 175 ff, zit. n. *Unger* 1998, 72) aufgestellt:

- „Naturelemente haben als Spielobjekte eine wichtige Bedeutung.
- Eine intensive Beziehung zu natürlichen Umwelten kann die autonome Handlungsfähigkeit, die kognitive Entwicklung sowie die Kreativität fördern.
- Erleben von Natur kann Orientierung bieten und eine Hilfe für das Erkennen eines eigenen Standpunktes im System der Welt sein.
- Das Erleben von Natur fördert soziale Interaktion in verschiedenen Bereichen.

[1] Auf einer Freizeit mit Jugendlichen haben wir einen Ausflug mit der Ponykutsche durch Wald und Felder gemacht. Auf die Frage, ob sie wüssten, was auf dem Feld wächst - es war ein Weizenfeld -, antworteten drei von den neun Jugendlichen: „Mehl."

- Um eine Beziehung zur Natur herstellen zu können, muss das Kind konkrete Naturerfahrungen gemacht haben."

terricht, bei Ausflügen mit Kindern, bei Landschulaufenthalten und die Arbeit im Kindergarten.

„Hier riecht es nach einem Apfel."

Im Rahmen dieses Beitrags kann nur eine kurze theoretische Darstellung der Bedeutung von Naturerfahrungen für die Entwicklung von Kindern erfolgen. Weitergehende Ausführungen und die Einbettung von Naturerfahrungen in das Konzept der Psychomotorik finden sich bei *Quante* (1999).

Kapitän Abdullah und seine Piraten erleiden Schiffbruch

Im folgenden wird eine Psychomotorikstunde mit dem Schwerpunkt *Wahrnehmungsförderung im Freien* dargestellt. Diese wurde auf einer Fortbildung für Erzieherinnen in Mutter-Kind-Kurhäusern am Ostseestrand in Zingst durchgeführt. Sie ist ein Beispiel für psychomotorisch orientierte Förderung im Freien mit Kindern in Kurhäusern und kann je nach Gruppe und örtlichen Bedingungen variiert werden.
Sie gibt aber auch Anregungen für Bewegungsaktionen im Freien, im Sportförderunterricht, bei Ausflügen mit Kindern, bei Landschulaufenthalten und die Arbeit im Kindergarten.

Die Stunde (ca. 60 Minuten) beinhaltet die Förderung mehrerer Wahrnehmungsbereiche. Sie stand in Zusammenhang mit dem Lehrgangsschwerpunkt des o. g. Lehrgangs „Psychomotorik mit hyperaktiven Kindern".

An dieser Stelle soll nicht näher auf hyperaktive Kinder eingegangen werden. Erfahrungen haben gezeigt, dass hyperaktive Kinder oft gerade in der visuellen, vestibulären, kinästhetischen und taktilen Wahrnehmung Förderung benötigen.

Zudem hat die Stunde einen Anteil an Spielen, die soziales Handeln erfordern und die so geeignet sind, die Sozialkompetenz zu fördern.

Die erlebnisbetonte Rahmenhandlung ist der Schiffbruch des Piratenkapitäns Abdullah und seiner Mannschaft. Die Förderziele sind am Schluss der jeweiligen Aufgaben (in Klammer) dargestellt.

Kapitän Abdullah und seine Mannschaft sind vor der Küste einer kleinen Insel in der Südsee gestrandet.
Kapitän Abdullah ist schrecklich wütend auf seinen ersten Steuermann „Schwarzauge Joe", der ihm die Mannschaft zusammengestellt hat und den er deshalb für den Schiffbruch verantwortlich macht.
Bei dem Schiffbruch sind alle Schätze und Lebensmittel über Bord gegangen, so dass alle nur noch mit dem Hemd auf der Haut da stehen.
Nach Sichtung der Schäden am Schiff kommen alle zu dem Ergebnis, dass es sich noch Tage hinziehen würde, bis sie wieder in See stechen können. Für die Mannschaft bedeutet das, sie muss sehen, wie sie sich die Tage an Land über Wasser halten kann. Kapitän Abdullah, immer noch am Wüten und Schimpfen, fordert „Schwarzauge Joe" auf, mit ihm über Lösungsvorschläge nachzudenken. Der beruhigt den Kapitän und mahnt zur Stille und fordert, auf verdächtige Geräusche zu achten, da Feinde in der Nähe sein könnten.

Die Mitglieder der Gruppe verteilen sich, schließen die Augen und versuchen die Geräusche zu identifizieren, die sie hören. Zusätzlich kann auf einer Geräuschekarte die Richtung aus der das Geräusch kommt und seine relative Entfernung zum Lauschenden eingetragen werden. (Auf ein DIN-A4-Blatt malt jedes Gruppenmitglied in die Mitte des Blattes ein Kreuz, das den Standpunkt des Lauschenden kennzeichnet. Richtung und Entfernung der Geräusche können nun in Relation zum Standpunkt eingetragen werden).
(Förderung der akustischen Wahrnehmung)

Was wissen wir über diese Insel? Ist sie bewohnt? Wenn ja, wie sind die Bewohner einzuschätzen?
„Schwarzauge Joe" gibt dem Kapitän einen kurzen Lagebericht, da er sich wieder erinnert, vor vielen Jahren schon einmal auf der Insel gewesen zu sein: Die Insel ist von Menschen bewohnt, die sich nicht in der Nähe der Küste aufhalten, da sie von dort das Schlimmste befürchten. Es soll ein sehr friedliebendes Volk sein. Sie ernähren sich von Obst und Gemüse, das auf der Insel reichlich wächst.
Handel treiben sie auf Märkten, auf denen sie Lebensmittel, aber auch Schmuck, Edelsteine und Modewaren tauschen. Schmuck und Edelsteine sind bei diesem Volk hochangesehen, da sie widerspiegeln, welchen Stand die jeweilige Person hat.
Bei früheren Besuchen der Insel hat man eine eigenartige Entdeckung gemacht. Einige der Lebensmittel befinden sich direkt am Strand. Aber nicht, wie man vermuten könnte, auf Bäumen sondern sie wachsen direkt im Sand und riechen intensiv so dass man sie am Geruch erkennen kann und der Platz an dem die Früchte wachsen glänzt silbern.
Nach diesen Informationen, einem Blick auf die Sonne und dem Geräuschen aus ihrem Magen wird den Piraten bewusst, dass sie sich dringend um etwas Essbares bemühen müssen. Nach der Beschreibung von „Schwarzauge Joe" müssten sie etwas am Strand finden.
Kapitän Abdullah teilt die Mannschaft in kleinere Gruppen ein, die unabhängig voneinander suchen sollen. Nach kurzem Umschauen findet er die ersten Früchte und teilt sie den Gruppen zu.

Die Aufgabe der Gruppen ist es nun, weitere der ihnen zugeteilten Früchte am Strand zu finden und durch Riechen herauszufinden, ob es sich um ihre Frucht handelt. Wenn ja, sind diese auszugraben und zum vereinbarten Treffpunkt mitzubringen.
Für diese Aufgabe werden vor der Stunde drei Arten von Obst (Kiwi, Banane und Orange)

ausgesucht. Es wird in Stücke geschnitten und ein Fruchtstück jeweils in einen Joghurtbecher gelegt. Die Becher werden mit Alufolie bedeckt, die dann mit kleinen Löchern versehen wird. Anschließend werden die Becher am Strand verteilt und so eingegraben, dass nur noch die Alufolie zu sehen ist.
(Förderung der optischen und olfaktorischen Wahrnehmung [olfaktorisch = den Geruchssinn betreffend]).

Die Suche der einzelnen Gruppen war äußerst erfolgreich und man trifft sich an dem vereinbarten Punkt wieder. Nach einer kurzen Stärkung überlegen nun alle, wie sie es schaffen können, sich Materialien zur Reparatur ihres Schiffes zu besorgen. Auf ihrer Suche nach den Früchten sind einigen Edelsteine und Schmuckstücke aufgefallen, die am Strand herumlagen.

Es begeben sich alle auf die Suche nach möglichst vielen und edlen Dingen, damit sie diese auf dem Markt gegen Material, das man zum Schiffbau benötigt, tauschen können.

Alle (alleine oder in Gruppen) suchen nun nach „Schmuck und Edelsteinen" am Strand. Hier liegen genügend Muscheln, Steine o. ä., die man als Edelsteine und Schmuckstücke verwenden kann.
(Die visuelle Wahrnehmung wird durch das Aussuchen von Edelsteinen und Schmuckstücken angesprochen, während die taktile Wahrnehmung durch das Anfassen, Berühren und Tasten gefördert wird. Die Kinder lernen so die Beschaffenheit von Materialien kennen.)

Der Weg am Strand ist lang und beschwerlich und dennoch finden sie genug Dinge, die sich zum Tausch anbieten. Am Ende ihrer Suche betrachten sie ihre Schätze und freuen sich über ihre gute Ausbeute. Vielleicht lässt sich einiges mit auf ihre Reise nehmen und an anderen Orten tauschen. So hätten sie ihre verlorenen Schätze zum Teil ersetzt.

Als alle zurück zum gestrandeten Schiff wollen, zieht dicker Nebel auf und sie können die Hand vor Augen nicht mehr sehen. Was nun? Da ertönt ein Nebelhorn aus der Richtung ihres Schiffes und Kapitän Abdullah gibt die Anweisung, Gruppen zu bilden. Damit im Nebel niemand verloren geht, sollen sich die Gruppenmitglieder untereinander Körperkontakt halten und durch den Nebel in Richtung des ertönenden Nebelhorns gehen.

Die jeweiligen Gruppen sollen sich getrennt voneinander mit geschlossenen Augen in Richtung des Nebelhorns bewegen. Der Ton des Nebelhorns wird durch Blasen in ein Heulrohr erzeugt.
Wichtig ist, dass man gerade bei ängstlichen Kindern darauf achtet, es ihnen zu überlassen,

Am Strand liegen tolle Edelsteine.

ob sie die Augen schließen oder nicht. Einige fühlen sich sehr unsicher, wenn ihre visuelle Wahrnehmung ausgeschaltet ist. In diesem Spiel müssen sie sich zusätzlich auf ihre Mitspieler verlassen, was zu einer weiteren Verunsicherung führen kann. Auf der anderen Seiten können ganz „mutigen“ Kindern auch die Augen verbunden werden.
Als *Variation* kann auch jede Gruppe ein „richtungsweisendes“ Nebelhorn haben - ein Mitglied der Gruppe bedient das Nebelhorn - oder das Nebelhorn wechselt den Standort.
(Förderung der auditiven Wahrnehmung, kinästhetischen Wahrnehmung und Sozialkompetenz).

Wenn die visuelle Wahrnehmung ausgeschaltet wird, bedeutet dies einen hohen Anspruch an die kinästhetische Wahrnehmung, die über die Geschwindigkeit, Richtung, Muskelspannung und Körperstellung bei einer Bewegung informiert.
In der Regel funktioniert die kinästhetische Wahrnehmung unbewusst. Mit geschlossenen Augen werden solche Abläufe bewusster wahrgenommen (vgl. *Zimmer* 1995, 116 ff). Wenn es die Bedingungen zulassen, kann auch barfüßig gegangen werden, was zusätzlich die taktile Wahrnehmung intensiviert.

Nach einiger Zeit lichtet sich der Nebel wieder, und es scheint keiner im Nebel verloren gegangen zu sein.
Mit ihren Schätzen begibt sich die Truppe nun zu ihrem havarierten Schiff. Dort entdecken sie einen Teil ihrer Segel wieder und Abdullah befiehlt, die Segel im Wind zu testen, ob sie noch intakt seien.

Die Gruppe erhält Schwungtücher (Folien, Bettlaken) in verschieden Größen. Zu mehreren sollen sie ein Schwungtuch so halten, dass es vom Wind aufgebläht wird. Zwischen den Gruppen können die unterschiedlich großen Segel getauscht werden. Je nach Windstärke, Größe des Tuches und Anzahl der Gruppenteilnehmer müssen unterschiedliche Kräfte entfaltet werden, um das Tuch zu halten.

Variation:

4 Gruppenmitglieder fassen mit jeweils einer Hand eine Eckes des Tuches. Das vordere Paar hält dabei die Ecken möglichst hoch, während das hintere versucht, diese tief zuhalten. Die hinteren Teilnehmer halten sich an der Kleidung ihrer Vorderleute fest. Alle sollen jetzt in gleichem Tempo laufen. Der „Fahrtwind“ bläht das Tuch nun auf (auch gegen den Wind versuchen).
(Förderung der kinästhetischen Wahrnehmung und Sozialkompetenz).

Das ist eine erfreuliche Nachricht! Die Segel sind ist noch voll einsatzfähig und müssen nicht neu erworben werden.
Mittlerweile ist es schon spät geworden und die Piraten sind nach ihren aufregenden Abenteuern des heutigen Tages müde und erschöpft. Sie beschließen, alles Weitere für heute abzubrechen und sich morgen auf den Handel mit den Inselbewohner vorzubereiten.

Ihre Schätze vergraben sie am Strand, die Segel werden ebenfalls gut versteckt und sie suchen sich gut geschützte Plätze hinter den Dünen, um sich für die Nacht niederzulassen. Morgen wollen sie sich mit neuen Kräften weiteren Aufgaben stellen!

So wurde unsere Psychomotorikeinheit an diesem Tag beendet. Natürlich gibt es viele Möglichkeiten, sie weiterzuführen. Zum Beispiel können Hütten für die Nacht gebaut (Sandburgen), eine Schatzsuche organisiert, Versteck- und Fangspiele durchgeführt werden.

Die Segel werden getestet.

Die Natur bietet aber auch Gelegenheiten zur inneren Ruhe zu finden. Hier könnten die Piraten im weichen Sand liegen und sich von der Sonne wärmen lassen, dem Rauschen des Meeres lauschen oder einen Sonnenuntergang beobachten usw. Eventuell wird eine Entspannungsgeschichte dazu erzählt.

Im ganzheitlichen Sinn und zur weiteren Steigerung des Erlebnisgehaltes insbesondere in der Umsetzung mit Kindern können sich die Kinder Piratenutensilien basteln wie Augenklappe, Piratenflagge usw.

Bei der Weiterentwicklung der Geschichte mit den Kindern sind der Fantasie keine Grenzen gesetzt.

Literatur

Fischer, K.: Psychomotorik: Bewegungshandeln als Entwicklungshandeln. Sportpädagogik, 20 (1996) 5, S. 26-36.

Liebisch, R., Quante, S.: Bewegungshandeln im Labyrinth – Psychomotorisch orientierte Wahrnehmungs- und Entwicklungsförderung. Haltung und Bewegung, 18 (1998) 4, S. 19-25.

Quante, S.: Mit der Waldfee unterwegs! – Natur als Erfahrungsraum für psychomotorische Lernprozesse. Haltung und Bewegung, 19 (1999) 3, S. 17-24.

Rolff, H.-G., Zimmermann, P.: Kindheit im Wandel – Eine Einführung in die Sozialisation im Kindesalter. Weinheim, Basel 1997.

Unger, K.: Naturerfahrung mit älteren Menschen und Kindern. Unveröff. Diplomarbeit, Erziehungswissenschaftliche Fakultät, Georg-August-Universität Göttingen 1998.

Zimmer, R.: Handbuch der Sinneswahrnehmung. Freiburg 1995.

Dieter Breithecker

Spielen bei Eis und Schnee

Stellen Sie sich vor, die Sonne scheint an einem herrlichen Wintertag und Sie beobachten eine Gruppe Kinder, die mit ihren Erzieherinnen gerade gemeinsam eine Turnhalle betreten.

Welche Gedanken bewegen Sie dabei?

Für mich waren sie Anlass, folgenden Beitrag als Denkanstoß an diejenigen zu richten, die meinen, der Bewegungsraum Natur stellt eine unbekannte Situation dar, verbunden mit Angst vor Risiken und Angst, sich schmutzig zu machen.
Aber gerade das Bewegen in der freien und auch manchmal unbekannten Natur ist für Kinder eine Herausforderung, denn sie bietet eine Vielzahl neuer Wahrnehmungs- und Bewegungserfahrungen.

Der Bewegung im Freien sollte immer der Vorzug gegeben werden, wenn dabei folgende Kriterien erfüllt sind:

- die Kleidung der Kinder muss den Witterungsverhältnissen angepasst werden,
- das Bewegungsgelände sollte frei von Gefahrenquellen sein (befahrene Straßen, usw.).

Auch bei niedrigen Temperaturen im Winter kann die Bewegung im Freien zu einem großen Erlebnis werden. Gerade der frisch gefallene Schnee und die unberührte Schneelandschaft übt auf unsere Kinder eine ungeheuere Anziehungskraft aus:

Die weiße Landschaft-, die Weichheit der Schneedecke, die Spuren, die wir oder wild lebende Tiere auf ihr hinterlassen, die Stille der Winterlandschaft und die gedämpften Geräusche, vermitteln dem Kind wichtige Erfahrungen, die für die kindliche Bewegungswelt schon immer eine große Attraktivität gehabt haben.

Die Möglichkeiten der Begegnung mit der winterlichen Landschaft soll aus zwei Gründen nun näher thematisiert werden.

Kein Winter ohne Schneeballschlacht.

1. Als Erfahrungsstätte eigener Art, die den Zugang eröffnet zu einem unverwechselbaren, reizvollen Bewegungs- und Wahrnehmungsraum.

2. Als Tätigkeitsfeld, das dem sonst üblichen ablaufenden Bewegungsbetrieb entgegengestellt werden kann, um der zunehmenden Entfremdung der Menschen von der Natur entgegenzuwirken.

Der Aufenthalt in einer Winterlandschaft wird gerade bei dem bewegungshungrigen und bewegungsfreudigen Vorschulkind psychomotorische Verhaltensweisen hervorrufen, welche durch die mit dieser Jahreszeit verbundenen typischen Witterungserscheinungen (Eis und Schnee) angebahnt werden. Die Spiel- und Bewegungsmöglichkeiten im Schnee sind fast unbegrenzt. Die Kinder

- gleiten und schlittern auf Eis- und Schlitterbahnen,
- laufen, hüpfen, springen und spielen "Fangen im Schnee",
- fahren mit dem Schlitten oder auf anderen Rutschgeräten Wiesen und Hügel hinab,
- werfen mit Schneebällen gegen Bäume oder auf andere Ziele,
- wälzen sich im hohen Schnee,
- hinterlassen mit den Füßen, Händen oder mit dem ganzen Körper "merkwürdige" Spuren; erfinden neue Spuren im Schnee,
- bauen aus Schnee und Eis Skulpturen, Burgen, Iglus oder eine Schneemauer, die später erklettert werden kann,
- bauen gemeinsam einen großen Schneemann.

Die Eigengesetzlichkeit der durch Schnee und Eis geprägten Winterlandschaft; die Probleme, denen wir, insbesondere aber die Kinder, auf glattem, rutschigem Untergrund begegnen, werden als lustvoll erlebte Bewegungssituationen von ihnen mit großem Interesse aufgesucht und provozieren grundlegende Wahrnehmungs- und Bewegungserfahrungen.

Wir wollen aus der Vielfalt der oben dargestellten Bewegungsmöglichkeiten im folgenden das Schlittern und Gleiten sowie das Rutschen auf unterschiedlichen Unterlagen näher vorstellen.

Grundlegende koordinative Fähigkeit all dieser Bewegungsformen, ist das Gleichgewicht, d. h. das Vermögen, sich bei Gleit- und Rutschbewegungen in der Balance zu halten, um ungewollte Stürze zu vermeiden. Darüber hinaus kommt es darauf an, weitere Schwierigkeiten zu beherrschen (vgl. *Trebels* 1983, 18):

- Das Auslösen von Gleit- und Rutschbewegungen und die Intensivierung von Gleit- und Rutschphasen. In diesem Zusammenhang steht auch die Verwendung geeigneter Materialien und Geräte, wie auch das Erleben ihres Gebrauchs.
- Das Bewältigen von Gleit- und Rutschgeschwindigkeiten und das Problem, wieder zum Stillstand zu kommen, also das Bremsen.
- Das Problem der gezielten Richtungsänderung, des gleitenden Körpers und des rutschenden Gerätes - also das Lenken.

Wir können davon ausgehen, dass beim Gleiten / Schlittern sowie beim Rutschen, die oben angesprochenen Bewegungsprobleme in unterschiedlicher Gewichtung auftreten können. Deshalb wollen wir im folgenden die beiden Bewegungsformen voneinander trennen und sie isoliert darstellen.

Die wohl mit dem wenigsten Aufwand betriebene und einfachste Inszenierung stellt das Schlittern / Gleiten dar, bei dem wir ohne Geräteaufwand unsere Bewegungsbahn selbst gestalten können. Es bedarf eines mit festem Schnee oder Eis bedeckten Bodens und grundlegender, koordinativer Fähigkeiten, die durch diese Bewegungsform angesprochen werden.

Die Schlitterbahn verlangt vom Kind im wesentlichen die Fähigkeit, eine Gleitbewegung optimal auszuführen und sie möglichst lange aufrecht zu halten, ohne zum Sturz zu kommen (dynamische Gleichgewichtsfähigkeit). Darüber hinaus - und das richtet sich nach der Länge der Eisbahn und der eigenen Geschwindigkeit - soll das Kind die Fähigkeit haben, im rechten Augenblick aus der Gleitbewegung in ein Weiterlaufen überzuwechseln (Reaktions- und Orientierungsfähigkeit). Lenkprobleme werden beim Gleiten / Schlittern weniger akut, weil der gleitende Körper nicht gelenkt werden kann und die Bewegung weitgehend so verläuft, wie sie zu Beginn der Gleitphase angebahnt wurde.

Der Bewegungsvorgang des Gleitens und Schlitterns setzt aus folgenden Abschnitten zusammen: Da ist zunächst der Anlauf. Er geschieht von dem mit Schnee bedeckten Boden aus, der infolge der Reibung ein kräftiges Rennen gestattet, denn von dieser Energieentwicklung hängt ja nachher der ganze Erfolg, die ganze Lust an der reibungsarmen Bahn ab. Der Übergang zur Bahn ist keine Kleinigkeit, da er einen blitzschnellen Wechsel der körperlichen Einstellung verlangt. Und sofort beginnen ganz neue Aufgaben, die aus der Erhaltung des Gleichgewichts, wie schon gesagt, entspringen. Da gibt es wahre Künstler, die im Sausen sich noch umdrehen (falls das nicht aus irgendwelchen Gründen mechanisch eintritt, infolge eines von Anfang an vorhandenen Drehmoments und schließlich mit einem lächerlichen Sturz endet). Ist dann die Bahn durchmessen, so wird der Übergang ins „bürgerliche“ Leben wieder nötig, der auch gelernt sein will, wie das Abspringen von der Straßenbahn.

Auf der Grundlage der ersten Erfahrungen und Sicherheiten beim Schlittern / Gleiten können sich weitere variantenreiche Bewegungsformen aufbauen, die hier nur anregend skizziert werden.

- Zwei Kinder nehmen ein drittes durch Handfassung in die Mitte und ziehen es vorsichtig über die Schlitterbahn.
- Während des Schlitterns begibt sich das Kind in die Hocke und verharrt bis zum Ende der Schlitterbahn.

Den Schneeball beim Schlittern sicher transportieren.

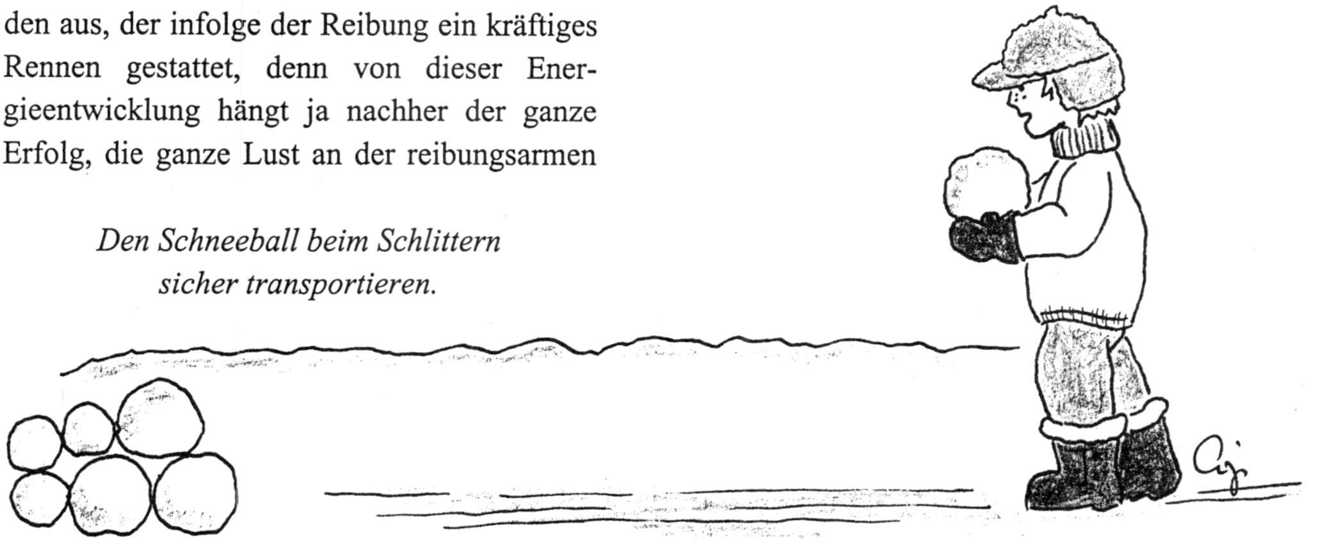

- Mehrere Kinder bilden durch Handfassung über der Schlitterbahn einen Tunnel, durch den hindurchgeglitten werden kann.
- Wer schafft durch gesteuerten Anlauf seine Geschwindigkeit beim Schlittern so zu dosieren, dass er möglichst nahe an einem Markierungspunkt stehen bleibt ("Eisstockschießen")?
- Welchen Kindern gelingt es, zu zweit durch Hand- oder Hüftfassung gemeinsam über die Schlitterbahn zu gleiten?
- Versucht beim Schlittern, einen von der Erzieherin zugeworfenen Gegenstand zu fassen und ihn evtl. wieder zurückzuwerfen.
- Mehrere Kinder (3 - 9) befinden sich in der Hocke und halten sich an der Hüfte fest. Das erste Kind hält einen Stock quer in den Händen. Zwei Erzieherinnen versuchen nun an den Stöcken ziehend, die Gruppe über die Schlitterbahn zu bewegen.
- Welchem Kind gelingt es, während des Schlittervorganges eindrucksvolle Pantomimen darzustellen?
- Können wir während des Schlitterns einen Gegenstand auf der Hand balancieren?
- Welcher Gruppe gelingt es, in kürzester Zeit verschiedene Gegenstände von einem Ende der Schlitterbahn zum anderen Ende zu bringen?

Weitere interessante Inhalte lassen sich auch durch die kreative Mitgestaltung der Kinder finden, wie etwa: durch das Schaffen unterschiedlicher Antriebs- und Gleitmaterialien oder die Situation des Schlitterns auf einer schiefen Ebene.

Verglichen mit dem Schlittern / Gleiten ist für das Fahren und Rutschen auf Schlitten oder anderen Unterlagen das Balanceproblem weniger dominant (obgleich gerade bei gleichgewichtsschwächeren Kindern grundlegende vestibuläre Reize gesetzt werden), dafür aber um so mehr die Geschwindigkeit und die Lenkung. Ausgehend von den Erfahrungen der Kinder könnte sich hier im Sinne einer problemorientierten Vorgehensweise folgende Frage anbieten:

"Welche Materialien bieten sich an "auf denen ihr rutschen könnt?"

Die Kinder sollten aufgefordert werden, zu Hause zu überlegen, welche Geräte neben einem Schlitten für eine Rutschpartie geeignet sind, wie zum Beispiel ganz einfache Plastikhüllen (Müllbeutel, Tragetaschen). Auch alte Autoschläuche lassen sich gut verwenden. Natürlich kann man auch große Kartons benutzen, die mit einer Plastikhülle bezogen werden.

„Eine Mülltüte als Rennbob!“

Vielleicht können die Kinder auch eine alte PVC-Luftmatratze verwenden, sie lässt sich ausgezeichnet fahren, indem man sich auf den Bauch legt und mit den Füßen steuert. Man kann sich aber auch einen solchen "Rennbob" selbst bauen, indem man einen Müllsack mit Schaumstoffresten (oder aber auch Papierschnitzel) ausfüllt. Aber auch eine Schaukel, Radkappen und evtl. Omas alte Pfanne erfüllen den gleichen Zweck und man braucht nicht immer einen Schlitten, um einen Hang hinunterzurutschen.

Im folgenden werden einige inhaltliche Anregungen zum Rutschen auf und mit Plastikhüllen gegeben, da diese wohl die einfachste und mit dem wenigsten organisatorischen Aufwand zu beschaffenden Rutschgeräte darstellen. Der Untergrund sollte aus einer festen Schneedecke bestehen.

- Jedes Kind hat eine Plastikhülle, darauf steht es mit einem Fuß, während es sich mit dem anderen vom Boden abtritt. Auf diese Art und Weise kommen sie relativ schnell vorwärts und es ergeben sich längere Rutschphasen auf einem Bein. Mit Hilfe dieser Fortbewegungsart können verschiedene Fangspiele durchgeführt werden.
- Die Kinder stellen sich mit beiden Füßen auf je eine Plastikhülle hintereinander auf. Sie halten sich an der Hüfte oder an den Schultern ihres Vordermannes fest und bewegen sich gemeinsam vorwärts.
- Die Kinder stehen mit beiden Füßen auf einer Plastikhülle und versuchen, sich im Kreise zu drehen.
- Die Kinder setzen sich auf die Plastikhülle und stoßen sich mit den Füßen ab.
- Jeweils zwei Kinder bilden eine Gruppe. Ein Kind sitzt / liegt auf einer Plastikhülle. Sein Partner schiebt / zieht ihn über die Schneefläche vorwärts.
- Zwei Kinder ziehen einen Dritten, der auf einer Plastikhülle sitzt durch Handfassung über die Schneefläche.
- Eine Kindergruppe stellt sich im Kreis auf. Jedes Kind steht auf einer Plastikhülle. Mit Handfassung versucht die Gruppe, ähnlich wie vorher, durch Drehungen in eine Kreisbewegung hineinzukommen.
- Auf einer schiefen Ebene, in unterschiedlichen Fahrlagen herunterrutschen.
- Zwei bis drei Kinder sitzen auf je einer Plastikhülle nebeneinander und rutschen durch Handfassung verbunden auf einer schiefen Ebene herab.
- Zwei Kinder rutschen gemeinsam auf einer Plastikhülle sitzend eine schiefe Ebene herab.
- Mehrere Kinder setzen sich einzeln im Grätschsitz auf eine Plastikhülle. Sie rutschen so zusammen, dass immer ein Vordermann zwischen den gegrätschten Beinen des Hintermannes sitzt und durch Anfassen an der Hüfte eine "Riesenschlange" den Hang hinabrutscht.

Literatur

Ehni, H., u. a.: Kinderwelt - Bewegungswelt. Seelze 1982.

Kerste, U.: Erlebniszentrierte Bewegungserfahrung in der Natur. Motorik 9 (1986) 4.

Scherler, K: Bewegung, Spiel und Sport im Vorschulalter. In: Deutscher Sportbund (Hrsg.): Bewegung, Spiel und Sport im Elementarbereich. Malente 1974.

Schilling, F: Grundlagen der Motopädagogik. In: Clauss, A. (Hrsg.): Förderung entwicklungsgefährdeter und behinderter Heranwachsender. Erlangen 1981.

Trebels, A.: Sport im Winter. Sportpädagogik 7 (1983) 6.

Reinhard Liebisch

Vom Fuß her baut die Haltung sich auf – die körperliche Ausgewogenheit beginnt bei den Füßen

Einleitung

Die Aufgabe des Fußes besteht im Tragen und Halten sowie der Fortbewegung des Körpers. Für diese Tätigkeiten ist der Fuß von Natur aus sehr gut ausgestattet. Gerade seine spezielle Anatomie gibt ihm in hohem Maß die notwendige Elastizität, Beweglichkeit und Belastbarkeit.

Veränderungen am Fuß haben Auswirkungen auf die Körperstatik und somit auf die Haltung und umgekehrt. „Bei unzureichender Fußgelenkstützmuskulatur sinkt der Fuß im Sinne eines Knickfußes nach innen; hieraus resultiert eine Innenrotation des gesamten Beines im Hüftgelenk; diese wiederum hat eine Beckenkippung mit verstärkter Lordose der Lendenwirbelsäule zur Folge. Eine verstärkte Kyphose der Brustwirbelsäule und eine entsprechende Einstellung der Halswirbelsäule zur Kompensation ist die Regel“ (*Knebel* 1990, 79). Mit dieser Fehlhaltung einher geht eine entsprechende muskuläre Dysbalance, wodurch u. a. Verschleißprozesse begünstigt und u. a. Rückenschmerzen ihren Ursprung erfahren können.

Als Ursachen für Abweichungen von der normalen Fußentwicklung können u. a. angeborene Muskel- und Bindegewebsschwächen, Übergewicht, unzweckmäßige Schuhe (zu kurz, zu weit, zu spitz, zu hohe Absätze, unbewegliche Schuhsohle), Fehlbelastungen und Bewegungsmangel genannt werden.

Intensivierung der Fußfunktionen und Sensibilisierung des Fußes sowie die Aufklärung der Kinder und Eltern über Ursachen von Fußschwächen stellen wesentliche Bestandteil einer Haltungsförderung für Kinder dar.

Greifen mit den Zehen (Kräftigung der Zehenbeuger), Laufen, Hüpfen, Springen, Federn (Kräftigung der Fuß- und Beinmuskulatur) sind u. a. notwendige Bewegungen, um die Leistungsfähigkeit der Fuß- und Beinmuskulatur aufzubauen bzw. zu erhalten damit die Fußgewölbe gesichert werden. Dem Barfußgehen, Hüpfen usw. auf weichem Untergrund wie Sand, Rasen, Waldboden oder auch Matten, kommt dabei im Sinne eines den aktiven und passiven Bewegungsapparat schonenden Übens besondere Bedeutung zu. Tastübungen, das Erspüren und Betreten unterschiedlicher Bodenbeschaffenheiten, das Malen mit den Füßen, das Bemalen der Füße und das Herstellen von Fußabdrücken u. a. sensibilisieren die Füße und stellen diese dabei in den Mittelpunkt der Wahrnehmung.

Praxis

1. Sensibilisieren der Füße

Vorbemerkungen

Zwischen der Fußsohle und anderen Organen des Körpers bestehen enge nervale Verbindungen. Eine Stimulierung der Fußsohle wirkt sich in der Regel positiv auf Haltung, Stoffwechsel, Kreislauf, vegetatives Nervensystem und Wohlbefinden aus (vgl. *Kükelhaus / zur*

Lippe 1982). Den Kindern sollte nach den Sensibilisierungsaufgaben die Möglichkeit gegeben werden, über das Wahrgenommene und Erlebte zu reden.

Fühlstraßen

Die Kinder gehen über verschiedene Untergründe mit offen und geschlossenen Augen (evtl. von einem Partner geführt) und versuchen Besonderheiten wahrzunehmen. Im Freien bieten sich Rasen, Sand, Tartan- oder Aschenbahn, Steine, Blätter, Zweige, Moos usw. an.

In der Halle kann ein Fühlweg, z. B. mit Holzstäben, die zwischen zwei Matten eingeklemmt sind, Tennisringen, Schaumstoffteilen, Kunstrasen, Seilen usw. von den Kindern aufgebaut werden.
Auf Vermeidung von Verletzungsgefahr, z. B. durch Umknicken oder Splitter, ist zu achten. Auch sollten die Kinder möglichst viele verschiedene Eigenschaften, wie hart - weich, warm - kalt, rauh - glatt etc., spüren können. Durch rücksichtsvolles Führen des Partners wird das Vertrauen untereinander gestärkt.

Hinweise: Werden für die Fühlstraße fußbreite Gegenstände, schmale Holzleisten oder schmale Teppichbodenstreifen benutzt, die streckenweise zu geraden Strecken gelegt werden, wird beim Balancieren auf den Wegen das Gefühl für eine achsengerechte Fußhaltung gefördert. Darüber hinaus führt die Fuß- und Beinmuskulatur beim Balancieren zur Aufrechterhaltung des Gleichgewichts vielfältige, fein abgestimmte Ausgleichsbewegungen durch.

2. Kräftigen der Zehenbeugemuskulatur durch Greifübungen

Von den Schuhen befreit.

Vorbemerkungen

Eine kräftige Zehenbeugemuskulatur trägt maßgeblich zu einer Sicherung der Fußgewölbe bei.

Da durch das Tragen von Schuhen insbesondere auch die Zehenbeugemuskulatur eine mangelnde Funktionstüchtigkeit aufweist, sind Greifübungen notwendiger Bestandteil jeder Fußgymnastik.

Die mangelnde Fähigkeit, ein Bohnensäckchen mit den Zehen zu greifen und etwa 5 Sekunden hochzuhalten weist auf eine nicht ausreichend kräftige Fußbeugemuskulatur hin.

Mit Tüchern spielen und die Muskeln trainieren.

Greifübungen mit Tüchern

Die Kinder greifen Tücher (Papier) und

- winken damit,
- falten sie zusammen und wieder auseinander,
- verpacken „Geschenke" darin, die der Partner auspackt,
- benutzen die Tücher als Lkws, in den andere Gegenstände mit dem Fuß aufgeladen und durch Greifen und Ziehen des Tuches an eine andere Stelle transportiert werden.

Mit den Füßen kreativ sein

- Die Kinder legen mit Stöckchen, Styroporteilen, Korken usw. Buchstaben, Muster, Bilder.
- Die Kinder greifen das Seil mit einem Fuß und legen Figuren.
- Die Kinder greifen mit den Füßen Wachsmalstifte und malen damit Bilder.
- Die Kinder greifen Klangstäbe oder andere Rhythmusinstrumente mit den Füßen und machen Musik.

Ziele treffen

Die Kinder greifen Bohnensäckchen (Papierknäuel, Tücher mit Knoten) mit den Füßen und werfen sie auf Ziele (Reifen, Keulen, gestapelte Schuhkartons). Die Kinder entwickeln ihre Wurfstationen und Spielregeln selbst. Das Material sollte gut zu greifen sein.

Materialien einsammeln

Es liegen viele Gegenstände (z. B. Tücher, Bohnensäckchen, Seile, Papier etc.) in der Halle verteilt:

- innerhalb von 2 Minuten versuchen zwei bis vier Gruppen möglichst viele Materialien mit den Füßen zu greifen und in ihren Reifen zu transportieren;
- die Kinder laufen zwischen den Gegenständen umher. Bei Musikstopp sollen alle Materialien, die rot, gelb, blau; hart, weich; rund, eckig usw. sind durch Greifen mit den Füßen eingesammelt werden.

Das Wetteifern soll möglichst viele Greifbewegungen provozieren. Durch die beschriebene Durchführung des Spiels werden die Kinder nicht bloßgestellt.

Die Füße werden zum Leben erweckt.

Klettern

Die Kinder klettern an Sprossenwänden, Gitterleitern, Klettergerüsten etc., dabei müssen die Zehen kräftig greifen.
Durch barfüßiges Klettern werden die Fußmuskulatur durch Greifen und die taktile Wahrnehmung auf vielfältige Weise gefördert

Hinweise: Durch Greifübungen wird die Fußmuskulatur stark beansprucht, deshalb sollten zwischen den Greifphasen immer wieder Auflockerungen erfolgen z. B.:

- auf Musik Füße und Beine ausschütteln,
- im Sitzen den Unterschenkel an den Knöcheln mit beiden Händen fassen und den Fuß kräftig schütteln,
- wechseln der Bewegungsart z. B. Greifen - Laufen, Greifen - Hüpfen.

3. Springen

Vorbemerkungen

Springen ist eine kindgemäße Bewegungsform, die sich auch in vielen Kinderspielen wiederfindet. Wird nicht auf weichem Untergrund (z. B. Rasen) gesprungen, sollten die Kinder Schuhe mit dämpfenden Sohlen tragen oder ganz bewusst leise springen.

Springen über Schaumstoffteile

Die Kinder bauen aus Schaumstoffteilen Hindernisse, die sie überspringen
Ein- oder beidbeinige Sprünge. Auf leises Landen ist zu achten.

Schlusssprünge

Die Kinder klemmen ein Schaumstoffteil zwischen die Beine und transportieren dies mit Schlusssprüngen.

Durch beidbeinige Schlusssprünge wird besonders die achsengerechte Fuß- und Beinhaltung gefördert.

Freie Sprungkombinationen

Die Kinder bewegen sich nach Musik im Raum. Auf Musikstopp suchen sie sich eine Teppichfliese (Schaumstoffteil, Seil) und erproben verschiedene Sprünge bzw. Sprungkombinationen auf und über die Teppichfliese(n).

Durch den Wechsel zwischen langsamem Laufen und Springen findet eine Auflockerung der Muskulatur statt.

Hinkekastenspiele

Der Hinkekasten wird mit Teppichfliesen (Seilen) gelegt oder auf den Boden gemalt. Dabei können unterschiedliche Formen und Spielregeln gewählt werden.

Beispiel:

Ein Bohnensäckchen Tennisring, Stein wird auf Feld 1 geworfen. Das Kind hüpft in dieses Feld und hebt das Säckchen mit dem Fuß aus dem Feld heraus. Nun wird das Säckchen in Feld 2 geworfen. Wenn ein Fuß oder das Säckchen eine Linie berührt, ist der nächste Spieler am Zuge. Es können vorher bestimmte Sprungkombinationen festgelegt werden (z. B. abwechselnd ein- und beidbeinig springen).

Mit Hinkekastenspielen können Anregungen für Freizeitspiel gegeben werden.

Seilspringen

Die Kinder springen in verschiedenen Variationen mit dem Seil:

- alleine, indem sie das Seil selber schwingen,
- am langen Seil, indem zwei andere Kinder das Seil schwingen.

Seilspringen stellt hohe Anforderungen an die koordinativen Fähigkeiten. Durch rhythmische Sprechverse: Teddybär, Teddybär dreh dich um, ... und optische Hilfen, z. B. Seile in Schleuderhörner ziehen (dadurch wird das Seil auch langsamer und stabiler), können methodische Erleichterungen *geschaffen werden.*

Hinweise: Bei Sprungübungen und Hüpfspielen müssen die Kinder bewusst leise springen, d. h. ihr Körpergewicht durch Muskelkraft abfangen, um die Gelenke und noch nicht vollausgereiften Knochenstrukturen zu schonen. Gerade muskelschwache Kinder sollten nicht auf harten Böden springen bzw. gut dämpfende Sportschuhe tragen.

Bei Einbeinsprüngen sieht man oft, dass Kinder mit schwacher Muskulatur bei der Landung in eine unphysiologische Knickfußstellung ausweichen. Einbeinsprünge sollten daher nur durchgeführt werden, wenn die Muskulatur kräftig genug ist, das Sprunggelenk entsprechend zu stabilisieren und das Körpergewicht elastisch abgefangen werden kann.

Die Gelenke bei **übergewichtigen** und **bänderschwachen Kindern** sind bei allen Sprungübungen besonders gefährdet.

Reinhard Liebisch

Haltung im Vorschulalter

Unter der Haltung versteht man die vom Organismus selbst gehaltene Stellung des Körpers im Raum.

Die Sicherung der Haltung ist ein hoch komplexer Vorgang und gehört zu den schwierigsten Leistungen des zentralen Nervensystems und der Skelettmuskulatur. Aufgrund der anatomischen Strukturen befindet sich die Haltung des stehenden Menschen in einem labilen Gleichgewichtszustand, dabei muss der Körper- bzw. Oberkörperschwerpunkt über den Füßen ausbalanciert werden. Hierbei spielt die haltungsaufbauende Muskulatur (vgl. Abb.) des Rumpfes und der Beine eine entscheidende Rolle. Die Sicherung der Haltung ist ein dynamischer Vorgang.

Es lassen sich zwei Extreme unterscheiden nämlich: die **aktive Haltung** und die **Ruhehaltung**.

Die Ruhehaltung ist gekennzeichnet durch:

- eine Verstärkung der physiologischen Schwingungen der Wirbelsäule,
- vorverlagertem Schultergürtel und
- einem Abflachen der Fußgewölbe.

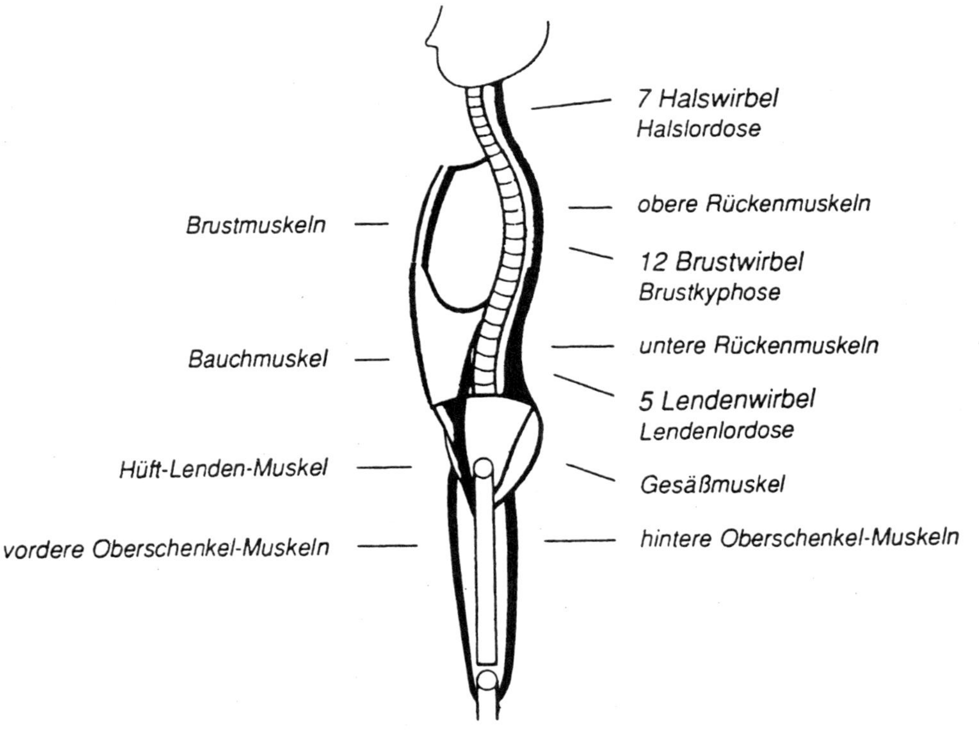

Schematische Darstellung des Haltungsaufbaus (aus: BAG 1992, 50).

D. h. die passiven Anteile des Halte- und Bewegungsapparates (Bänder, Knochenformen) sichern die Haltung.

Eine ständig eingenommene Ruhehaltung z. B. beim Sitzen wirkt sich negativ auf organische Strukturen des Haltesystems aus.

Bei der **aktiven Haltung** sind:

- die physiologischen Schwingungen der Wirbelsäule abgeflacht,
- der Schultergürtel und
- die Fußgewölbe aufgerichtet.

Diese Aufrichtung erfolgt durch eine hohe Muskelanspannung und geht bis an die Grenze der Aufrichtbarkeit. Diese maximale Aufrichtung kann wegen der Muskelermüdung nicht über einen längeren Zeitraum beibehalten werden.

Das äußere Erscheinungsbild der Haltung bezieht sich auf den gesamten Körper und ist von folgenden Faktoren abhängig:

- **Anatomische Faktoren** (z. B. Wirbelsäulen-, Fuß-, Gelenkform, Skelettentwicklung)
- **Physiologische Faktoren** (z. B. Leistungsfähigkeit der Muskulatur, sensomotorische Koordination, Ernährung ...)
- **Psychische und geistige Faktoren** (z. B. Körpererfahrung, Haltungsgefühl, Haltungsbewusstsein, Selbstwertgefühl, emotionale Stimmungslagen ...)
- **Soziale Faktoren** (z. B. Erziehung, Mode, Vorbilder, Normen, ergonomische Arbeitsplätze ...)

Über das äußere Erscheinungsbild, die Haltung, wirkt der Mensch auf andere. In der Haltung spiegelt sich die körperliche und psychische Befindlichkeit des Menschen wieder. Haltung wird somit zum Spiegelbild des Menschen.

Durch vielfältige Ursachen kann es schon im Kindesalter zu Haltungsschwächen und -schäden kommen. Dabei spielen insbesondere eine mangelnde muskuläre Leistungsfähigkeit als Folge zu geringer Entwicklungsreize für die Muskulatur, einseitige Belastungen und beständiges Einnehmen der Ruhehaltung, aber auch psychische und soziale Aspekte eine Rolle.

Besonderheiten der Haltungsentwicklung im Vorschulalter

Die Haltung bildet sich durch Anlage und Umwelteinflüsse heraus. Die Wirbelsäule ist nach der Geburt zunächst gestreckt. Die Entwicklung der Halslordose wird durch das Anheben des Kopfes unterstützt. Durch erste Sitzbelastungen bildet sich eine großbogige Kyphose der Wirbelsäule heraus, die sich während der Krabbelphase der Kinder wieder abflacht. Ein Grund hierfür ist auch die zunehmende Kräftigung der Rückenmuskulatur. Bei ersten Stehversuchen kommt es zu einer starken Lordosierung der Wirbelsäule (Kippung des Beckens; auch als eine Folge der noch zu kurzen Hüftbeugemuskulatur) und zu einer kompensatorischen Brustkyphose.

Während des **ersten Gestaltwandels** werden die kleinkindlichen Proportionen durch die sogenannte Streckphase verändert. Beine und Arme zeigen ein verstärktes Längenwachstum. Die Beckenaufrichtung wird als Voraussetzung einer optimalen Anpassung der Wirbelsäule und der Streckung der Hüft- und Kniegelenke abgeschlossen. Die weitere Ausprägung der Fußgewölbe erfolgt.

Diese normalen entwicklungsbedingten Haltungsveränderungen sind nicht krankhaft. Wegen der unterschiedlichen Stärke der Beckenaufrichtung mit dem Einfluss auf die Wirbelsäule können sich hier normale Haltungsvarianten ergeben (Hohlrücken, Flachrücken, Rundrücken).

Neben genetischen Faktoren spielt vor allem die Muskulatur eine entscheidende Rolle bei der Aufrichtung. So unterstützt eine kräftige Bauchmuskulatur die Beckenaufrichtung, eine kräftige Rückenmuskulatur die physiologische Form der Wirbelsäule. Durch eine kräftige Beinmuskulatur wird die Streckung der Hüft- und Kniegelenke gefördert. Für die Sicherung der Fußgewölbe ist eine gut entwickelte Fußmuskulatur notwendig (vgl. *Laschner* 1976).

Weitere Haltungsveränderungen im Vorschulalter:

- Das Kleinkind nimmt bis etwa zum 3. Lebensjahr im Stehen ständig eine aktive Haltung (hoher Muskeltonus) ein. Danach ist dem Vorschulkind auch das Einnehmen einer Ruhehaltung möglich. Hier besteht die Gefahr, dass diese kraftschonende Ruhehaltung ständig eingenommen wird und sich dieses Haltungsmuster als Gewohnheitshaltung bei den Kindern einprägt.
- Das Verhältnis von Unterhautfettgewebe und Muskulatur verschiebt sich zugunsten des Muskelgewebes, aber nur, wenn eine ausreichende Beanspruchung der Muskulatur erfolgt (vgl. *Laschner* 1976).
- Die Bandscheiben sind ***nur bis ca. zum 4. Lebensjahr durchblutet***, danach erfolgt die Gewebeernährung durch Diffusion. Somit ist Bewegung mit Druck und Entlastung der Bandscheiben die beste Voraussetzung für den Erhalt des Knorpelgewebes. (Die Bandscheiben oder Zwischenwirbelscheiben verbinden die Wirbelkörper miteinander. Sie bestehen aus Knorpelgewebe mit hohem Wassergehalt.)

Der passive Bewegungsapparat wird von der Muskulatur bewegt und stabilisiert. Dazu muss der Muskel ***Kraft entfalten***. Hierbei spielt der ***Muskelquerschnitt***, aber auch die Anzahl der gleichzeitig innervierten ***motorischen Einheiten*** eine Rolle. Eine motorische Einheit bilden die Nervenzelle und die Anzahl der von ihr innervierten Muskelfasern.

Im Vorschulalter spielen hauptsächlich koordinative Prozesse bei der Kraftentfaltung eine Rolle, d. h. wenn Kinder klettern, hüpfen, kriechen usw. verbessert sich das Zusammenspiel der einzelnen beanspruchten Muskeln und Muskelgruppen ***(intermuskuläre Koordination),*** aber auch das Zusammenspiel der motorischen Einheiten in einem einzelnen beanspruchten Muskel ***(intramuskuläre Koordination).*** Voraussetzung zu einer Verbesserung von Kraftleistung ist aber auch, dass der Muskel eine bestimmte Kraft seiner Maximalkraft entfalten muss und, dass diese Beanspruchung regelmäßig erfolgt.

Hinweise für Auffälligkeiten bei der Fußentwicklung im Alter zwischen 3 und 6 Jahren

- So starke X-Beine, dass der Knöchelabstand beim Stehen mit geschlossenen Knien mehr als 6 cm beträgt.

- Die Beine sind unsymmetrisch, d. h. ein Bein ist stärker abgeknickt als das andere.
- Die Schuhe sind nach kurzer Zeit einseitig abgelaufen, dies deutet auf eine Fehlbelastung des Fußes hin.
- Der Fuß zeigt Druckstellen, Rötungen oder Hühneraugen.
- Das Kind stolpert häufig über die eigenen Füße.

Zur Vermeidung muskulärer Dysbalancen ist für eine harmonische Entwicklung von Beugern und Streckern zu sorgen. Es gilt daher eine ausschließliche Beanspruchung bestimmter Muskelgruppen, z. B. der Beuger, zu vermeiden.

Von weiterer Bedeutung für den Muskel- und Knochenaufbau ist gerade im Vorschulalter eine richtige Ernährung, d. h. eine ausreichende Mineralstoff- und Eiweißzufuhr.

Haltungsförderung unter ganzheitlichen Aspekten ...

... baut auf den Bedürfnissen der Kinder auf und berücksichtigt anatomisch-physiologische Faktoren.

Wichtige Aufgaben für die Erzieherin sind demnach:

- ***Körpererfahrungen ermöglichen***

  Kinder sollen sich und ihren Körper in vielfältigen Bewegungshandlungen erfahren. Bewegungserfahrungen wie z. B. Beugen-Strecken, Anspannen-Entspannen, Körperschemaübungen, Wahrnehmungsförderungen, sich mit dem Körper ausdrücken, sind für die Kinder wichtig, um zu einem bewussten Haltungsgefühl zu gelangen.

- **Selbstwertgefühl der Kinder stärken**

  Kinder sollen sich durch das Erfahren von Anerkennung, Wertschätzung durch die Gruppe, die Übungsleiter, die Erzieher usw. und eigene Könnenserlebnisse positiv erfahren.

  Methodisch ist die Stunde so zu organisieren, dass Erfolgserlebnisse sowie Eigentätigkeiten und Mitbestimmung möglich sind.

- **Ausreichende und richtige Reizsetzung für die Muskulatur**

  Im Sinne einer allgemeinen Kräftigung müssen vielfältige Möglichkeiten bereitgestellt werden, z. B. zum Klettern, Kriechen, Hangeln, Schlängeln, Hüpfen, Springen, Schieben, Stützen.

  Durch diese vielfältige Bewegungsformen werden auch die haltungsaufbauenden Muskeln gekräftigt. Nur bei schweren muskulären Dysbalancen oder bei starker Schwäche bzw. Verkürzung einzelner Muskeln ist eine gezielte Kräftigung bzw. Dehnung einzelner Muskeln bei Kindern im Vorschulalter notwendig.

- **Schädliche Belastungen vermeiden**

  Einseitiges Üben, bei dem nur bestimmte Muskeln gekräftigt werden schädigt eine gesunde Haltungsentwicklung durch Bildung muskulärer Dysbalancen. Zu hohe Belastungen z. B. bei Niedersprüngen, durch langes Sitzen, Tragen zu schweren Lasten, Überdehnungen, unfunktionelle Übungen (z. B. Sit-ups zur Kräftigung der Bauchmuskulatur) schädigen anatomische Strukturen.

- **Kenntnisse vermitteln**

  Kinder sollen ihren Körper altersgemäß kennen lernen, d. h. Körperteile benennen können, Ausmaße des Körpers kennen lernen, Bewegungsmöglichkeiten des Körpers oder einzelner Teile kennen lernen, Sicherheitsaspekte z. B. beim Klettern, Niederspringen kennen lernen, richtiges gelenkschonendes Bewegungsverhalten lernen, z. B. beim Seilspringen leise hüpfen.

Im folgenden sind Übungen dargestellt, die sich an verschiedenen Einzelaspekten einer Haltungsförderung orientieren. In den Ideenbildern wird eine ganzheitliche Vorgehensweise bei einer Gesundheitsförderung im Vorschulalter aufgezeigt.

Literatur

BAGUV (Hrsg.): Sicherheit im Schulsport. Heft 4 (1987): Richtiger Einsatz von Matten im Sportunterricht.

BAGUV (Hrsg.): Sportschuhe – Matten.

Bundesarbeitsgemeinschaft zur Förderung haltungs- und bewegungsauffälliger Kinder und Jugendlicher (Hrsg.): Lehr- und Übungsbuch Sportförderunterricht. Bonn 1992.

Bundesarbeitsgemeinschaft zur Förderung haltungs- und bewegungsauffälliger Kinder und Jugendlicher (Hrsg.): Infoblatt Fuß und Fußschwächen. Mainz 1987.

Köhler, B., Reber, H.: Kinder machen Fußgymnastik. Stuttgart 1980.

Laschner, W.: Orthopädische Aspekte bei der Bewegungserziehung im Vorschulalter. In: Schwäbischer Turnerbund (Hrsg.): Bewegungserziehung im Vorschulalter. Schorndorf 1976.

Dannhauer, G., Liebisch, R.: Bewegung hält die Füße fit - Kindgemäße Gesundheitserziehung am Beispiel der Füße. Haltung und Bewegung 10 (1990) 2, S. 7-17.

Maier, E.: Der Fuß. Kleve 1977

Maier, E.: Die Reifung des Kinderfußes. 67. Tagung der Dr. Ges. f. Orthopädie und Traumatologie. 17.-20. Sept. 1980, Münster (Broschüre).

Risch, E.: Gesunde Füße und Beine. Stuttgart 1988.

Vogt, U.: Die Motorik 3- bis 6jähriger Kinder. Schorndorf 1978.

Reinhard Liebisch

Praxisbeispiele zur Haltungsförderung

Zielsetzungen

Die Kinder sollen ihre Muskulatur funktionsgerecht kräftigen oder dehnen. Mit den folgenden Übungen werden Möglichkeiten vorgestellt, Muskulatur gezielt, im Sinne von funktionsgerechtem Üben, zu beanspruchen. Diese Vorgehensweise hat ihre Berechtigung bei Kindern mit speziellen Muskelschwächen oder bei Muskeldysbalancen. Der erlebnisorientierte und ganzheitliche Ansatz kann dabei gegenüber der Funktion in den Hintergrund treten, wobei er aber nie ganz außer acht gelassen werden darf.

Die Übungen sind nicht als Abfolge einer möglichen Gymnastikstunde gedacht, sondern können bei Bedarf entsprechend der Zielsetzungen eingesetzt werden, z. B. *Blinker prüfen* in einem Ideenbild *Autoverkehr*. Das Kind kann so lernen, bestimmte Muskeln gezielt zu beanspruchen.

Vorbemerkungen

Das passive Bewegungssystem wird von der Muskulatur bewegt und stabilisiert. An einem Gelenk sind immer zwei Muskelgruppen zu unterscheiden, die entgegengesetzt wirken: beugen (Beuger), strecken (Strecker). Zur Vermeidung muskulärer Dysbalancen ist für eine harmonische Entwicklung von Beugern und Streckern zu sorgen.

Die Stellung des Beckens ist für die gesamte Haltung wichtig. Von der Seite betrachtet, ist es leicht gekippt und wird im Wesentlichen von folgenden Muskeln, die als Spieler und Gegenspieler wirken im Gleichgewicht gehalten:

Muskeln, die das Becken kippen:	Untere Rückenmuskeln, Lendendarmbeinmuskeln, Vordere Oberschenkelmuskulatur.
Muskeln, die das Becken aufrichten:	Gesäßmuskulatur, Bauchmuskulatur, hintere Oberschenkelmuskulatur.
Lendendarmbeinmuskel:	Da der Muskel bei allen Beugungen im Hüftgelenk beteiligt ist, muss er bei Kindern normalerweise nicht besonders gekräftigt werden, da er ohnehin zur Verkürzung neigt. Eine besondere Kräftigung könnte die Beckenaufrichtung im Vorschulalter negativ beeinflussen.

Im folgenden sind auf der linken Seite Übungsformen beschrieben, die auf der rechten Seite mit den jeweiligen Zielsetzungen kommentiert werden.

Körpererfahrung: Gymnastik / Spiele

Durchwinden, Schlängeln

Die Kinder winden sich durch die Fenster der Gitterleiter.

Die Beweglichkeit der Wirbelsäule wird insbesondere durch Bewegungen wie Schlängeln, Kleinmachen, Großmachen, Rumpfseitbeugen usw. erhalten.

Katzenbuckel – Pferdesattel

Die Kinder sind in Bankstellung und runden den Rücken nach oben (Katzenbuckel) bzw. lassen die Wirbelsäule durchhängen (Pferdesattel).

Kräftigung der Bauch- und Gesäßmuskulatur sowie Dehnung der Rückenmuskulatur beim Katzenbuckel. Steuerung der Beckenaufrichtung und -kippung.

Mäuschenfangen

Das Kind liegt in Rückenlage, hat die Füße aufgestellt und hält ein Tuch, das unter der Lendenwirbelsäule liegt und das ein Partner versucht wegzuziehen, durch Anspannen der Bauchmuskulatur fest (die Lendenwirbelsäule wird dabei auf den Boden gedrückt).

Kräftigung der Bauchmuskulatur.
Steuerung der Beckenaufrichtung.
Nach anatomischen Gesichtspunkten muss bei einer Kräftigung der Bauchmuskulatur über die Hauptbewegungsfunktion vorgegangen werden, nämlich eine Annäherung von Schambein und Brustbein. Eine Mitbeteiligung des Lendendarmbeinmuskels (z. B. beim Anheben der gestreckten Beine in Rückenlage) sollte vermieden werden, da die Bauchmuskulatur der Kinder oft nicht kräftig genug ist, das Becken zu fixieren.

Autofahren

Das Kind liegt in Rückenlage auf dem Boden, hat die Füße aufgestellt und schiebt zwei Spielzeugautos an den Oberschenkeln entlang in Richtung Knie.

Kräftigung der Bauchmuskulatur.
Die Lendenwirbelsäule muss dabei am Boden liegen bleiben.

Ball durch den Tunnel

Ein Kind liegt in Rückenlage und hat die Füße nahe dem Gesäß aufgestellt und hebt nun sein Gesäß an bis Rumpf und Oberschenkel eine Gerade bilden. Ein anderes Kind rollt nun einen Gymnastikball unter dem Gesäß durch.

Kräftigung der Gesäßmuskulatur und Dehnung der Hüftbeugemuskulatur.

Ziehen

In der Bauchlage über eine Bank ziehen und dabei die Hände bis zum Oberschenkel durchziehen.

Kräftigung der Schultergürtelmuskulatur insbesondere des Rauten- und Kapuzenmuskels die im Sinne einer Schultergürtelaufrichtung wirken.

Rückenschaukel

Die Kinder liegen auf dem Rücken, haben die Knie an der Brust und den Oberkörper leicht angehoben. Sie rollen auf dem Rücken vor und zurück.

Dehnung der Rückenmuskulatur im Lendenwirbelsäulenbereich.
Kräftigung der Bauchmuskulatur.

Langer Hans

Die Kinder liegen auf dem Rücken und haben die Füße nahe dem Gesäß aufgestellt und die Arme etwas über schulterbreit gestreckt auf den Boden gelegt. Die Lendenwirbelsäule liegt auf dem Boden auf (s. Mäuschenfangen).

Dehnung der Brustmuskulatur.
Falls die Arme nicht auf den Boden gelegt werden können, deutet dies auf eine mangelnde Beweglichkeit im Schultergürtel hin.
Entspannung.

Blinker prüfen

Das Kind ist in der Bankstellung. Es streckt abwechselnd ein Bein bzw. einen Arm gerade in Verlängerung des Rumpfes aus.

Kräftigung der Gesäßmuskulatur beim Beinheben bzw. Kräftigung der Rücken- und Schultergürtelmuskulatur beim Arm heben.

Haltungs- und Körperwahrnehmung mit Seilen

Zielsetzungen

Die Kinder sollen ihre Körperproportionen und -teile sowie Haltungen bewusst wahrnehmen.

Vorbemerkungen

Grundlage aller Bewegungshandlungen ist neben der Wahrnehmung die im Gehirn gespeicherte Vorstellung seines Körpers (z. B. die Länge der Arme, die Lage der Füße (unten) usw. Mit geschlossenen Augen *sich hinsetzen* oder *die Nasenspitze mit dem Finger berühren* setzt ein intaktes Körperschema voraus.
Bei Kindern zeigt sich eine Verbesserung der Vorstellung des eigenen Körpers in „Männchenzeichnungen" (vom Kopffüßler bis zur Zeichnung mit richtiger Lage der Körperteile mit den entsprechenden Proportionen).
Die folgenden Übungen können zu einer Verbesserung des Körperschemas beitragen.

Kutscher und Pferd

Zwei Kinder erhalten je zwei Seile und Spielen „Kutscher und Pferd".

Die Kinder bewegen sich zu der Musik „Ponypferdchen" Fidula-Verlag, Boppard.
Zusammenstöße sollen vermieden werden.
Wird in einem engen Raum gelaufen, ist der verfügbare Raum in Bezug zu der Körperausdehnung zu setzen.
Mit dem Spiel findet eine Erwärmung statt.

Hampelmann

Paarweise legen die Kinder Umrissfiguren mit Sprungseilen aus. Ein Kind liegt in „Hampelmannstellung" (oder anderen Haltungen) auf dem Boden, das andere umlegt den Partner mit Seilen.

Die Seile sollen eng am Körper anliegen. Beim Umlegen wird der Körper taktil wahrgenommen.
So aufstehen, dass die Figur nicht beschädigt wird. Bei Partnerwechsel, neue Seile verwenden.
(Umrissfiguren auch auf Papier zeichnen usw. Die Körperteile können angemalt und die Figur ausgeschnitten werden - Förderung der Feinmotorik).

Laufspiel

Die Kinder laufen nach Musik um alle ausgelegten Umrissfiguren herum, begrüßen

Bewegungsdrang der Kinder stillen und betrachten der verschiedenen Umrissfiguren.

jedes „Männchen", streicheln es, zupfen es an den Haaren, kitzeln es an den Füßen usw.

Die Kinder laufen um die Umrissfiguren. Bei Musikstopp sollen sie:

- bestimmte Körperteile überlaufen, überspringen,
- jeweils dreimal einem Umrissmännchen und einem anderen Kind die Hand geben,
- jeweils dreimal ein Umrissmännchen und ein anderes Kind am Bauch kitzeln,
- mit dem Bauch den Bauch einer Umrissfigur berühren,
- zur eigenen Figur laufen und sich genau in seine Umrissfigur hineinlegen,
- vor die Füße einer Figur stellen und spiegelbildlich die gleiche Haltung der Figur einnehmen,
- sich in der gleichen Haltung der Figur neben das Umrissmännchen legen.

Körperkenntnis, Körperschema.

Körperumrisse in Haltung umsetzen.

Bildhauer

Gemeinsam bauen die Kinder mit Sprungseilen (oder mit anderen Geräten wie Ziehtauen, Bänken, Kästen usw.) einen großen „Menschen" der auf dem Boden liegt. An dieser Figur bewegt sich die ganze Gruppe:

- das Männchen umlaufen,
- auf dem Umriss balancieren,
- hinein- und herausspringen,
- stützspringen usw.

Bewusste Haltungswahrnehmung.

Davon ausgehend können auch andere Kinder das Spiegelbild spielen.
Zur Kontrolle kann der Partner nochmals mit Seilen umlegt werden. Beide Umrissfiguren sollten dann gleich aussehen. Den Kindern Hilfen geben bei der Gestaltung des Männchens, wo beginnt z. B. der Kopf.

Neben der Körperkenntnis werden auch noch andere Fähigkeiten gefördert wie z. B. beim Balancieren die Gleichgewichtsfähigkeit, beim Stützspringen die Muskulatur.

- Der „Mensch" wird nach Musik umlaufen.

Die Kinder lernen, dass die verschiedenen

Auf Zuruf eines Körperteils, versucht die ganze Gruppe dieses Körperteil zu besetzen.
Wie viele Kinder haben in dem Kopf, dem Rumpf, in den Füßen usw. Platz?

Körperteile unterschiedlich viel Raum beanspruchen.
Gegenseitige Rücksichtnahme wird geübt.

- Ein Kind nimmt im Liegen, Sitzen, Stehen eine Körperposition ein, der andere Partner oder die Gruppe ahmt die Position nach.

Förderung der optischen Wahrnehmung.

- Ein Kind steht in einer bestimmten Haltung da. Die anderen schließen nun die Augen. Das stehende Kind verändert die Haltung. Die Kinder öffnen nun die Augen wieder und sollen sagen, was sich gegenüber der ursprünglichen Haltung verändert hat.
- Ein Kind gibt die Körperposition vor, das andere Kind soll diese mit geschlossenen Augen ertasten und anschließend versuchen, diese selbst einzunehmen.

Durch das Abgetastet-Werden erfährt das Kind seine eigenen Körpergrenzen.
Rücksichtsvoller Umgang mit dem Partner wird angebahnt.

- Die Kinder machen sich ganz groß bzw. klein.

Variation:
Das Kind liegt unter dem Schwungtuch.

Erfassen des Körpers und seiner Teile sowie verschiedener Körperhaltungen

Zielsetzungen

Die Kinder sollen verschiedene Körperteile und deren Bewegungsmöglichkeiten kennen lernen.

Vorbemerkungen

Unter gesundheitlichen Aspekten wird Körperverständnis angebahnt. Körperkenntnisse sind eine Voraussetzung, um gesundheitsbewusst handeln zu können, z. B. Kenntnisse über die Wirbelsäule als Bestandteil einer Rückenschule. Kinder zeigen im allgemeinen ein großes Interesse an ihrem Körper.

Körperteile kennen lernen

Ein Kind zeigt an der Modellpuppe (bei einem anderen Kind) auf jeweils ein Körperteil. Die anderen zeigen die Körperteile entsprechend an ihrem Körper.

Die Kinder probieren mit den gezeigten Körperteilen die Bewegungsmöglichkeiten aus.

Die Körperteile sowie die Bewegungsmöglichkeiten sind durch die Kinder jeweils zu benennen. Kontrolle durch die Erzieherin, ob die Körperteile richtig gezeigt werden.
Als Modellpuppen können Spielpuppen oder auch Tiere wie Bär z. B. verwendet werden.

Hand auf den Boden

Die Kinder laufen nach Musik. Bei Musikstopp werden an der Modellpuppe „Körperpunkte“ gezeigt. Diese sollen die Kinder in Berührung mit dem Boden (der Wand, den Geräten, dem Partner) bringen.

Kontrolle durch die Erzieherin oder andere Kinder.
Durch das Berühren werden die Körperteile taktil wahrgenommen.

Fernsteuerung

Zwei Kinder sind „Signalgeber“ = „Fernsteuerer“. Das eine Kind zeigt an der Modellpuppe auf ein Körperteil, das andere Kind ruft dieses der Gruppe zu.
Danach sollen alle mit dem betreffenden Körperteil wackeln oder das signalisierte Gelenk bewegen.

Körperkenntnis.

Den Luftballon hoch schlagen und kicken ist ein tolles Spiel!

Weg damit!

Ein Kind liegt mit geschlossenen Augen in Bauch- oder Rücklage auf dem Boden, das andere Kind legt ein Bohnensäckchen (oder die Hand) auf bestimmte Körperteile des Partners. Dieser soll das Körperteil benennen und das Bohnensäckchen durch Bewegung von dort abschütteln.

Die entsprechenden Körperteile werden taktil wahrgenommen.
Der Boden sollte nicht zu kalt sein.

Luftballon

Die Kinder spielen die Luftballons mit verschieden Körperteilen ständig hoch.

Zunächst können die Kinder selbstbestimmt mit den Körperteilen den Luftballon hochspielen. Später werden diese festgelegt.
Neben der Körperkenntnis werden insbesondere auch die optische Wahrnehmung und die kinästhetische Differenzierungsfähigkeit gefördert.

Wandernder Ball

Ein Kind liegt mit geschlossenen Augen auf dem Boden, ein anderes rollt mit einem Tennis- oder Igelball auf dem Körper des Partners entlang. Das liegende Kind soll das Körperteil benennen, auf dem sich der Ball gerade befindet.

Neben einer Förderung von Körperkenntnis kann diese Übungsform auch zur Entspannung genutzt werden. Hierbei soll auf das Benennen von Körperteilen verzichtet werden. Beruhigende Musik kann den Entspannungseffekt unterstützen.

Siamesische Zwillinge

Die Kinder laufen nach Musik. Bei Musikstopp wachsen sie mit einem anderen Kind an bestimmten Körperteilen, z. B. mit den Füßen zusammen und bewegen sich als siamesische Zwillinge weiter.

Die Kinder erfahren die Einschränkung ihrer Bewegungsmöglichkeiten und müssen ihre Bewegungen an einen Partner anpassen.

Flummilied

Die Kinder bewegen sich entsprechend dem Text des Liedes.
„Der Kopf der ist aus weichem Gummi und wackelt hin und her ... .
Die Arme sind aus weichem Gummi und wackeln hin und her ... ."

Den Kindern kann verdeutlicht werden, dass nicht alle Körperteile gleich beweglich sind. Das Lied kann auch für ein Erwärmungsphase eingesetzt werden oder im Gruppenraum als Bewegungspause.

Musikkassette:
Und weiter geht's im Sauseschritt, Lied: Das Flummilied. Menschenskinder Verlag Münster.

Hinweise

Zum Teil erfordern die Übungen eine hohe Konzentration. Daher soll für eine ruhige Atmosphäre gesorgt werden. Günstig ist, wenn eine längere Bewegungsphase vorausgeht. Gerade bei jüngeren Kindern sollten nur eine bis maximal drei Übungen dieser Art durchgeführt werden.

Sich über Körperhaltungen ausdrücken

Zielsetzungen

Bewusste Steuerung der Haltung. Verschiedene Haltungen im Zusammenhang psychischen Befindlichkeiten bewusst machen.

Vorbemerkungen

Die meisten Kinder sind „noch“ in der Lage sich unbefangen mit ihrem Körper auszudrücken. Pantomimische Darstellungen sind bewusste Steuerungen der Haltung. Einerseits wird dabei die Haltungskoordination gefördert, andererseits können die Kinder ganz bestimmte Haltungen in Zusammenhang mit psychischen Befindlichkeiten erfahren, z. B. wie geht jemand, wenn er Angst hat oder welche Haltung hat ein Pinguin, wie sieht ein stolzer Hahn aus.

Zoobesuch

Die Kinder stellen verschiedene Tiere dar z. B.: Affen, Bären, die tanzen, Elefanten, den stolzen Hahn, den Angsthasen.

Kinder schlüpfen gerne in die Rolle von Tieren. Die Erlebnisbilder können noch verstärkt werden, wenn diese Darstellungen in Bewegungsgeschichten oder in Spielhandlungen, z. B. Zoobesuch, Zirkus eingebaut werden.

Im Gesprächskreis werden die typischen Tierhaltungen bewusst gemacht, d. h. die Kinder beschreiben die Tierhaltungen und -bewegungen.

Pantomime

Die Kinder stellen pantomimisch dar, wie jemand sich bewegt:

- auf ekligem Untergrund,
- auf glitschigem Untergrund,
- auf heißem Wüstensand usw.,
- der sein Brille verloren hat,
- dem ein Wespenschwarm im Nacken sitzt,
- der gegen einen fürchterlichen Sturm ankämpft?

Auch hier sind wieder die typischen Haltungen herauszustellen.

Pantomime

Kinder stellen Gefühlszustände pantomimisch dar:

- wütend Löcher in die Luft boxen, mit den Füßen stampfen,
- müde in der Gegend herumhängen,
- traurig sein,
- der Champion sein,
- sich mit anderen freuen.

Der Zusammenhang zwischen dem psychischen Befinden und der Körperhaltung kann den Kindern bewusst gemacht werden.

Tiere erraten

Verschiedene Gruppen von Kindern denken sich jeweils ein Tier aus, das sie vor den anderen Gruppen darstellen. Die anderen sollen erraten, um welches Tier es sich handelt.

Durch das Erraten wird die Aufmerksamkeit ganz bewusst auf die verschiedenen Tierhaltungen gelenkt.

Gefühlsplaneten

Im Raum befinden sich verschiedene Planeten, auf denen freudige, traurige, wütende und müde Menschen wohnen. Die Kinder bewegen sich nun nach Musik. Nach Musikstopp sollen sie einen Planeten aufsuchen und die entsprechenden Gefühlszustände darstellen.

An den verschiedenen Planeten können für die verschiedenen Gefühlszustände entsprechende Symbole angebracht werden z. B.:

☺= freudig
💣= wütend
☹= traurig
😐= müde

Musiktipp:

Heidi Lindner - Pipo-Verlag Neumünster. In den Zoo gehen wir oder Klaus W. Hoffmann Wenn der Elefant in die Disco geht gleichnamiges Lied; „pläne"-Verlag, Dortmund.

Spiele mit der Muskelspannung

Zielsetzungen

Die Kinder sollen verschiedene Spannungszustände der Muskulatur erfahren und regulieren sowie gezielt bestimmte Muskeln an- oder entspannen können.

Vorbemerkungen

Im folgenden sind An- und Entspannungsübungen für die Muskeln einzelner oder mehrerer Gliedmaßen dargestellt. Sie vermitteln Erfahrungen über willkürliche muskuläre Anspannung und Entspannung einzelner Körperteile oder des ganzen Körpers. Gerade beim experimentieren mit den Extremen, Anspannung - Entspannung, bahnt sich beim Kind ein Gefühl für die notwendige situative Muskelspannung an. Nur wenn ein Kind sich bewusst ist, welche Muskeln es anspannt, entspannt, wie stark die Anspannung ist, wird es in der Lage sein, ganz bewusst eine Haltung einzunehmen oder seine Haltung zu korrigieren.

„Mann, bin ich stark!"

Kraftmeier

Die Kinder laufen nach Musik. Auf ein Signal (Musikstopp) sollen jeweils verschiedene Muskeln (Muskelgruppen) angespannt werden:

- rechte Faust ballen,
- linken Fuß max. strecken,
- Gesäßmuskulatur anspannen,
- den anderen Kindern zeigen, wie stark man seine Muskeln als Kraftmeier oder Bodybuilder anspannen kann.

Die Anspannungsphasen sollten jeweils 3 bis 5 Sekunden dauern. Pressatmung muss bei allen Anspannungsübungen vermieden werden.

Die Anspannung kann den Kindern durch Betasten der angespannten Muskulatur bewusst gemacht werden.
Die Kinder laufen verschiedene Raumwege. Hierbei wird peripheres Sehen und Rücksichtnahme gefördert.
Durch die Laufphasen findet gleichzeitig eine Erwärmung statt.

Versteinern

Die Kinder bewegen sich wild nach Musik. Bei Musikstopp erstarren sie in der Bewegung. (Musikstopps auch kurz hintereinander). In dieser Position die Muskeln anspannen.

Hier ist ein schneller Spannungsaufbau der Muskulatur gefordert, um aus der Bewegung ein statisches Gleichgewicht herzustellen. Durch schnelles Reagieren auf ein akustisches Signal wird die Reaktionsfähigkeit und akustische Wahrnehmung gefördert.

Wackelpudding

Kind A liegt bei beruhigender Musik in Rückenlage auf einer Matte und versucht, sich zu entspannen. Kind B kontrolliert den Entspannungszustand, indem es an den Oberschenkeln von A anfasst und die Beine hin- und herrollt. Bei Entspannung übertragen sich diese Bewegungen auf den ganzen Körper. Auf Signal des Partners soll A alle Muskeln anspannen.

Die Kinder sollen die Angst vor Berührungen eines Partners verlieren und im Wechsel An- und Entspannung der Muskulatur erfahren.
Wenn man die Entspannung in den Vordergrund stellt, sollten die „Wackelphasen" länger dauern.
Ganzkörperspannungen sind gut geeignet, die Rumpfmuskulatur zu kräftigen.
Die Partner lernen gleichzeitig rücksichtsvoll miteinander umzugehen

Luftmatratze

Ein Kind liegt entspannt am Boden (es stellt eine leere Luftmatratze dar). Ein anderes pumpt nun die Luftmatratze auf, bis sie ganz prall mit Luft gefüllt ist.

Verschiedene Spannungszustände der Muskulatur können den Kindern verdeutlicht werden, indem eine Luftmatratze (Wasserball) unterschiedlich stark aufgeblasen wird.
Mit der Vorstellung von „Mehrkammerluftmatratzen" können auch nur Teilkörperspannungen aufgebaut werden, z. B. nur die Muskulatur eines Armes anspannen während die Muskulatur anderer Körperteile entspannt bleiben soll.

Zauberfiguren

Mehrere Kinder gehen zwischen Steinfiguren, die andere Kinder darstellen, spazieren. Bei einem vorher abgesprochenen Wort, das die wandernden Kinder nicht kennen, löst sich der Zauber von den Steinfiguren. Die zum Leben erweckten Figuren erschrecken die Spaziergänger.

Die wandernden Kinder dürfen versuchen, die verzauberten Kinder zum Lachen zu bringen, ohne diese zu berühren. Je besser die verzauberten Kinder sich auf ihre Muskelspannung konzentrieren, desto eher können sie das Lachen vermeiden.
Manche Kinder müssen sich überwinden (brauche Mut), im Zauberwald spazieren zu gehen.

Alle Kinder sind Roboter.

Roboter spielen

Die Kinder werden zu Robotern, die dann nur noch bestimmt Gelenke bewegen können. Auf Signal können sich die Kinder wieder locker bewegen.

Die Roboter verrichten verschiedene Arbeiten:

- Türme aus Schaumstoffteilen bauen,
- Baumstämme transportieren,
- brechen aus einem Spielzeugladen aus und müssen wieder zurück dirigiert werden.

Das Darstellen von Robotern, erfordert ein hohes Maß an Muskelspannung. Nur dann wirken die Bewegungen maschinen- haft (Kontrolle im Spiegel).
Vor anderen etwas darstellen erfordert von den Kindern Selbstvertrauen.
Die Kinder denken sich die Tätigkeiten der Roboter selbst aus.

***Musiktipp**:*

Als Begleitmusik: Ich bin ein Roboter - Kassette, Volkers Bunte Liederkiste. Moon-Rekords. MRC 10 002 u. a.

Spiele mit Teppichfliesen zur Kräftigung und Dehnung der Muskulatur

Zielsetzungen

Die Kinder sollen beim Spielen mit Teppichfliesen ihre Muskulatur vielfältig beanspruchen sowie Materialerfahrung und Bewegungsmöglichkeiten mit der Teppichfliese kennen lernen.

Vorbemerkungen

Der Boden sollte nicht zu stumpf sein, damit die Beanspruchung nicht zu hoch wird und somit die Bewegungsfreude erhalten bleibt.

Laufen um Teppichfliesen

Teppichfliesen mit der rutschfesten Seite im Raum verteilen. Die Kinder laufen zum Rhythmus der Musik um die Teppichfliesen. Bei Musikstopp suchen die Kinder sofort eine freie Teppichfliese auf und führen selbst erfundene oder vorgegebene Bewegungen aus.

Die Laufphasen dienen zur Erwärmung.
Bei vorgegebenen Bewegungen können verschiedene Aspekte angesprochen werden, z. B.:

- *sich auf der Teppichfliese auf den Rücken legen, die Knie zum Rumpf nehmen und wie ein Maikäfer, der auf dem Rücken liegt, hin und herrollen: Kräftigung der Bauchmuskulatur und Dehnung der Rückenmuskulatur,*
- *auf die Teppichfliese stellen und wie ein Frosch aus der Hocke springen: Kräftigung der Beinmuskulatur,*
- *auf die Teppichfliese stellen und, ähnlich der Blumen im Wind, soweit wie möglich nach rechts und links neigen: Dehnung der seitlichen Rumpfmuskulatur,*
- *sich auf der Teppichfliese ausstrecken: Dehnen der Rumpfmuskulatur,*
- *sich auf der Teppichfliese so zusammenkauern, dass kein Körperteil über den Rand der Teppichfliese ragt. Dehnung der Rückenmuskulatur,*
- *sich auf nur auf rote Teppichfliesen stellen: Farbwahrnehmung,*
- *mit bestimmten Körperteilen die Teppichfliese berühren: Körperkenntnis.*

Mögliche Spielformen

- Im Sitzen mit den Händen sich vorwärts / rückwärts ziehen oder schieben.
- Im Knien mit den Händen sich vorwärts / rückwärts ziehen oder schieben.
- Stützhockrutschen: Das Kind befindet sich mit den Füßen auf der Teppichfliese, greift mit den Händen nach vorne und zieht seine Beine nach, usw.
- Die Kinder stützen sich mit. beiden Händen auf der Teppichfliese ab und fahren auf den Linien entlang.
- Die Kinder liegen in Bauchlage auf einer Teppichfliese und ziehen sich vorwärts / rückwärts oder drehen sich auf der Stelle im Kreis.

In offenen Situationen probieren die Kinder verschiedene Rutschformen aus, die nach der Übungsabsicht oder den Interessen der Kinder aufgegriffen und nachvollzogen werden.
Erlebnisbilder wie Autofahren, Zug spielen, Schlitten fahren motivieren die Kinder und regen zum partnerschaftlichen Umgang an.
Übungen zur Kräftigung der Schultergürtelmuskulatur mit Teppichfliesen sind insbesondere Übungen, bei denen der eigene Körper stützend, ziehend oder schiebend in verschiedenen Ausgangslagen fortbewegt wird.
Bei dieser Ausgangsstellung wird neben der Schultergürtelmuskulatur auch die Rückenmuskulatur gekräftigt.

Waschanlage

Die Kinder liegen auf drei Teppichfliesen zwischen zwei befestigten Seilen und ziehen sich mit beiden Armen an den Seilen entlang.
Die Kinder können sich auch durch einen Mattentunnel ziehen.

In der Waschanlage werden die Autos richtig sauber.

Andere Kinder können die Kinder, bevor sie in die Waschanlage fahren, „einseifen“ (mit Tennisbällen massieren) bzw. nach dem Passieren der Waschstraße trocken reiben. Hierbei wird die taktile Wahrnehmung des Körpers gefördert sowie der rücksichtsvolle Umgang miteinander. Das Auto kann auch von anderen Kindern durch die Waschanlage gezogen werden. Je nach Bewegungsausführung kommt es zu unterschiedlichen Wirkungsweisen: Arm angewinkelt (Kräftigung), sich passiv ziehen lassen (Dehnung).

Baumstammtransport

Ein Kind (Baumstamm) liegt mit dem ganzen Körper auf Teppichfliese und hält sich an zwei Seilen fest und wird von drei Kindern.

Das Kind soll sich ganz entspannt ziehen lassen. Die Pferde dürfen nur langsam ziehen: Dehnung der vorderen Rumpfmuskulatur und Entlastung der Wirbelsäule.
Durch das Gehen zwischen den Seilen wird eine gleichmäßige Wirbelsäulenbelastung erreicht.
Die Seile sollten etwas dicker sein, damit sie von den Kindern besser festgehalten werden können, oder das Kind hält sich an einem Stab fest, der an den Seilen befestigt ist.

Kutscher und Pferd

Ein Kind sitzt im Schneidersitz auf der Teppichfliese und nimmt eine aufgerichtete Haltung ein, ggf. wird diese Haltung durch die Partner oder den Übungsleiter korrigiert (Gymnastikstab, oder Eigenkontrolle im Spiegel). Das Einnehmen der aktiven Haltung sollte mehrmals aus einer Beugestellung erfolgen. Das Kind auf der Teppichfliese wird nun an zwei bunten Springseilen von den Partnern auf den Linien durch die Halle gezogen. Die Partner sind hintereinander zwischen den Seilen (gleichmäßige Belastung der Wirbelsäule).

Mit dieser Zielsetzung ist diese Spielform mehr für ältere Kinder geeignet.
Jüngere können sich einfach ziehen lassen mit der Aufgabenstellung, nicht aus der Kutsche zu fallen.
Damit die Wirbelsäule gegen den Zug der Partner aufgerichtet bleibt, muss das sitzende Kind seine Rückenmuskulatur anspannen; diese wird somit gekräftigt
Der Kutscher erfährt spielerisch, dass sich mit einer aktiven Haltung das Gleichgewicht besser halten lässt.
Förderung des Haltungsgefühls.
Beim Kurvenfahren und Beschleunigen oder Stoppen werden vestibuläre Reize gesetzt.

Hinweise

Möglichkeiten zum Auflockern sollten je nach der Konzentrationsfähigkeit der Kinder, ihren Bedürfnissen und der Beanspruchung mehr oder minder häufig angeboten oder zugelassen werden:

- mit der Teppichfliese Schlittschuh / Skifahren,
- das gleiche evtl. mit Musikbegleitung (Eistanz),
- zu zweit auf zwei Teppichfliesen Langlaufen,
- um Teppichfliesen herumlaufen,
- auf eine Teppichfliese legen und sich ausruhen,
- auf einer Teppichfliese ganz klein machen.

Haltungsförderung mit dem Schwungtuch

Zielsetzungen

Die Kinder sollen in spielerischer Form und gruppenbezogenen Aktivitäten ihre Muskeln beanspruchen.

Vorbemerkungen

Das Schwungtuch übt eine hohe Motivation auf die Kinder aus, sich zu bewegen. Beim Spielen mit dem Schwungtuch ergibt sich das Erreichen der oben genannten Zielsetzungen fast automatisch. Die Größe des Schwungtuches richtet sich nach der Anzahl der Kinder

Kutsche fahren

Ein bis zwei Kinder sitzen auf dem Schwungtuch und werden von den anderen gezogen.

Erwärmung.
Förderung kooperativen Verhaltens.
Die Kinder auf dem Schwungtuch müssen ständig auf die auf sie einwirkenden Fliehkräfte reagieren, um ihre Haltung zu bewahren, im Gleichgewicht zu bleiben.

Katapult

Die Kinder sind gleichmäßig um das Tuch verteilt und sollen mehrere Bälle, die auf Tuch liegen mit diesem in die Luft schleudern und wieder auffangen.

Neben der Gruppenanpassung wird insbesondere die Schultergürtel- und Rücken- und Armmuskulatur gekräftigt.
Darauf achten, dass die Kinder nicht ins Hohlkreuz gehen (nicht überstrecken).
Spaß macht natürlich auch, andere Gegenstände in die Luft zu katapultieren und wieder aufzufangen, z. B. Schaumstoffteile, Stofftiere, Handtücher in die ein Knoten gemacht wurde, Bierdeckel.

Wellen

Alle Kinder schwingen das Tuch im gleichmäßigem Rhythmus auf und ab. Die Kinder sollen sich dabei maximal strecken.

Beim Hochziehen des Tuches erfolgt eine Kräftigung der Schultergürtel-, Rücken- und Armmuskulatur.

Platztausch

Die Kinder spannen das Tuch etwa in Kniehöhe und einzelne Kinder sollen nun unter dem Tuch ihre Plätze tauschen.

Durch Kriechen wird die Muskulatur vielfältig beansprucht.

Entspannungshöhle

Das Tuch wird von den Kindern in Brusthöhe gespannt - Schrittstellung! Auf Kommando lassen alle gleichzeitig los - das Tuch bildet eine Kuppel, die längere Zeit erhalten bleibt. Mehrere Kinder versuchen jetzt vorsichtig unter die Kuppel zu kriechen.

Kräftigung der Schultergürtel- und Rücken- und Armmuskulatur beim Spannen des Tuches. Damit sich die Kuppel bildet ist ein gleichzeitiges Loslassen unbedingt erforderlich. Für die Kinder ist der Aufenthalt in der Schwungtuchhöhle mit neuen Wahrnehmungserfahrungen verbunden. Wenn die die Kinder sich auf den Boden der Höhle legen wirkt der weiße Raum beruhigend, und entspannend.

Tunnel

Die Kinder falten das Schwungtuch einmal. Es entsteht ein Tunnel (bei zweimaligem Falten erhält man ein Tunnel mit 3 Etagen. Sie kriechen nun durch die verschiedenen Ebenen, auch mit Gegenverkehr. Ein Teil der Kinder drückt das Schwungtuch an den Seiten auf den Boden.

Gerade jüngere und ängstliche Kinder müssen sich oft überwinden, durch den langen Tunnel zu kriechen. Hier hilft es:

- *die Aufgabe transparent zu machen,*
- *dass der Tunnel jederzeit verlassen werden kann,*
- *mit einem Freund in den Tunnel zu kriechen.*

Fabelwesen

Die Kinder sollen mit dem Tuch Figuren, Fabelwesen darstellen. Dabei kann eine Gruppe versuchen zu erraten, was die andere Gruppe mit dem Tuch darstellt.

Die Kinder sollen die Tiere, Figuren anhand typischer Haltungen und Bewegungen erkennen. Diese sind durch die Kinder zu verbalisieren bzw. sind bewusst zu machen.

Krokodilspiel

Die Kinder sitzen um das gespannte Tuch verteilt. Es wird in Brusthöhe gespannt gehalten. Die Beine sind gestreckt unter dem Tuch. Ein Kind spielt Krokodil und geht unter das Tuch und zieht nun Kinder an den Beinen unter das Tuch, die dann ebenfalls Krokodile werden. Die Krokodile bewegen sich so, dass sie nicht gesehen werden. Die Kinder, die an den Ecken sitzen, dürfen nicht gefressen werden.

Neben Aspekten der Kräftigung durch kriechen und Beweglichmachung der Wirbelsäule durch schlängeln wird bei diesem Spiel besonders die emotionale Seite angesprochen – Spannung: Wen frisst das Krokodil als nächsten?

Reinhard Liebisch

Ideenbilder

Auf den folgenden Seiten werden Ideen für Stunden vorgestellt, die Beispiele für eine ganzheitliche Bewegungsförderung sein können. Die Praxisanregungen legen dabei die Erlebniswelt der Kinder und ihre Bedürfnisse zugrunde. Auch bei der Förderung z. B. der Haltung oder der Wahrnehmung ist die Beachtung der Bedürfnisse der Kinder wie u. a. Wertschätzung, soziale Anerkennung, Eigentätigkeit, Sinnhaftigkeit eine Grundvoraussetzung. Diese Aspekte sind als übergeordnet anzusehen und sind daher nur vereinzelt im Kommentar aufgeführt. Die folgenden Ideenbilder lassen den Kindern Raum für die Umsetzung eigener Ideen, sie ermöglichen vielfältige Erfahrungen und Wahrnehmungen und Lerngelegenheiten in sozialen, kognitiven und motorischen Bereichen.

Wenn Kinder Freiräume zum Spielen haben entstehen die interessantesten Ideen.

Zirkus

Zielsetzungen

Ausgehend von einer übergeordneten Spielidee *Zirkus* sollen handlungsorientiert vielfältige Fördermöglichkeiten aufgezeigt werden.

Vorbemerkungen

Zirkus wird in der Vorstellung von Kinder zu einem Inbegriff von Fantasie, Kreativität, Spannung und Bewegung. Im Geiste werden Verbindungen zu Abenteuern, Geheimnissen, wilden und gezähmten Tieren, Spaß, Zauberei, Zirkusmusik hergestellt.
Sich wie richtige Artisten einem Publikum zu zeigen, im Rampenlicht zu stehen, ist ein Wunschtraum vieler Kinder. Welche Faszination Zirkus ausübt kann man beobachten, wenn Kinder tagelang nach einem Zirkusbesuch noch Räder schlagen, sich verkleiden, balancieren, sich schminken usw.. Förderansätze ergeben sich aus den unterschiedlichsten Handlungsmöglichkeiten.

Pferdedressur

Die Kinder stellen Pferde dar, die galoppieren, traben, schwere Lasten ziehen oder sich „kunstvoll" wie Dressurpferde bewegen. Die Unterschiede zwischen den Gangarten werden bewusst gemacht und nochmals ausprobiert, wobei die Kinder auf die Unterschiede achten. Ein kunstvolles Traben kann z. B. durch einen betonten Kniehebelauf, unterstützt durch eine „Pfötchenhaltung" der Hände, dargestellt werden. In einer weiteren Gesprächsphase sollen die Kinder Bewegungsformen von Pferden, die sie im Zirkus gesehen haben, nennen. Die Vorschläge werden aufgeschrieben.

Eine Zirkusaufführung ohne Tiere ist in einem traditionellen Zirkus kaum denkbar. Pferde-, Raubtier-, Affen-, Elefantendressuren, sind Höhepunkte einer jeder Vorstellung. Tiere nachzuahmen hat für Kinder einen hohen Reiz, regt ihre Fantasie an und motiviert sie zu spontanen Bewegungshandlungen.

Bestimmte Haltungen der Pferde sollten bewusst gemacht werden.

Die Kinder sollen Möglichkeiten nennen, wie sich Pferde im Zirkus bewegen können.

- Pferde galoppieren, traben, gehen im Schritt,
- Pferde laufen in der Manege durcheinander,

Nach dieser Stoffsammlung überlegen die Kinder - evtl. unter Hilfestellung der Erzieherin - wie die Pferdedressur ungefähr aussehen soll. Folgender Ablauf wird vorge-

- Pferde laufen hintereinander im Kreis,
- Pferde laufen nebeneinander zu zweit, zu dritt, zu viert,
- Pferde drehen sich auf der Stelle im Kreis,
- Pferde stehen, laufen auf den Hinterbeinen,
- Pferde springen über Stangen, die gehalten werden,
- Zwei Pferdegruppen laufen hintereinander und dabei gegenläufig im Kreis,
- Pferde springen durch eine Feuerwand,
- Pferde legen sich hin usw..

schlagen, der natürlich bei jeder Gruppe anders aussehen, aber auch im Verlauf der Erprobungsphase verändert werden kann. In der Übungsphase ist es sinnvoll, schon eine Manege aufzubauen, damit sich die Kinder an die zur Verfügung stehenden Raumverhältnisse gewöhnen können.

Vorschlag für eine Pferdenummer

- Die Pferde galoppieren wild in die Manege.
- Sie laufen hintereinander entlang des Manegenrandes.
- Sie laufen eine Acht (2 x).
- Vier Pferde bleiben in der Mitte und laufen im Kreis, die anderen acht laufen entlang des Manegenrandes in Gegenrichtung. Die Abstände zwischen den einzelnen Pferden sollten nach Möglichkeit gleich groß sein.
- Je ein Pferd aus dem Innenkreis bildet mit zwei Pferden aus dem Außenkreis eine 3er Gruppe. Alle drei Pferde tragen nebeneinander mit betontem Kniehub; der Abstand zu den anderen Gruppen ist gleich.
- Die Pferde versammeln sich nebeneinander in der Mitte der Manege und verbeugen sich vor dem Publikum.
- Die Pferde galoppieren noch eine Runde und verlassen dann die Manege.

Bei den dargestellten Übungen werden hauptsächlich die Ausdauer, die räumliche Orientierung, die Rhythmusfähigkeit und Merkfähigkeit gefördert.

Raubtiere in der Manege

a) Die Kinder sollen verschiedene Tiere darstellen und ihre Eigenschaften beschreiben.

b) Die Kinder sollen Elemente nennen, die sie schon bei Raubtiervorführungen gesehen haben:

- Raubtiere springen durch Feuerreifen von Podest zu Podest,
- Raubtiere balancieren über Wippen oder Stege,
- Raubtiere laufen auf den Hinterbeinen, „machen Männchen",
- Dompteur reitet auf einem Tiger, legt sich bei mehreren Tieren auf den Rücken,
- Dompteur steckt seinen Kopf in den Rachen eines Tieres,
- Raubtiere laufen nebeneinander, drehen sich im Kreis und auf der Stelle,
- Raubtiere schlagen nach dem Dompteur.

Die Kinder probieren einzelne der genannten Formen aus.
Genauer wird dabei auf das Verhalten des Tigers eingegangen.

Zum Beispiel:
Tiger und Löwen schleichen, springen, spielen, schlagen mit der Tatze, brüllen, knurren, fauchen, zeigen die Zähne, lecken sich die Tatzen. (Wobei der Hinweis auf Zoo- oder Zirkusbesuche Erinnerungen weckt und die Fantasie anregt). Die Kinder setzen das gefundene Verhalten in Bewegung und Gestik um.

Tiger und Löwen in der Manege.

Vorschlag für eine Raubtiernummer

- Raubtiere betreten den Käfig und werden vom Dompteur auf ihre Plätze am Rande der Manege geschickt.
- Raubtiere machen auf ihrem Podest „Männchen“.
- Raubtiere steigen nacheinander von ihrem Podest. Sie springen von einem kleinen Kasten zum anderen und gehen auf ihren Platz zurück.
- Raubtiere balancieren auf allen Vieren über eine Bank (Breitseite oder Schwebekante).
- Ein Raubtier balanciert auf allen Vieren über eine Wippe.
- Sechs Raubtiere knien nebeneinander in der Bankstellung. Der Dompteur legt sich quer auf die Raubtiere im Bereich des Beckens.
- Zwei bis drei Raubtiere springen durch einen „Feuerreifen“ (Gymnastikreifen, an dem rote und gelbe Krepppapierstreifen oder Chiffontücher gebunden sind).

Gemeinsam wird festgelegt, wie die Raubtiernummer aussehen soll. Selbstverständlich sind auch hier noch ständig Veränderungen möglich.

Raumorientierung.
Kinästhetische Differenzierung.
Haltungsgefühl.

Gleichgewichtsförderung (Bank, die umgedreht auf einem Kastendeckel steht).

Körperspannung, Vertrauen.

Sprungkraft.

Seiltanz

Gemeinsam mit den Kindern sind sicher schnell Geräteaufbauten gefunden, die das Hochseil ersetzen können. Dafür einige Beispiele:

- umgedrehte Bank,
- schmale Teppichbodenstreifen,
- Schwebebalken,
- Reckstange auf zwei kleinen Kästen oder auf dem Boden liegend usw.

Im Zirkus darf der Seiltanz nicht fehlen. Dieser Bereich eignet sich hervorragend, das statische, dynamische sowie das Objektgleichgewicht zu schulen.
Nach jeder Teilaufgabe zeigen die Kinder die von ihnen gefundenen Bewegungen; sie gewöhnen sich so schon an die Vorführsituation. Anschließend kann gemeinsam besprochen werden, welche Formen sich für eine Aufführung eignen und wie sie evtl. variiert oder verbessert werden könnten. Danach haben die Kinder Zeit, die Vorschläge auszuprobieren.

Die Kinder balancieren auf verschiedene Art über die Geräte.

- Die Kinder suchen Möglichkeiten, zu zweit oder mit mehreren, die Geräte zu überqueren.
- Beim Balancieren werden Handgeräte mit einbezogen. Die Kinder experimentieren, z. B. mit Bällen, Tennisringen, Reifen, Stäben, Papprollen, Hütchen, aber auch mit Gebrauchsgegenständen wie Tablett mit Plastikbechern oder Schirmen.

In der Manege werden im Halbkreis eine umgedrehte Bank, eine Reckstange auf den Boden gelegt und eine Wippe aufgebaut. An jeder Station befinden sich drei Kinder. Durch den unterschiedlichen Schwierigkeitsgrad können Leitungsschwächere, wie Leistungsstärkere gleichzeitig zum Einsatz kommen. Innerhalb der Nummer wird durch das Prinzip vom Leichten zum Schweren ein Spannungsbogen erreicht.

Nach jedem Durchgang verbeugen sich alle Kinder und schaffen dadurch eine klare Strukturierung.

Die Seiltänzer brauchen ein gutes Gleichgewichtsgefühl.

Zirkus stellt für Kiphard (1982, 145) „ein ausgezeichnetes Erziehungsmittel dar. Sozialisation, Einordnung, Disziplin, aber auch Selbstentfaltung durch spielerisches Lernen, all das, worüber Fachleute theoretisieren, hier wird es zur Selbstverständlichkeit“. Zirkusspiel ist keine Spielerei, sondern eine kindgemäße Form der Erziehung zur Selbständigkeit. Kinder machen vor allem „die für ihr Leben wichtige Erfahrung, daß man etwas, das man anfangs nicht im entferntesten für erreichbar ansah, doch am Ende durch beharrliches Üben schaffen kann“.

Literatur

Dannhauer, G., Liebisch, R.: Zirkus „Sonturzzo“ - Sportförderunterricht ein Ort für zirzensische Lerninhalte? Haltung und Bewegung 8 (1988) 3, S. 4-30.

Kiphard, E. J.: Kinderzirkus – eine Möglichkeit zur Sozialisation milieugeschädigter Kinder und Jugendlicher. Motorik 5 (1982) 4, S. 143-148.

Am See ist was los!

Zielsetzungen

Erlebnisbetont konditionelle Voraussetzungen im Bereich der Fuß- und Beinmuskulatur beim Erkunden einer Seenlandschaft schaffen, Wahrnehmungsförderung.

Vorbemerkungen

Die Spielidee kann sowohl im Freien als auch in der Halle umgesetzt werden. Naturmaterialien, wie Zweige, Blätter, Tannennadeln, lassen sich auch in der Halle verwenden, wenn man als Unterlage große feste Plastikfolien verwendet.

Eine Seelandschaft entsteht

Die Kinder gestalten eine Seenlandschaft mit Wegen nach ihren Vorstellungen. Die Seen werden mit 4 bis 5 Plastikfolien dargestellt oder mit Seilen gelegt.

Erlebnisrahmen schaffen.

Gegenstände zum Greifen und Tasten liegen in den Seen (aufblasbare Fische, alte Handschuhe, Stofffische, usw.)

Unterschiede wahrnehmen:
weich - hart, warm - kalt, rauh - glatt.
Sie sollen z. T. Greifbewegungen der Füße auslösen sowie durch die geringe Breite einiger Materialien beim Balancieren eine achsengerechte Fußhaltung provozieren.

Die Kinder bauen Wege um die Seen herum.
Materialien:
Balanciersteine, Taue, schmale Kunstrasenstreifen mit den Noppen nach oben (Massageeffekt), „Steine" aus Alufolie, Schaumstoffteile, Springseile, Bierdeckel, Fußabstreifer, kleine Tonsteine, Sprossenleitern, Tannenzweige, Sand, usw.

Eigenständigkeit, Gemeinsames Gestalten der Wege.

Den See erkunden

Die Kinder laufen um die Seen, prüfen vorsichtig die „Wassertemperatur", springen in die Seen und spritzen und planschen (pantomimisch).

Auflockerung, Bewegungsdrang stillen.

Gegenstände, die in den Seen liegen werden mit offenen und geschlossenen Augen mit den Füßen ertastet. Nach ihren Möglichkeiten greifen die Kinder die Gegenstände mit den Füßen und heben sie hoch.

Tasten und Wahrnehmen sowie Greifen mit den Füßen (Kräftigung der Fußmuskulatur - Beuger), auf einen Wechsel der Füße beim Greifen hinweisen.
Vertrauen zu dem Partner haben, der führt.

Die Kinder laufen, hüpfen, springen über die Wege und an ihnen entlang.

Bewegungsdrang stillen, Auflockerung, Kräftigung der Sprungmuskulatur, Kreativität beim Erfinden von Sprungformen. Rücksichtnahme.

Die Kinder balancieren partnerweise auf den Wegen. Dabei kann ein Kind auch die Augen schließen.

Taktile Wahrnehmung, Kräftigung der Fußsohlenmuskulatur, achsengerechte Fußhaltung:
Durch Massageeffekt und Auslösen von reflexartigen Greifbewegungen wird eine verbesserte Fußdurchblutung bewirkt.
Gleichgewichtsförderung.

Die Kinder balancieren partnerweise auf den Wegen, wobei ein Kind jeweils die Augen geschlossen hat.

Intensivierung der Wahrnehmung.
Erhöhte Gleichgewichtsanforderungen. Vertrauen zum Partner haben. Verantwortung für den Partner übernehmen.
Mit den Kindern über ihre Wahrnehmungen sprechen.

Freizeitspiele am See

- Hinkekastenspiele,
- Seilspringen in Einzel- und Gruppenformen,
- Gummitwist können in diese Spielidee eingebaut werden.

Selbstorganisation und Veränderung von Freizeitspielen.
Gemeinsam mit anderen spielen.
Anregungen der Kinder aus ich ihrem Spielverhalten aufnehmen und Anregungen für ihre Freizeitspiele geben.

Den See selbst gestalten und zusammen erkunden.

Hurra, es schneit!

Zielsetzungen

Ausgehend von Materialien (hier Wattebäusche) soll ein Erlebnisbild *Winter* geschaffen werden, in dem sich handlungsorientiert vielfältige Fördermöglichkeiten ergeben.

Vorbemerkungen

Als Material wird bunte Kosmetikwatte verwendet. Je mehr Watte vorhanden ist um so größer ist der Erlebnisgehalt.

Frau Holle

Die Kinder erhalten Tüten mit Wattebäuschen und spielen „Frau Holle“.

Eventuell auch die Wattebäusche auf ein großes Tuch legen. Alle Kinder schleudern die „Schneeflocken“ mit dem Tuch in die Luft.

Freies Spielen im Schnee

- Schneeballschlacht,

  Bewegungsdrang stillen, Erwärmung, kinästhetische Differenzierung, Reaktionsfähigkeit beim Ausweichen.

- Schneeflocken hochwerfen und auffangen,

  Auge-Hand-Koordination, Materialerfahrung, Körperkenntnis, z. B. mit dem Kopf auffangen.

- mit Schneeflocken etwas bauen,

  Kreativität, Materialerfahrung.

- Spuren im Schnee machen und darauf balancieren,

  Optische Wahrnehmung, Gleichgewichtsförderung.

- Schneeflocken wegpusten.

  Materialerfahrung, verstärkte Ausatmung.

Angeleitete Spiele im Schnee

- Ein Kind liegt in Rückenlage und wird eingeschneit. Solange Wattebäusche auf das Kind schneien lassen bis der ganze Körper bedeckt ist.

Gefühl der Wärme spüren, seine Körperumgrenzung taktil ganz bewusst wahrnehmen, Vertrauen untereinander entwickeln.

- Der Partner schiebt vorsichtig die Schneeflocken vom Körper des liegenden Kindes zur Seite. Dieses steht dann vorsichtig auf, der Körperumriss bleibt erhalten.

Körperproportionen und -teile wahrnehmen.

- Die Kinder laufen, gehen, kriechen zwischen den Schneeflocken umher ohne sie zu berühren.

Förderung der optischen Wahrnehmung.

Schneepflug

Rollbretter, Pappkartons, Seile, Tücher liegen bereit. Die Kinder sollen zu zweit oder mehreren Schneepflüge bauen und den Schnee räumen.

Förderung des Sozialverhaltens, der Kooperation und der Kreativität.

Beispiele für Schneepflüge:

- zwei Kinder ziehen ein Seil auf dem Boden entlang,
- ein Kind sitzt mit einem Pappkarton (Pflugschar) auf einem Rollbrett und wird von einem anderen geschoben.

Als Schneepflug auf den Straßen unterwegs.

Iglu bauen

Die Kinder bauen sich mit einem Schwungtuch eine Schneehöhle legen die Wattebäusche hinein und kuscheln in der Höhle.

Rücksichtnahme, Entspannung, sich wohl fühlen.

Hinweise

Aus dem Erlebnisbild *Winter* ergeben sich noch weitere Bewegungsmöglichkeiten:

- Schlittschuhlaufen mit Teppichfliesen (Aspekt: Gleichgewichtsförderung),
- Schlittenfahren auf Tüchern und Teppichfliesen; rutschen oder sich ziehen lassen (Aspekt: muskuläre Förderung),
- schiefe Ebenen bauen und herunterrutschen (Aspekt: Stimulierung des Gleichgewichtsorgans).

Tanzen im Schnee.

Kinder in der Stadt

Zielsetzungen

Die nachfolgend beschriebenen Bewegungshandlungen können im Ablauf als eigenes Stundenbild stehen (bei einer Reduzierung der Inhalte), jede einzelne Situation kann aber auch einen eigenen Stundenschwerpunkt bilden. Es ergeben sich somit Anregungen für mehrere Stunden, in denen die Kinder bei einem Erlebnisbild bleiben, bzw. in denen Aspekte der Haltungsförderung im Mittelpunkt stehen.

Vorbemerkungen

Haltungs- und Bewegungsbilder müssen dem Vorstellungsvermögen der Kinder entsprechen und aus ihrer unmittelbar erfahrenen Umwelt oder Vorstellungskraft entnommen werden (hier: eine Stadt mit Plätzen, Straßen und Häusern durch die Kinder gestalten lassen). Dabei ist zu beachten, dass die Kinder an der Entwicklung der Bewegungshandlungen beteiligt sind, sie ihren Erfahrungsschatz an Bewegung und Fantasie verbal oder handelnd einbringen können.

„Fußgängerzone"	Bei diesem Ideenbild soll der innere Aspekt von Haltung und Bewegung zum Ausdruck kommen.

Kinder bewegen sich

- sie sind traurig,
- sie freuen sich,
- sie haben es eilig,
- sie sind stolz usw.

Aspekt:
„Unterschiedliche Gefühle darstellen"
Die Verknüpfung von Gefühlsempfindungen mit Haltung und Bewegung vermitteln durchaus auch schon Kindern im Vorschulalter Bewegungserlebnisse, wobei „Ich-Wahrnehmung" spielerisch erlebbar wird.

Kinder brauchen Platz

- sie freuen sich miteinander,
- sie „reden" mit Händen und Füßen,
- sie sind wütend aufeinander,
- sie „hängen müde und träge in der Gegend herum",
- sie haben „schwer zu tun",
- sie haben etwas verloren und suchen,
- sie führen ihre Hunde spazieren usw.

Aspekt:
„Handlungsbezogene Gefühle und Situationen spielen"

Bei beiden Aspekten können die unterschiedlichen Haltungen und die Ursachen dafür thematisiert werden.

Kinder treffen sich

- Große, kleine, dicke, dünne Menschen darstellen,
- sich durch schmale, niedrige, hohe Tore bewegen,
- durch weite, enge Fußgängerzonen laufen und hüpfen, ohne andere anzustoßen,
- sich wendig durch das Fußgängergewühl bewegen usw.

Aspekt:
„Körperliche Dimensionen erleben und pantomimisch darstellen"

Mit Kästen, Matten, Reifen usw. bauen.

Kinder begrüßen sich

Neben unterschiedlichen Verhaltensweisen des Grüßens werden Begrüßungsregeln vereinbart:

- sich mit den Händen begrüßen,
- sich mit den Füßen begrüßen,
- sich mit dem Rücken begrüßen,
- sich wie Eskimos begrüßen usw.

Aspekt:
„Körperkenntnis erwerben"

„Straßentheater"

In der Fußgängerzone findet Straßentheater statt. Unter diesem Handlungsaspekt können „Darstellungsspiele" aus der Spielwelt des Kindes ein geeignetes Medium für vielfältige Körpererfahrung sein.

Hurra, ich bin ein Muskelmann

„Hurra ich bin ein Muskelmann,
hab' Kopf, Rumpf, Arm und Beine.
Ich lebe im Fantasialand
und gehe nie alleine.

Augen, Ohren, Nas' und Mund,
bin groß und klein,
bin dünn und rund
und hüpf' und spring' ganz leise.

Hier ist der Rücken - hier der Bauch -
hier sind die Hände - hier die Füße -
hier mein Gesicht und hier mein Hals - Oh -
und hier der Po."

Parallel zu den gesprochenen Verszeilen verdeutlichen die Kinder die Inhalte durch Gestik und Mimik nach ihrem Vorstellungsvermögen.
Körperkenntnis soll erworben werden.

Geisterstunde der Zappelmänner

Eine Musik wird gespielt, welche die Kinder zu wilden, zappeligen, hüpfenden Bewegungen, sowohl am Ort als auch in der Fortbewegung anregt.
Wenn der „Oberzappelmann“ auf einen Gong schlägt, müssen Musik und Bewegung gestoppt werden (versteinern) oder die Kinder sinken zu Boden oder sie kombinieren Anspannen, Bewegungsstopp und Lösen. Beim Lösen der Spannung sinken die Kinder langsam zu Boden.

Die Fähigkeit der Kinder Muskeln anzuspannen oder zu entspannen soll gefördert werden.

Schneemanns kurze Freude

Eine Gruppe baut die anderen Kinder als Schneemänner auf (z. B. die Kinder werden wie „Schneebälle“ gerollt und dann aufgestellt.) Ihnen wird eine rote Nase angemalt. Es wird Ihnen ein Hut aufgesetzt usw.
Ein Kind stellt die Sonne dar und bringt die „Schneemänner zum Schmelzen“.

Die Fähigkeit der Kinder Muskeln anzuspannen oder zu entspannen soll gefördert werden.
Die Fantasie der Kinder wird angeregt und ein rücksichtsvoller Umgang miteinander eingeübt.
Die Kinder sollen langsam zu Boden sinken, d. h. sollen ihre Muskelspannung langsam aufgeben.

Roboter sind in der Stadt

Die Kinder stellen Roboter dar:

- die arbeiten,
- die miteinander tanzen,
- die ferngesteuert werden.

Durch Einhalten einer hohen Muskelspannung sehen die Bewegungen maschinenhaft aus.

Ein Partner steuert den Roboter:

den Rücken berühren = Stopp,
den Kopf berühren = Start,
linke Schulter = nach links,
rechte Schulter = nach rechts.

„Straßenverkehr“

Bei diesem Ideenbild geht es um die vielseitige Aktivierung der Muskulatur durch Ziehen, Stüt zen, Schieben, Aufrollen, usw.

Dabei können sich die Kinder auf „Fahrzeugen“ (Teppichfliesen, Frottierhandtücher, Decken, Laken, Rollbrettern) sowohl selbst im Knien, Sitzen, Liegen fortbewegen, als auch sich von anderen ziehen lassen. Dabei ergeben sich vielfältige Möglichkeiten des sozialen Handelns. Wichtig ist, dass die Kinder die Spielideen verändern, ergänzen und nach ihren Wünschen mitgestalten können.

Straßenbau

Die Bodenlinien stellen Straßen dar oder die Kinder bauen sich Verkehrswege mit Seilen, Matten usw. und probieren diese aus.

Beim Roller fahren mit Teppichfliesen wird die Gleichgewichtsfähigkeit gefördert.

Kutsche fahren

Das Kind, das in aktiver Haltung auf der Teppichfliese sitzt und sich an zwei dickeren Springseilen festhält wird von den Partnern auf den Linien bzw. auf den Straßen durch die Halle gezogen.

Die „Pferde“ stehen hintereinander zwischen den Seilen (gleichmäßige Belastung sowie Entlastung der Wirbelsäule).
Damit die Wirbelsäule gegen den Zug der Partner aufgerichtet bleibt, muss das sitzende Kind seine Rückenmuskulatur anspannen. Diese wird somit gekräftigt.
Der Kutscher erfährt spielerisch, dass sich mit einer aktiven Haltung das Gleichgewicht besser halten lässt.
Förderung des Haltungsgefühls.
Beim Kurvenfahren und Beschleunigen oder Stoppen werden vestibuläre Reize gesetzt.

Baumstammtransport

Die Kinder werden in Bauch- oder Rückenlage auf mehreren Teppichfliesen transportiert.

Beim Sich-Ziehen-Lassen in Bauchlage sollen die Fahrenden mit den Ziehenden über Verbindungsstücke (hier Seile) miteinander verbunden sein, um unfunktionelle Belastungen (starke Lordosierung im Lendenbereich) zu vermeiden.

Waschanlage

Zwei parallel stehende Bänke, die mit Matten oder einem Schwungtuch abgedeckt sind, bilden die „Waschanlage".

Die Kinder können entsprechend ihrer Fantasie neue Waschanlagen erfinden.

Zwischen den Bänken verlaufen zwei längere Seile, die an einer Seite der Anlage an einem Punkt (z. B. Sprossenwand) fixiert oder die frei beweglich sind.
Die Kinder können sich zum einen selbst an den Seilen durch die „Waschanlage" ziehen oder halten sich fest und werden daran in Bauchlage durch die Waschanlage gezogen.
Vor der Einfahrt in die Waschanlage werden die Autos eingeseift (Tennisbälle, Massageigel). Nach der Ausfahrt werden die „Autos" wieder trocken gerieben.

Bei Anspannung der Muskulatur findet eine Kräftigung der Schultergürtel- und Rückenmuskulatur statt.
Bei entspannter Muskulatur wird vor allem die Brustmuskulatur gedehnt.

Körperwahrnehmung.
Massage.

Reparaturwerkstätten

Das Auto wird geprüft:

- lassen sich die Räder noch drehen? (z. B. die Bewegungsmöglichkeiten) der Arme und Beine ausprobieren),
- ist noch genügend Luft in den Reifen? (z. B. die Muskeln anspannen)
- das Fahrzeug wird von unten geprüft (z. B. unter dem Partner durchkriechen),
- Die Blinker werden geprüft (z. B. in der Bankstellung den rechten Arm heben).

Je nach Aufgabenstellung werden verschiedene Muskelgruppen gekräftigt oder gedehnt.

In der Werkstatt werden die Blinker überprüft.

Tankstellen

An „Tankstellen" können die Kinder ihre Unterschenkel auf einen Kasten legen und durch Auf- und Abrollen des Oberkörpers aus der Rückenlage wird „Benzin getankt oder Luft in die Reifen gepumpt".

Funktionelles Kräftigen der Bauchmuskulatur.
Durch die Mitnahme von Tankmarken (Bierdeckel) kann die Belastung gesteuert werden z. B. ein Bierdeckel = einmal aufrollen.

Parkuhren

Senkrechte Flächen (Stäbe, Kästen) sind die „Parkuhren". Zum Parken wird der Rücken (im Schneidersitz, Langsitz, Stand, aufrecht an den „Pfosten" der „Parkuhr" gelehnt.

Auf einer Teppichfliese von Parkuhr zu Parkuhr rutschen und öfter parken, um das Haltungsgefühl für eine aufrechte Körperhaltung zu entwickeln.

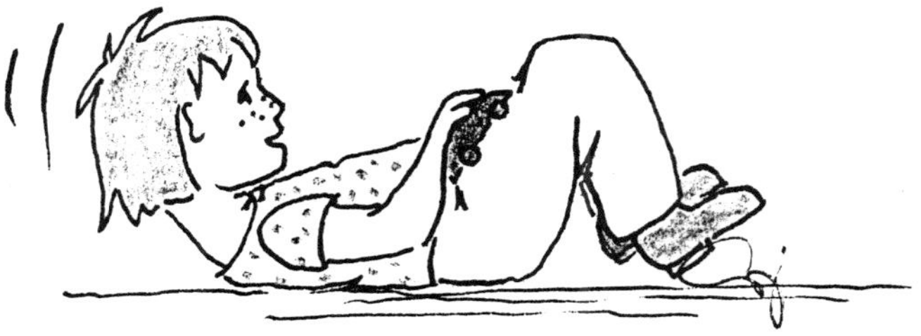

Mit dem fahrenden Auto die Bauchmuskulatur kräftigen.

Notizen

Notizen

Notizen